中国轻工业"十三五"规划教材

高等职业学校会展策划与管理专业教材

大型活动策划与管理

范智军 许 欣 主编

中国轻工业出版社

图书在版编目（CIP）数据

大型活动策划与管理/范智军，许欣主编. —北京：
中国轻工业出版社，2024.7
中国轻工业"十三五"规划教材
高等职业学校会展策划与管理专业教材
ISBN 978-7-5184-3712-2

Ⅰ.①大… Ⅱ.①范… ②许… Ⅲ.①活动—组织管理学—高等职业教育—教材 Ⅳ.①C936

中国版本图书馆CIP数据核字（2021）第220221号

责任编辑：贺晓琴　　责任终审：劳国强　　设计制作：锋尚设计
策划编辑：史祖福　　责任校对：吴大朋　　责任监印：张　可

出版发行：中国轻工业出版社（北京鲁谷东街5号，邮编：100040）
印　　刷：河北鑫兆源印刷有限公司
经　　销：各地新华书店
版　　次：2024年7月第1版第3次印刷
开　　本：787×1092　1/16　印张：16.5
字　　数：370千字
书　　号：ISBN 978-7-5184-3712-2　定价：46.00元
邮购电话：010-85119873
发行电话：010-85119832　010-85119912
网　　址：http://www.chlip.com.cn
Email：club@chlip.com.cn
版权所有　侵权必究
如发现图书残缺请与我社邮购联系调换
241219J2C103ZBW

前言 PREFACE

"大型活动策划与管理"是会展策划与管理专业的核心课程。本教材的编写坚持立德树人,根据课程的要求,以素质培养为基础、以能力培养为核心,紧密联系大型活动工作发展前沿,构建"工学结合"的课程教学体系,强调以工作过程为主线组织教学内容,根据职业行动体系教学要求,实行"教、学、做"一体化,学中做、做中学,充分体现真实的职业情景,体现学生自主学习的精神与能力,满足教学过程中技能和职业素质培养要求。教材内容充分体现会展专业人才培养目标定位,大胆创新,以大型活动工作职能的完成为载体,注重校企合作,引入行业企业真实案例,使教学内容紧密结合企业实际,挖掘课程蕴含的思政元素,强调劳动育人理念融入课程教学全过程,突出学生的实践能力培养与创新意识的塑造,使学生综合素质和能力得到全面提高。

本教材体系面向高职高专学生,以模块为单位,共分为六个学习模块,每个模块的教学内容由具体的项目与任务组成。详细结构包括以下内容。

【教学目标】每个教学模块开头设置该模块的教学目标。为充分体现高职特点,教学目标包括:能力目标、知识目标和素质目标三类。

【重点与难点】体现本模块的重要之处,有利于学生在全面把握的同时有所侧重,加深对知识与能力的纵深理解与掌握。

【项目引入】通过先导案例引入本模块学习的项目知识点,启发学生的思考,进行教学预备。

【教学内容】各模块由项目及相关细分的工作任务组成。

【案例分析】精选有代表意义的相关案例,穿插在各模块知识点之中,深入浅出地进行分析,并组织学生进行讨论与评价。目的是将理论与现实案例结合,化抽象的理论为直观的操作,帮助理解,加深印象。

【知识拓展】结合模块教学内容进行相关知识延展。拓宽学生视野,进一步加强学生职业技能与职业素质的培养。

【项目训练】结合本模块内容进行各种形式的项目实践训练活动。本课程的项目训练主要体现在实训室或户外场地的仿真操作上。

【模块小结】在每个模块结束,对所讲的内容及学生训练的要求作简要归纳;最后注明让学生对所训练的项目进行自我总结并由教师及企业完成评价。

本教材为广东轻工职业技术学院校级精品课程"大型活动策划与管理"的配套教材，可作为高职高专会展策划与管理相关专业的教材，也可作为职业技能培训的教学用书和参考用书。

本教材由广东轻工职业技术学院范智军、许欣担任主编，负责全书框架设计、全文修订与统筹定稿，广东轻工职业技术学院罗木华、郑庚、郑丽艳担任副主编，山东外贸职业学院周菲菲和广东轻工职业技术学院万红珍、林培蓓参与了本书的编写工作。具体分工为：范智军和万红珍负责编写模块一，许欣和周菲菲负责编写模块二，许欣负责编写模块三，罗木华和林培蓓负责编写模块四，郑庚负责编写模块五，郑丽艳负责编写模块六。

本教材在编写过程中，参考和引用了许多国内外作者的成果及互联网资料，在此深表谢意。

由于编者水平有限，如有缺点与不足，敬请各位专家、同行与广大读者指正。

编者

2023 年 7 月

目录 CONTENTS

模块一　大型活动策划与管理的基本要求

教学目标·· 2
重点与难点·· 2
项目引入·· 2
　　项目一　大型活动概述································ 4
　　项目二　策划与管理大型活动的基本要求·········· 24
模块小结··· 38

模块二　展览活动策划与管理

教学目标··· 40
重点与难点··· 40
项目引入··· 40
　　项目一　展览活动概述······························· 42
　　项目二　展览活动策划流程·························· 50
　　项目三　展览活动营销策划·························· 64
　　项目四　展览活动布展组织·························· 79
　　项目五　展览活动现场管理·························· 90
模块小结·· 100

模块三　会议活动策划与管理

教学目标……………………………………… 102
重点与难点…………………………………… 102
项目引入……………………………………… 102
　　项目一　会议活动概述………………… 104
　　项目二　会议活动策划流程…………… 111
　　项目三　会议活动营销策划…………… 125
　　项目四　会议接待……………………… 130
模块小结……………………………………… 143

模块四　演出活动策划与管理

教学目标……………………………………… 145
重点与难点…………………………………… 145
项目引入……………………………………… 145
　　项目一　演出活动概述………………… 152
　　项目二　演出活动流程与组织策划…… 165
　　项目三　演出活动内容策划与管理…… 173
模块小结……………………………………… 178

模块五　节庆活动策划与管理

教学目标 ····································· 180
重点与难点 ································· 180
项目引入 ····································· 180
　　项目一　节庆活动概述················· 184
　　项目二　节庆活动策划流程··········· 197
　　项目三　节庆活动组织管理··········· 212
模块小结 ····································· 215

模块六　体育赛事策划与管理

教学目标 ····································· 217
重点与难点 ································· 217
项目引入 ····································· 217
　　项目一　体育赛事概述················· 219
　　项目二　体育赛事策划流程··········· 227
　　项目三　体育赛事组织管理··········· 239
模块小结 ····································· 254

参考文献 ····································· 255

模块一

大型活动策划与管理的基本要求

P4 项目一
大型活动概述

P24 项目二
策划与管理大型活动的基本要求

【教学目标】

能力目标	知识目标	素质目标
1. 掌握市场调研技能。 2. 掌握大型活动策划方案写作技能。 3. 掌握大型活动管理工作技能。	1. 掌握文案写作知识。 2. 掌握策划方案写作知识。 3. 掌握市场调研知识。 4. 熟悉项目管理、人力资源管理、营销管理、危机管理、财务管理、信息管理知识。 5. 了解城市大型活动的现状及发展。	1. 团队合作精神好、协调性高、管理能力强，具备较高的写作与策划能力。 2. 具备主动学习的精神、积极参与课堂教学活动，按要求完成教学准备。 3. 具备严谨、勤奋、求实创新的学习精神。

【重点与难点】

本模块内容的学习重点在于掌握大型活动的策划方案写作以及大型活动管理工作的要求。难点在于确定策划方案的框架与内容和完成各项管理工作的细节。

【项目引入】

德国专业展会迅速发展的成因及背景

一、第二次世界大战后开放的推动

第一，德国在第二次世界大战后重建时期，特别是1946年到1956年的十年期间所实行的经济政策——开放国内市场，为专业展会的发展创造了条件，同时启动了专业展会概念的国际化进程。

第二，德国20世纪20~30年代的会展业的基础状况。德国在第二次世界大战前已经形成由科隆、法兰克福、莱比锡三足鼎立并与其他中小展览城市并存的局面，为战后专业展会的发展打下了基础。

第三，德国在第二次世界大战后，尤其是20世纪50年代初，德国展览业内部成立的两大协会组织，德国专业展会城市联盟和德国大型展会联盟促进了专业展会模式在德国的进一步推广。

二、德国专业展会的三个发展阶段

德国专业展会的发展历经了三个阶段：第一次世界大战结束后到第二次世界大战前（20世纪20年代初到30年代中期），是专业展会的初步兴起时期；第二次世界大战结束后到20世纪50年代末期，进一步确立其核心地位；20世纪60年代和70年代是发展壮大时期；到目前专业展会最终在展览行业占领统治地位。

（1）综合性展会不适应市场需求

综合性展会的概念一直到20世纪初期在展览行业一直占统治地位，随着各行业的发展壮大，综合性展会缺乏明确的定位和层次感使得无论其规模大小都不再适应每个行业自身发展的需要。当时德国的主要展会举办地是莱比锡、科隆和法兰克福，第一次世界大战结束后，德国展览城市迅速扩张，兴起了很多新的展览城市，竞争程度开始加剧，客观上加强了展会主办者改革的动力，从而加速了德国展览业的发展步伐。

莱比锡从19世纪开始一直是欧洲的核心展览城市，其在1890年举办的具有划时代意义的样品博览会是现代展览业开始兴起的标志。当时莱比锡的展会均没有明显行业界限的综合性博览会，规模在当时都是最大的，而正是由于规模和名气阻碍了其对新模式的接受速度。

（2）科隆首先尝试专业展的办展策略

第一次世界大战结束后，综合性博览会的概念越来越不适应各行业发展的需要，遭到了多方的批评，主要原因是展品虽然多，但没有明显的关联性，观众和参展商都处于无序状态，科隆首先实施新的办展策略，在20世纪20年代初开始尝试举办专业性的展会，刚开始由于由综合性展会突然转变为行业展会，展会观众数量和参展商数量出现大幅度的下滑，此种办展模式也开始引起置疑，所以专业展会当时并没有迅速得到发展，其后，办展策略改为由某个行业作为主线，融入相关行业的产品和服务，属于走介于综合展和专业展的过渡路线，按现在的观点看，是半专业性展会，该策略使得观众和参展商数量逐渐得到回升，展览主办者开始受益，这个时间段大致经历了10年的时间，莱比锡作为传统的综合博览会的核心举办地对于实施专业展会办展策略处于观望态度，直到1928年才开始举办第一个具有专业意义性质的展会。

（3）专业展概念最终在杜塞尔多夫成形

第二次世界大战结束后，东西德分裂，莱比锡开始淡出德国展览业的范围，所以德国专业展会发展的第二和第三阶段都已经跟莱比锡没有关系了。1947年，杜塞尔多夫成立了西北德意志展览公司，该公司举办的展会基本是专业性展会，所以杜塞尔多夫在德国专业展会的发展历史上起到了承前启后的作用，今天杜塞尔多夫展览公司很多品牌展会都是在这个公司1947年到1960年陆续创立的。

专业展会可以说发源于科隆，进一步在杜塞尔多夫成形和稳定，于20世纪50年代中后期开始发展壮大。专业性展会起源和壮大于德国，而德国展会的发展史实际就是世界展览业的早期发展历史。

另外，1952年在西德成立的德国专业展会城市联盟为专业展会概念的推广起到了很大的促进作用，该组织现在仍然存在，不过已经转换角色，成为德国中型展览城市联盟。

思考 总结德国会展业发展的经验与启示。

项目一　大型活动概述

《现代汉语词典》定义，活动是指为了达到某种目的而采取的行动。活动的范围包括：一次班级聚会、一次野外旅游、一次展览会、一次比赛等。有些学者也将"event"译为活动，出现了"大型活动""特殊活动"等不同说法。

大型活动吸引旅游者为某一目的从全世界或全国各地在短时间内聚集到旅游目的地，具有旅游团体规模大、停留时间长、消费水平较高等特点，使得举办活动的城市或地区的旅游设施综合利用率提高，具有强大的产业联动效应。大型活动能汇聚客源流、信息流、技术流、商品流和人才流，对一个城市或地区的国民经济和社会进步产生巨大的影响和催化作用。

本项目探讨大型活动包括的内涵及范围，并对国内城市开展大型活动的现状进行分析。

掌握大型活动的内涵与特点

一、大型活动的定义

大型活动是一项有目的、有计划、有步骤地组织众多人参与的社会协调活动，主要是指主办地的组织机构投入大量资金和公众支持设计的定期或一次性举办的会议、展览、节庆、文化或体育赛事等活动。该活动能够对广泛区域的受众群体产生强大的吸引力，旨在为主办地获得一定的经济利益、社会效益和政治目的。其中"主办地"可以是国家、城市和社区；"组织机构"包括政府、协会或企业等；"广泛区域"可以是从城市到全球的范围。因此，其定义包括四个方面。

第一，鲜明的目的性。大型活动往往耗费许多资源，包括人力、物力、财力等。无论是企业上市举办大型活动，还是现在世界各国政府举办的奥运会、社会团体举办的公益活动、群众举行的品牌活动都具有明确的目的性。没有明确目的的活动不可能成为大型活动。

第二，要有计划性。凡事预则立。无论做任何事情都应有计划，大型活动更不例外，而且更要求有周密的计划，包括策划、活动现场执行计划、传播计划、组织计划、突发事件计划等。

第三，参与人数众多，社会化程度高。既然是大型活动，就应该有众多的人参与，但并不是参与人数越多就越是大型活动。大型活动应是社会化程度较高，社会各界参与性较强且较广泛。例如，奥运会就可让世界各国运动员集中参与，保护母亲河行动参与人数达千万人，全国青少年网上普法大赛参与人数也达数百万人等，诸如这样的活动表现为参与程度高、参与人数多、社会程度高。

第四，确保安全性。任何一项活动开展的前提是在安全的情况下开展，有安全隐患的活动是不能开展的，如果举办者本身没有发现隐患并解决，政府有关部门发现也将会停止活动的举办，如果在一项大型活动中，没有做到安全有序地开展，将会造成严重的事故。现在北京等地对大型活动的审批越来越严格（市政府专门成立了大型活动办公室负责统筹协调），充分体现了以人为本的科学发展观，体现了对人民生命财产安全负责的态度。

二、大型活动的内涵

（一）目的

举办大型活动的主要目的是庆祝、教育、市场营销和重聚。对于旅游业来说，大型活动还可以提高举办地的知名度，树立举办地的良好形象，促进当地旅游业的发展并以此带动经济的发展。

（二）内容

大型活动的内容从当地的特色和文化传统出发，根据游客需求设计制订，因此，大型活动内容的文化性和地方性表现突出。

（三）形式

大部分旅游者的目的是通过参加大型活动获得特殊的娱乐经历，对活动的表演内容必然要求形式活泼、亲和力强；在内容组合上形式严谨，环环相扣，围绕主题开展。

（四）功能

大型活动具备经济与文化价值，是区域经济内容与文化现象的载体。随着旅游业与会展业的共同发展，人们越来越认识到，大型活动的经济内容载体功能，并越来越重视。

（五）实质

大型活动的实质为商业性活动，大量的人流使举办地的购物业、娱乐业、住宿业、餐饮业等服务性行业收入大大增加，同时促进交通、贸易、金融、通信等行业的发展，使市场销售量大幅度提升，刺激消费。

三、大型活动的特点

（一）目的性

大型活动应具有明确的目的。活动的开展应围绕整个组织机构的组织形象策略和近期公关目标而确立目的。活动的目的性应该站在受众（目标公众）、社会等综合的立场上，并不仅仅是从某一个企业或组织的立场出发。只有这样开展的大型活动才能具有鲜明的目的性，才能实现组织的目标，引起社会的关注。如开展大型会展、文化节、体育赛事、企业上市、新产品上市、公益活动等。

（二）文化性

大型活动的举办会受到主办地长期发展的历史文化的影响，从而使大型活动本身带有一定的文化性，这同时也是大型活动能够吸引世界观众的原因之一。

大型活动一般将当地的文化与旅游促销一体化，以文化特别是民族文化、地域文化、节日文化等为主导，具有浓厚的文化气息、文化色彩和文化氛围。随着现代旅游业的发展，从国家到地方纷纷举办的文化旅游节，逐步演变为以大型文化活动为载体、以旅游和经贸洽谈为内容的全方位的经济活动。如浙江金华旅游节就是通过文化搭台，达到经济唱戏的目的。兰溪中国彩船会以积淀深厚的中国江南地区水文化和兰溪船文化为背景，以江浙地区的"母亲河"钱塘江上游的兰溪江和地处"三江之汇""六水之腰"的"彩船之城"兰溪为载体，通过举办"中华水上彩船台阁盛会"以及各种具有兰溪民俗特色的文化活动，促进中国彩船文化建设和社会主义精神文明建设，同时也将兰溪旅游综合成一个全面完整的旅游产品。在国内外取得较大影响的上海国际服装文化节，对促进上海的经济发展、丰富市民的文化生活、提升市民的文化素养起到了积极的作用。大型活动具有突出的文化特色。

（三）参与性

活动过程中主要体现的是人与人之间的关系。随着旅游业和会展业的发展，旅游者和会展者越来越注重活动的参与性。众多大型活动想方设法拉近与参与者的距离。这种参与性表现在两方面：一方面，大型活动可以让参与者进入自然与文化生态系统中，亲自实践大型活动的魅力，从而更热爱大自然，更热爱生活，更崇尚高雅文化，更自觉地保护自然与文化资源。另一方面，大型活动又是旅游者、旅游目的地居民、旅游经营者和政府、社团组织及策划人员广泛参与的一种旅游活动，这些群体广泛参与到大型活动的决策和管理之中，从而提高大型活动决策和管理的科学性、民主性，有利于地方经济和社会的发展。

从某种程度上说，大型活动的成功与否关键看其参与人数的多少，是否达到了预期的社会效益、经济效益。如2005年日本爱知世博会，最大特点之一是民众参与、环保互动。当时日本总人口为1.26亿人，参观爱知世博会的日本人约为1350万人，约占总人口的10%。

（四）短期性

每一项大型活动都有季节和时间的限制，都是在事先计划好的时间段内进行的。一般要根据举办地的气候条件、旅游淡旺季、交通情况、接待能力、主题确定、经费落实、策划组织需要时间等条件，从实际情况出发来确定。如上海的南汇桃花节只能在桃花盛开的阳春三月举办，桂花节只能在农历八月举行。

在短暂的时间内要具有充足的酒店客房等旅游接待设施和便利的交通等基础设施，来接待从四面八方过来的旅游者，这给举办大型活动的地区和城市带来了机遇，也带来了挑战。而且，活动规模越大，时间控制要求就越高，这些都需要举办方具备良好的组织水平。

（五）安全性

在组织大型活动的过程中，成功与失败的机会只有一次。因为大型活动不同于拍电影或电视剧，拍电影、电视剧能拍三四组镜头，最后再在后台重新编辑，但是策划大型活动每一次都是现场直播，一旦出现失误就无法弥补了。因此，大型活动的安全性十分重要。

如果不重视大型活动的安全保障，就会出现严重的事故。在一些个案中，因为举办大型活动而酿成伤亡事故是不少见的。如2004年农历正月十五，北京密云彩虹公园举办迎春灯展，在彩虹桥上发生一起严重踩踏事故，37条生命逝去，多人受伤。活动的领导者、策划人员、组织人员及相关人员因此被撤职或判刑。2005年，为防止踩踏事故重演，春节期间，北京市要求各大型活动的主办单位必须制定具体应急预案并提前演练，如出现严重事故将追究主办方和相关单位的责任。预案中将对人流进行控制，如超过举办场地的承受量将进行限制；针对密云灯会踩踏事故的教训，对桥、洞通过情况进行控制，每个大型活动举办地也将设置广播系统。2006年，北京市政府编发了一本《首都人民防灾应急手册》，希望提高北京市民在可能发生的灾难第一现场的安全意识、主体自救和救人的能力。

因此，大型活动策划与实施的安全性，绝对不能掉以轻心。这也是现在举办活动中讲究细节的地方，细节把握好了才能决定大型活动成功举办。

（六）商业性

大型活动是一种商业性活动，一个大型活动往往要投入的资金和费用都是比较大的，绝对不可能用很少的资金做出很大的活动。我们可以提倡一个铜板掰成两个甚至是多个来花的精神，但商业投资与回报要求是最基本的特点。如果不是特别的需要，一般不要动辄使用大型活动的手段。

【知识拓展】

大型群众性活动安全管理条例

中华人民共和国国务院令（第505号）

《大型群众性活动安全管理条例》已经2007年8月29日国务院第190次常务会议通过，现予公布，自2007年10月1日起施行。

总　理　温家宝

二〇〇七年九月十四日

大型群众性活动安全管理条例

第一章　总　则

第一条　为了加强对大型群众性活动的安全管理，保护公民生命和财产安全，维护社会治安秩序和公共安全，制定本条例。

第二条　本条例所称大型群众性活动，是指法人或者其他组织面向社会公众举办的每场次预计参加人数达到1000人以上的下列活动：

（一）体育比赛活动；

（二）演唱会、音乐会等文艺演出活动；

（三）展览、展销等活动；

（四）游园、灯会、庙会、花会、焰火晚会等活动；

（五）人才招聘会、现场开奖的彩票销售等活动。

影剧院、音乐厅、公园、娱乐场所等在其日常业务范围内举办的活动，不适用本条例。

第三条　大型群众性活动的安全管理应当遵循安全第一、预防为主的方针，坚持承办者负责、政府监管的原则。

第四条　县级以上人民政府公安机关负责大型群众性活动的安全管理工作。

县级以上人民政府及有关主管部门按照各自职责，负责大型群众性活动的有关安全工作。

第二章 安全责任

第五条 大型群众性活动的承办者（以下简称承办者）对其承办活动的安全负责，承办者的主要负责人为大型群众性活动的安全责任人。

第六条 举办大型群众性活动，承办者应当制订大型群众性活动安全工作方案。

大型群众性活动安全工作方案包括下列内容：

（一）活动的时间、地点、内容及组织方式；

（二）安全工作人员的数量、任务分配和识别标志；

（三）活动场所消防安全措施；

（四）活动场所可容纳的人员数量以及活动预计参加人数；

（五）治安缓冲区域的设定及其标识；

（六）入场人员的票证查验和安全检查措施；

（七）车辆停放、疏导措施；

（八）现场秩序维护、人员疏导措施；

（九）应急救援预案。

第七条 承办者具体负责下列安全事项：

（一）落实大型群众性活动安全工作方案和安全责任制度，明确安全措施、安全工作人员岗位职责，开展大型群众性活动安全宣传教育；

（二）保障临时搭建的设施、建筑物的安全，消除安全隐患；

（三）按照负责许可的公安机关的要求，配备必要的安全检查设备，对参加大型群众性活动的人员进行安全检查，对拒不接受安全检查的，承办者有权拒绝其进入；

（四）按照核准的活动场所容纳人员数量、划定的区域发放或者出售门票；

（五）落实医疗救护、灭火、应急疏散等应急救援措施并组织演练；

（六）对妨碍大型群众性活动安全的行为及时予以制止，发现违法犯罪行为及时向公安机关报告；

（七）配备与大型群众性活动安全工作需要相适应的专业保安人员以及其他安全工作人员；

（八）为大型群众性活动的安全工作提供必要的保障。

第八条 大型群众性活动的场所管理者具体负责下列安全事项：

（一）保障活动场所、设施符合国家安全标准和安全规定；

（二）保障疏散通道、安全出口、消防车通道、应急广播、应急照明、疏散指示标志符合法律、法规、技术标准的规定；

（三）保障监控设备和消防设施、器材配置齐全、完好有效；

（四）提供必要的停车场地，并维护安全秩序。

第九条 参加大型群众性活动的人员应当遵守下列规定：

（一）遵守法律、法规和社会公德，不得妨碍社会治安、影响社会秩序；

（二）遵守大型群众性活动场所治安、消防等管理制度，接受安全检查，不得携带爆炸性、易燃性、放射性、毒害性、腐蚀性等危险物质或者非法携带枪支、弹药、管制器具；

（三）服从安全管理，不得展示侮辱性标语、条幅等物品，不得围攻裁判员、运动员或者其他工作人员，不得投掷杂物。

第十条　公安机关应当履行下列职责：

（一）审核承办者提交的大型群众性活动申请材料，实施安全许可；

（二）制订大型群众性活动安全监督方案和突发事件处置预案；

（三）指导对安全工作人员的教育培训；

（四）在大型群众性活动举办前，对活动场所组织安全检查，发现安全隐患及时责令改正；

（五）在大型群众性活动举办过程中，对安全工作的落实情况实施监督检查，发现安全隐患及时责令改正；

（六）依法查处大型群众性活动中的违法犯罪行为，处置危害公共安全的突发事件。

第三章　安全管理

第十一条　公安机关对大型群众性活动实行安全许可制度。《营业性演出管理条例》对演出活动的安全管理另有规定的，从其规定。

举办大型群众性活动应当符合下列条件：

（一）承办者是依照法定程序成立的法人或者其他组织；

（二）大型群众性活动的内容不得违反宪法、法律、法规的规定，不得违反社会公德；

（三）具有符合本条例规定的安全工作方案，安全责任明确、措施有效；

（四）活动场所、设施符合安全要求。

第十二条　大型群众性活动的预计参加人数在1000人以上5000人以下的，由活动所在地县级人民政府公安机关实施安全许可；预计参加人数在5000人以上的，由活动所在地设区的市级人民政府公安机关或者直辖市人民政府公安机关实施安全许可；跨省、自治区、直辖市举办大型群众性活动的，由国务院公安部门实施安全许可。

第十三条　承办者应当在活动举办日的20日前提出安全许可申请，申请时，应当提交下列材料：

（一）承办者合法成立的证明以及安全责任人的身份证明；

（二）大型群众性活动方案及其说明，2个或者2个以上承办者共同承办大型群众性活动的，还应当提交联合承办的协议；

（三）大型群众性活动安全工作方案；

（四）活动场所管理者同意提供活动场所的证明。

依照法律、行政法规的规定，有关主管部门对大型群众性活动的承办者有资质、资格要求的，还应当提交有关资质、资格证明。

第十四条　公安机关收到申请材料应当依法做出受理或者不予受理的决定。对受理的申请，应当自受理之日起7日内进行审查，对活动场所进行查验，对符合安全条件的，做出许可的决定；对不符合安全条件的，做出不予许可的决定，并书面说明理由。

第十五条　对经安全许可的大型群众性活动，承办者不得擅自变更活动的时间、地点、内容或者扩大大型群众性活动的举办规模。

承办者变更大型群众性活动时间的，应当在原定举办活动时间之前向做出许可决定的公安机关申请变更，经公安机关同意方可变更。

承办者变更大型群众性活动地点、内容以及扩大大型群众性活动举办规模的，应当依照本条例的规定重新申请安全许可。

承办者取消举办大型群众性活动的，应当在原定举办活动时间之前书面告知做出安全许可决定的公安机关，并交回公安机关颁发的准予举办大型群众性活动的安全许可证件。

第十六条 对经安全许可的大型群众性活动，公安机关根据安全需要组织相应警力，维持活动现场周边的治安、交通秩序，预防和处置突发治安事件，查处违法犯罪活动。

第十七条 在大型群众性活动现场负责执行安全管理任务的公安机关工作人员，凭值勤证件进入大型群众性活动现场，依法履行安全管理职责。

公安机关和其他有关主管部门及其工作人员不得向承办者索取门票。

第十八条 承办者发现进入活动场所的人员达到核准数量时，应当立即停止验票；发现持有划定区域以外的门票或者持假票的人员，应当拒绝其入场并向活动现场的公安机关工作人员报告。

第十九条 在大型群众性活动举办过程中发生公共安全事故、治安案件的，安全责任人应当立即启动应急救援预案，并立即报告公安机关。

第四章 法律责任

第二十条 承办者擅自变更大型群众性活动的时间、地点、内容或者擅自扩大大型群众性活动的举办规模的，由公安机关处1万元以上5万元以下罚款；有违法所得的，没收违法所得。

未经公安机关安全许可的大型群众性活动由公安机关予以取缔，对承办者处10万元以上30万元以下罚款。

第二十一条 承办者或者大型群众性活动场所管理者违反本条例规定致使发生重大伤亡事故、治安案件或者造成其他严重后果构成犯罪的，依法追究刑事责任；尚不构成犯罪的，对安全责任人和其他直接责任人员依法给予处分、治安管理处罚，对单位处1万元以上5万元以下罚款。

第二十二条 在大型群众性活动举办过程中发生公共安全事故，安全责任人不立即启动应急救援预案或者不立即向公安机关报告的，由公安机关对安全责任人和其他直接责任人员处5000元以上5万元以下罚款。

第二十三条 参加大型群众性活动的人员有违反本条例第九条规定行为的，由公安机关给予批评教育；有危害社会治安秩序、威胁公共安全行为的，公安机关可以将其强行带离现场，依法给予治安管理处罚；构成犯罪的，依法追究刑事责任。

第二十四条 有关主管部门的工作人员和直接负责的主管人员在履行大型群众性活动安全管理职责中，有滥用职权、玩忽职守、徇私舞弊行为的，依法给予处分；构成犯罪的，依法追究刑事责任。

第五章 附则

第二十五条 县级以上各级人民政府、国务院部门直接举办的大型群众性活动的安全保卫工作，由举办活动的人民政府、国务院部门负责，不实行安全许可制度，但应当按照本条例的有关规定，责成或者会同有关公安机关制订更加严格的安全保卫工作方案，并组织实施。

第二十六条　本条例自2007年10月1日起施行。

任务2　掌握大型活动的基本类型

大型活动按照不同的分类标准可以分为不同类型。了解大型活动的类型对于策划和管理好大型活动，推动会展业和旅游业的发展有着十分重要的意义。我们按照下列标准对大型活动进行分类。

一、按照大型活动的地域划分

按照地域划分，大型活动可分为国际性大型活动、洲际性大型活动、国家级大型活动、城市大型活动。

（一）国际性大型活动

举办要求高，在世界范围内具有重要影响，活动参加者来自世界各地，对城市的经济将产生重大影响。如奥运会、世博会、世界一级方程式锦标赛、奥斯卡颁奖典礼等。

（二）洲际性大型活动

对某一个洲产生影响的大型活动。如欧洲杯足球赛、亚运会等。这类大型活动对举办地影响巨大，举办要求也非常高。

（三）国家级大型活动

在某一国范围内举办，参加者往往是国内居民，涉及的范围较小，对世界影响不大。如我国全运会、旅游节等，各国举办的足球联赛也属于这种类型。

（四）城市大型活动

一个城市举办的大型活动。这类大型活动一般要求充分调动内部市民，同时还需要开展城市整体营销，推广活动品牌。如广州国际旅游展览会、中国进出口商品交易会（简称广交会）等。

二、按照大型活动的内容划分

（一）开业庆典活动

企业的开业庆典活动的目的是挖掘潜在客户，扩大消费者市场。消费者、潜在的消费者、销售部门都可能成为活动的参与者或观众,媒体往往也关注这些活动,并给予及时的报道,在短时期内会产生轰动效应,如百货商场、超市、酒店、大型楼盘等开业活动。

(二) 会议和展览活动

根据国际会议协会(ICCA)的统计,每年在世界各地举办的参加国超过4个、参加外宾超过50人的各种国际会议已达40万次以上;此外根据不完全统计,世界上每年还定期举行4000多个大型展览会。全世界每年用于会议的开支就达2880亿美元。德国博览会年营业额为23亿欧元左右。全球每年举行的130~150个国际专业展会中,有2/3是在德国举办。截至目前为止,参展厂商数为170000家,其中50%为外国参展厂商;参观者人次高达1000多万人次,其中有来自180个国家的200万参观者。

(三) 演出活动

近年来,我国演出市场进入高速发展期。来自历年《中国统计年鉴》的数据显示,2006年全国艺术表演团体演出场数达49万场,观众人数4.61亿人次,演出收入约为11亿元(演出收入指全国文化部门艺术表演团体的收入情况)。2007年开始,演出场数、观众人数和演出收入迅速增加。2009年,全国艺术表演团体演出场数达120.1万场次,国内演出观众人数达8.17亿人次,演出收入28.8亿元,分别比2006年增加了1.45倍、77.2%和1.62倍。

中国艺术节是具有全国性、群众性的重要国家文化艺术节日。1987年秋,由中国政府批准,在北京举办首届中国艺术节,节期为15天或20天。艺术节由中华人民共和国文化部与所在省、市的人民政府共同主办。1987年至2019年,中国艺术节已经成功地举办了十二届。每一届艺术节都以绚丽多姿的艺术形式,充分展示了中国文化艺术事业的辉煌成就,展示了广大文艺工作者崭新的精神面貌,展示了中外文化交流的艺术成果,热情讴歌了中国特色社会主义现代化建设欣欣向荣的景象。第十二届中国艺术节于2019年在上海市举行。

(四) 节庆活动

人类学家特纳认为"节日是人类发明的最大规模的仪式,节日不仅是对社会需要的回应,更是人类创造意义的行为"。节庆活动源于人们对生活的热爱,尤其是传统节日,不仅有着悠久的历史,而且其形成过程也是一个民族或国家的历史文化长期积淀凝聚的过程。目前,中国有近万个大小不同、形态各异的节庆活动,既有全民共享的春节、中秋节等传统节庆,又有泼水节、雪顿节等少数民族节日;既有"十一"国庆节和"五一"劳动节等国家法定节日,又有改革开放以来大量涌现的新兴节庆。节庆活动从不同的层面、意义和作用上,重塑和提升了国家形象,涵养和弘扬了民族文化,扩大和加快了对外开放,激活和拉动了经济发展。

在节庆活动蓬勃发展的态势下,我国近年来兴起了各种节庆评选活动。如由中国会展经济研究会、《第一会展》杂志、中国会展联盟联合主办的中国会展行业年会·年度颁奖盛典,是中国会展最具影响力的行业盛会。中国会展业年度颁奖盛典是中国会展业最具影响力的奖项,被誉为会展业的"奥斯卡",至2019年已举办了十七届。由中国会展会奖产业交易会组委会、《会展财富》杂志和《中国节庆》杂志联袂中国会展大数据中心、中国主办者联盟和一带一路会奖目的地联盟共同举办的"中国会展会奖产业金手指奖颁奖盛典"自2008年在杭州举办以来,历时十年以上,已经成为会展会奖产业的重要平台和重大会展专业活动,"2018年度中国会展(会奖)产业年度评选金手指颁奖盛典"评选了中国上海国际艺术节、中国曲阜国际孔子文化节、青岛国际啤酒节等十大影响力节庆。

（五）体育赛事活动

在世界各地开展的体育赛事，不仅能超越所有语言、社会、种族、国别的界限，成为世界人民沟通的桥梁，也提供了具有吸引力、富有竞争力的大量就业机会。体育产业已经位列美国前十大产业之一，产值超过了1900亿美元。如今的体育赛事不仅数量多，而且规模越来越大，大型国际体育赛事如奥运会、足球世界杯等不仅有人数众多的运动员、教练员参加，还会带来不少的随队工作人员、记者和大量的拉拉队员及观众。举办大型体育活动可以吸引大量游客，带来巨大经济效益。

2008年9月，据《中国经济周刊》报道称，北京主办奥运会的2005—2008年，国际奥委会的电视转播权总收入为17.37亿美元，TOP计划（即奥运会合作伙伴计划）总收入为8.66亿美元，两项收入总计将近30亿美元。据央视统计，2010年南非足球世界杯期间，一个月内中国观众通过中央电视台观看世界杯比赛的总人次数超过30亿人次。此届南非足球世界杯，国际足联的收入超过80亿美元。国际足联的收入主要由转播权销售、厂商赞助、与世界杯相关的产品销售构成，其中，电视转播权收入27亿美元，厂商赞助有20亿美元左右，授权品牌产品销售40亿美元左右。

三、按照大型活动的主办单位划分

（一）政府性
政府出面组织的大型活动，如奥运会、上海世博会等。

（二）民间性
民间组织自发举办的大型活动，如中国彝族的火把节和傣族的泼水节、意大利的狂欢节、西班牙奔牛节等。

（三）企业性
由企业组织的商业大型活动，如大连服装节、上海桂花节等。

四、按照大型活动的主题划分

（一）文化性
如巴西嘉年华、哥伦布航海历史纪念日、戛纳国际电影节、上海国际文化艺术节等。

（二）经济性
如五年一次的世界博览会、一年两次的广交会、一年一度的德国法兰克福书展等。

（三）体育性
如奥运会、世界杯足球赛、网球大师杯赛等。

（四）政治性
如两国邦交建立周年庆典、世界银行大会等。

任务 3 　分析城市大型活动的现状与发展

一、我国城市大型活动发展现状

（一）总体状况

1. 发展规模

经过近40年的发展，被称为我国国民经济新的增长点的朝阳产业在空间上形成了大型活动产业带的雏形，即4个产业带和1个潜力发展区。4个产业带包括：长三角活动经济产业带、珠三角城市活动经济产业带、京津冀鲁活动经济产业带、东北地区活动经济产业带；潜力发展区是指中西部地区，该区域具备一定发展条件，但基础较薄弱，随着国家"十二五规划"以来，特别是国家"十四五规划"对西部大开发新格局的推进，中西部区域具备发展大型活动产业的巨大潜力。

2. 发展水平

随着我国城市大型活动的蓬勃发展，活动举办的水平和质量都在不断提升，并且已逐步走向产业化。现阶段大型活动的发展方向和重点体现在两个方面：一是注重建立大型活动品牌，走品牌化发展的道路；二是顺应市场发展需求，走市场化道路。

例如备受会展业界关注的"中国节庆产业年会"，是由中国节庆产业年会组委会等联合主办，2005年至2020年，每年举办，已成为国内较有声誉的评选机构。该年会每年均评选"金手指奖综合类奖项——中国十大节庆"和单项奖——十大品牌节庆、十大景观生态类节庆、十大运动赛事类节庆等十余个奖项。

除此以外，中国会展行业年会·年度颁奖盛典、中国会展会奖产业金手指奖颁奖盛典等许多评选活动的举办和质量评定工作，使我国大型活动城市影响力日益扩大，市场化和产业化加快的体现，同时也进一步提升了我国城市大型活动产业发展的质量和水平。

3. 场馆设施

从全国场馆数量的分布来看，以北京、上海、广州三大城市为核心向全国展开形成了两大特征：即东部密集、中西部稀少；以三大城市为核心的地区相对集中，周边地区相对分散。其中处于东部沿海地区的上海、广东、北京、浙江、江苏、辽宁六省市已建的大型活动场馆数量较多，分布密集，由东向西数量逐渐越少；陕西、四川、湖南、福建、广西等中部省市数量密集度处于中等水平；西部省市的数量与规模较小。

长三角活动经济产业带的上海、浙江、江苏三省市的主要大型活动场馆数量有37个，密集度最高，位居第一；其向南与珠三角产业带呼应，向北与京津冀鲁产业带、东北产业带相连，共同形成了东部聚集地带。

（二）发展条件

1. 经济条件

城市经济的高水平发展、生产力的高度发展，是大型活动产生并形成产业化发展的基本条件。任何一个产业的形成都是生产力发展到一定阶段的产物，没有生产力和科学技术的发展，就不可能有新产业的出现。奥运会、世博会、世界杯等大型活动的举办要求提供健全的基础设施、便捷的交通方式和通信手段，而大型活动场馆、交通等城市基础设施和公共服务设施的建设等都依赖于城市的经济发展实力。

此外，相关产业的发展也是大型活动产业发展的基础。在城市现代旅游业、饭店业、餐饮业、物流业、创意产业、邮电通信业等现代服务业发展支持下，大型活动产业才得以形成和发展。这些相关产业的发展既为城市大型活动产业提供了条件，也在大型活动产业发展的过程中得到进一步壮大。

2．制度条件

城市经济发展政策是大型活动产业化发展的制度条件。一个国家或地区的制度是否许可大型活动的存在，对大型活动提供必要的支持，并采取积极的鼓励政策，决定了大型活动是否能够在一个高效率、鼓励竞争的制度环境下加速要素流动，实现城市大型活动资源的优化配置。一个不断优化、不断开放的经济制度环境有利于城市大型活动产业的发展，也是大型活动产业形成和发展的必要条件。

3．资源条件

（1）城市文化资源　丰富的城市文化内涵是大型活动产业化发展的文化条件。大型活动产业是一个具有丰富文化内涵的产业，大型活动是城市短时间内对该城市传统文化与现代文明的创造。大型活动的策划、组织、现场管理及实施流程，每个环节都是对城市文化要素的挖掘与重组。城市文化是大型活动策划思维的源泉，也是大型活动的市场卖点。

（2）城市人力资源　会展及旅游业人才队伍的培养是城市大型活动产业化发展的人力支持。一方面，大型活动产品的开发与规划需要专业的策划、技术和管理人才；另一方面，大型活动的组织、现场服务、安全保卫等方面，需要一支吃苦耐劳、勇挑重担、有高度责任感又熟悉活动管理的志愿者队伍。加强专业人才的培养，为大型活动产业提供高素质的复合型人才是今后城市大型活动发展的重点之一。

4．产品和市场条件

产品和市场是大型活动产业化发展的"物质"条件。大型活动的产业化发展意味着城市要对现有资源进行整合，创建内容丰富、门类齐全、各种消费层次并举的大型会展、体育赛事和节庆活动体系，并提供标准化的产品和服务，满足市场不断增长的多样化和个性化需求，积极参与各国之间、地区之间和市场主体之间的竞争。

（三）存在问题

1．质量不高，主题雷同

从全国整体情况来看，举办大型活动的数量日益增多，呈现遍地开花的趋势，但和国外比较成功的大型活动相比较，我国品牌知名度低、走向国际化的大型活动比较少。从某一区域范围来看，由于自然条件、地理环境、历史文脉等方面的共通性，导致了该区域许多城市在大型活动的主题选择上出现雷同现象。例如，我国以茶文化为主题的节庆活动，就有日照茶博会暨茶文化节、中国重庆国际茶文化节、中国安溪茶文化节、蒙顶山茶文化节、思茅地区茶文化旅游节、湖北国际茶文化节等几十个。

2．城市文化结合力弱，文化内涵浅

现代城市大型活动的举办几乎都在遵循"文化搭台，经济唱戏"的原则，从某种程度上讲，我国几千年历史创造的深刻文化内涵为大型活动的发展带来了强大的生命力。但是目前在大型活动的举办上，往往只注重追求经济效益而忽略了文化内涵的挖掘。例如，我国传统的节庆活动加入了过多的商业炒作成分，中秋是月饼大战，端午出现千元礼品粽。

3. 开发水平低，市场化不足

在投资回报率上，由政府直接操办的各种大型活动由于其经费来源有可靠保障，不能充分地进行市场化经营运作，经常导致亏本办活动、投入与产出严重失衡的局面，使得大型活动的回报率较低；在宣传力度上，目前我国的大型活动以当地市民参加为主，海内外旅游者很少，参与的形式也以零散访客为主，团队很少，这说明在宣传、包装乃至促销上有待提高。

4. 地域分布不平衡

城市大型活动的发展与国民经济的发展状况有密切关系。我国传统经济的产业带分布状况以及东部地区产业经济发展条件优于中西部地区的现实，使得城市大型活动产业化发展的进程也存在着明显的地域分布不平衡的状况。

【案例分析1】

深圳市商务局发布《深圳市加快会展业发展三年行动计划（2020—2022年）》

2020年3月20日，为贯彻落实《中共中央国务院关于支持深圳建设中国特色社会主义先行示范区的意见》《国务院关于进一步促进展览业改革发展的若干意见》（国发〔2015〕15号）等有关文件精神，促进深圳会展业创新发展，结合深圳市实际，制订《深圳市加快会展业发展三年行动计划》（以下简称《计划》）。

《计划》首先阐述了其指导思想，除响应国家号召外，更围绕自身优势的地理位置出发，提出"紧紧抓住粤港澳大湾区建设重大机遇，充分发挥市场在会展资源配置中的决定性作用，更好发挥政府作用，坚持专业化、国际化、品牌化、信息化方向，倡导绿色发展理念，用好香港、澳门会展资源和行业优势，服务创新创意之都，推进产业转型升级，助力国际消费中心城市和国际贸易强市建设，努力把深圳打造成全球知名的会展之都"等具体要求。

针对深圳市会展行业未来三年将取得的成效，《计划》也做出了明确指示和量化的标准。即到2022年，深圳市会展在设施建设中取得阶段性成果，会展业综合效益显著提升，承接国际重要会议、大型体育赛事和重大主场外交活动的软硬件条件基本完备。形成一批在国内外具有重要影响力的会展主办机构和配套服务企业，力争建成1~2家具有全球竞争力的会展集团。年度展览总面积力争突破1000万平方米，10万平方米以上的大型展览项目40个以上。获得国际会展组织认证的机构和项目数量稳定增长，年度举办国际会议20个以上。绿色展馆、绿色展会建设初显成效，试点会展场馆、展会的绿色展装比例达到30%。

《计划》提到了未来三年的深圳市会展行业的主要任务：将建成国际一流会展场馆设施，达到国际一流运营水平，培育一批具有国际竞争力的会展领军企业。不但要打造一批具有国际影响力的品牌展览，更要建设国际知名会议目的地，引领智慧化、绿色发展，加强境内外交流合作，优化会展业营商环境，提升会展服务，发展会展经济。

思考 1. 思考城市大型活动发展的条件与要求。
2. 讨论我国城市大型活动产业及会展业发展的战略规划。

二、我国城市大型活动发展进程

根据生命周期理论，行业（产业）发展的生命周期一般划分为四个阶段：形成期、成长期、成熟期与衰退期。我国城市大型活动的发展是以中国现代旅游业的蓬勃发展为基础的，大型活动是伴随一般性旅游活动的开展从无到有成长起来的，并逐渐成为城市产业经济发展必不可少的因素。因此，我们结合旅游业的发展，从1978年改革开放起将我国城市大型活动的发展划分为两个阶段：形成期和成长期。

（一）形成期（1978—1991年）

我国城市大型活动的兴起与发展可以追溯到20世纪70年代末。1978年到1991年的13年时间里，我国旅游业和大型活动的发展借助改革开放的春风充满了无限的生机和活力。当时我国计划经济体制中脱颖而出改革开放政策的实施，为大型活动产业的发展创造了有利的宏观环境；在第三产业发展思想指导下而获得大力发展的旅游事业为城市活动产业的起步奠定了基础。特别是处于入境旅游飞速发展的黄金时期，为了突出地方特色、增加吸引力，由各地方政府牵头，开展了一批节庆活动。如大连国际服装节、山东潍坊国际风筝节等。但总的来讲，这一时期，大型活动产业结构较为残缺，产业需求没有得到应有的重视，产业规模是在外资产业冲击下被动地扩大，尽管管理与经营的方式有了很大的转变，但基本上还是在传统计划经济的框架中运行。随着市场经济的不断深化，市场体制的不断建立和完善，大型活动产业获得了适宜的外部发展空间。全国各地特别是大城市的活动产业正是在这样的大背景下逐步成长起来的。

（二）成长期（1992—2019年）

1992年之后，社会主义市场经济全面发展，中国经济发展进入了快车道。随着我国与国外进出口贸易的增多，以及经济、文化、民间等多方面交流的加强，加速了我国大型活动经济需求的增长。同时我国城市化进程不断加快，政府加大了对城市基础设施的建设，公共服务设施体系也不断完善，从而使代表我国政治、经济文明水平较高同时也是对外交流窗口的城市成为大型活动的举办地。城市大中型活动已经在某种程度上成为"开放经济"的一张亮丽的名片。大型活动在宣传城市、吸引投资、提高城市国际形象和地位方面，起着重要作用。因此，进入21世纪以后，我国各大城市不断承办和举办各种大型节庆、会展和赛事等活动，使活动经济的市场格局发生了重大变化。

1. 场馆建设规模不断扩大

据有关部门统计，全国现有大中型会展场馆150多个，会展面积300万平方米以上，已经超过了号称"世界会展之国"德国的展馆面积，拥有一批具有国际水平的现代化会展场馆。而目前各地都在大兴土木，会展馆建设方兴未艾，据不完全统计，2012年全国建成的各类会展中心的会展面积超过100万平方米。

2. 大型活动空前活跃

中国会展业搭上中国经济快速发展的列车，不断发展壮大，已经确定了在世界上会展大国的地位，并正向会展强国挺进。1997年，中国全年举办的各类展览会数量第一次达到1000场，短短10年，这一数字在2006年跃升至3800场。全球拥有的展览会的主题，在中国市场上都能找到。包括德国、美国等世界前10名的国际展览公司都不同程度地参与了中国市场。

3. 活动形式丰富多彩

经过多年发展，一些由政府主导的综合会展向专业会展转变，有的随着市场化、专业化、国际化水平的提高而成为著名会展，已培育出一批具有特色的、高水平的、较大影响力的会展知名品牌，诸如广交会、高交会、上交会等综合会展。专业化会展比重增加，几乎涉及经济的各个部门和主要行业，如北京的机床展、纺机展、冶金铸造展和印刷展等已跻身国际同行展的前四名，珠海国际航空展成为亚洲第二大航展，而号称"中国第一展"的"广交会"早已享誉全球。

4. 活动组织主体呈多元化

目前的大型活动主要有五大主体：一为政府机构，包括政府部门、事业单位，承担政府主导的各种重大经贸洽谈展会和综合性展会，政府主导型的展会仍是一大亮点，由国家部委和省市政府共同举办的大型展会活动，其中不少展会有高层领导人出席、讲话、剪彩、题词；二为行业协会，各种有影响的专业性会展大部分由行业协会主导或主办；三为国有企业，少数国有企业组织经营性会展等业务；四为民营企业，个别民营企业介入会展业，或主营或兼营，经营范围中有会展业务的民营企业在京、沪、穗这三地就超过千家；五为外资企业，境外的会展公司与国内有关单位结成合作伙伴，开展海外和国内招展，据不完全统计，目前国内举办的国际专业展将近40%有境外公司参与。

随着2020年国家制订"十四五"规划，会展业将迎来腾飞的新契机，也给城市大型活动的发展由成长期向成熟期转变提供了机遇。

【知识拓展】

德国会展城市简介

德国会展举世闻名，全球每年举行130～150个国际专业展会中，有2/3是在德国举办。至目前为止，参展厂商数为170000家，其中50%为外国参展厂商；参观者有1000多万人次，其中有来自180个国家的200万参观者。全球十大工展会城市中有六个在德国，德国最重要的展会城市为柏林、杜塞尔多夫、法兰克福、汉堡、汉诺威、科隆、莱比锡、慕尼黑、纽伦堡和斯图加特。

柏林

德国首都柏林早在19世纪便举办了重大的展会。以"国际观光旅游展""国际绿色周（农业及园艺展）"及"广播电视展"闻名。重大的政治性计划如"德国柏林国际进口商品展览会"（以前称Import-Shop，2014年开始展会代码更改为Bazaar）也居领导地位，该展会在国际同类型展览中具有重要影响力。展会公司为Die Ausstellungs-und Messe-Kongress GmbH（AMK）。

杜塞尔多夫

北莱茵-威斯特法伦州首府杜塞尔多夫的展会始于19世纪。1947年成立德国西北展览公司（NOWEA）。杜塞道夫以投资财商品展及时装展（Igedo）而闻名，该公司在积极拓展国际舞台，在全球各重要商业中心举办专业展会。展会公司为Messe Duesseldorf GmbH。

法兰克福

法兰克福是欧洲的金融中心之一，此地的展会传统已逾750年。自1948年法兰克福一直是全球展会界业绩最佳的城市之一。展会重点除消费性商品外，也跨足服务业。历史悠久的书展（Buchmesse）以及全球规模最大的消费品展"Ambiente"和"Preiere"最为有名。法兰克福的国际汽车展（IAA）也甚受瞩目。展会公司为Messe Frankfurt GmbH。

汉诺威

自1947年起汉诺威的"外销展会"迅速成为德国重要工展会。由外销展会所发展出来的"CeBIT"和"Hannover Messe-Industrie"在国际展会的版图中表现突出。汉诺威展览场面积之大在国际上遥遥领先（1998年时拥有室内展览空间466210平方米）。

科隆

科隆拥有创立于1922年的展会公司。第二次世界大战后，在市民和地方政府的努力下重新出发。展览重点为消费商品、高科技商品和投资财商品。德国的重要工展会约有1/4在科隆举行。最著名的如"国际家具展""摄影器材展（Photokina）"、体育及园艺展（Spoga）等。当地的展览公司为Die Koelnemesse GmbH。

慕尼黑

巴伐利亚州首府慕尼黑在19世纪中才有略具规模的展会。之后慕尼黑以"国际手工业展（IHM）"而闻名。如今更举办大型高科技、投资财及高价值消费品展。自慕尼黑展会公司（MMG）于1964年成立以后，慕尼黑已成为德国最活跃的展会城市之一。为举办1972年世运会，慕尼黑大量投资兴建公共设施，使慕尼黑的展会规模日益扩张，但多年来仍受展览场地不足之苦，1998年终于开放了Muenchen-Riem的新展览场地。自1981年起MMG也常以"慕尼黑国际展集团（Messe Muenchen International）"之名与许多其他单位共同举办展览。

莱比锡

莱比锡展会是整个欧洲共同市场中最东部的展会城，具有特殊的重要性。德国统一后，"莱比锡展会"在1992年分成若干专业展会。"莱比锡展会股份有限公司"以其800多年的光辉历史结合一些创新的主流展会如"汉诺威计算机展（CeBIT Home）"，由区域性展览中心迈向国际展会场。

三、我国城市大型活动发展趋势

（一）国际化趋势

大型活动的民众性、广泛性、开放性，使它蕴含了走出家门、走向国际的内在要求，国际化趋势是城市大型活动的必然趋势。在具体运作方式上，研究国际先进的理念，努力运用市场手段，使大型活动进一步开放化、国际化、娱乐化、效益化、规范化。例如，在近年青岛啤酒节的举办过程中，很注意学习国内外的经验，除每年派人到兄弟城市现场观摩活动外，还每年安排人员到国外学习观摩，采取"走出去、请进来"的办法，学习、借鉴国内外的先进经验，请外国人和国外的企业参与活动。同时提出了"青岛与世界干杯"的主题口号，大大加快了啤酒走向全国、走向国际的步伐，青岛啤酒节的知名度迅速提高，取得了显著的经济效益和社会效益。

（二）市场化趋势

传统的活动举办方式——大量的财政投入和硬性摊派，使财政、企业和社会不堪重负。市场经济的发展要求大型活动走向市场化发展的道路，尝试市场运作模式。即大型活动的市场化运作必须遵循市场规律、注入"成本与利润""投入与产出"的理念，由专门的服务或策划公司承办，政府行为只起着协调、支持的作用。在市场经济理念的渗透下，城市大型活动的举办逐步采用了"投资—回报"机制，同时吸引企业、企业集团及媒体参与，形成"以活动养活动"的良性循环模式。例如，山东潍坊风筝节在1998年就决定改变传统办会方式，大胆尝试市场运作。第二年的风筝会，组委会与北京公司联合策划招商。2000年风筝会与鲁台会、寿光蔬菜会同时举办，成功尝试了市场化运作，六项重大文体活动通过招标，都由企业冠名、赞助、承办，实现了以会养会，以会强会。

（三）个性化趋势

大型活动要保持个性化，必须坚持常办常新：一是策划有"亮点"的活动，提高大众关注度，大众关注是大型活动发展的生命线。二是策划有"热点"的活动，形成社会热点。大型活动有热点，自然会形成商业的焦点。三是策划有"卖点"的活动，增强商务运作能力。例如，上海市建设国际会展之都专项行动计划（2018—2020年），深入贯彻落实党的十九大精神，围绕全力落实和服务上海城市发展战略，着力增强上海会展业服务长三角、服务全国和服务全球的能力，把上海会展服务打造成打响上海服务品牌的重要载体和平台，把上海打造成市场运行机制更加成熟、会展企业更有活力、具有全球影响力的国际会展之都。

（四）产业化趋势

随着大型活动采用市场化的运作模式，大型活动逐渐呈现出产业化趋势。围绕大型活动，从项目策划、集资、广告、会务、展览、场地布置、彩车制作、观礼台搭建到纪念品制作，都以招标投标、合同契约的有序竞争方式进行，逐步形成新兴的"活动经济"和"活动产业"。大型活动的产业化需分"两步走"：远期目标和近期任务。远期产业化应进行周全的产业规划，并列入城市经济和社会发展规划，可由城市主管部门代表政府对大型活动实施宏观管理和调控，指导产业发展，而产业主体通过市场运作完成大型活动。同时根据政策法规体系，组建大型活动产业集团或产业公司，确认法人地位，明晰产权关系。近期市场化运作方式，可继续保持政府调控、市场运作的形式，但应减少行政干预，努力扩大社会参与的规模和程度，逐步过渡到大型活动不再是政府工作的目标任务。

（五）集群化趋势

当前我国城市大型活动主要分布在北京、上海、广州、深圳、大连、厦门等经济发达地区。有关调查数据显示：全国举办会展最多的省市首推北京，上海紧跟其后，广东最为活跃。从活动收入看，广东、北京和上海占据了垄断地位，占全国收入的近90%。同时，逐步形成新兴的会展业市场和一些具有一定实力的会展集团公司。未来大型活动的发展必然走向集群化趋势，形成区域联动效应。

【案例分析2】

义乌展会发展概况

义乌地处浙江中部，辖6镇8街道，市域面积1105平方千米。根据第七次人口普查数据，截至2020年11月1日零时，义乌常住人口为1859390人。其中，本地户籍人口85万，常住义乌的外来建设者100万，是一座具有悠久历史和深厚文化底蕴的城市。

近年来，义乌大力发展会展、物流、金融、旅游等现代服务业，推进三产协同发展。着力打造国际小商品会展中心。义乌现有国家级展会4个，分别是中国义乌国际小商品

（标准）博览会（简称义博会）、中国（义乌）文化产品交易会（简称中国文交会）、中国义乌（国际）森林产品博览会（简称森博会）和中国国际旅游商品博览会（简称旅博会），其中义博会已成为继广交会、华交会之后的第三大经贸类展会。义乌国际博览中心总投资18亿元，占地219亩，是浙江省最大的会展中心。

1. 中国义乌国际小商品（标准）博览会（简称义博会）

中国小商品城坐落于浙江省义乌市，创建于1982年，现拥有营业面积640余万平方米，商位7.5万个，从业人员21万多，日客流量21万人次，经营26大类、210万个单品。义乌是国际性的小商品流通、信息、展示中心，被联合国、世界银行与摩根士丹利等权威机构称为"全球最大的小商品批发市场"。2019年中国小商品城市场成交额为1537.4亿元。

中国小商品城是我国最大的小商品出口基地之一，商品已出口到219个国家和地区，年出口57万多个标准集装箱，外贸出口占65%，外国企业常驻代表机构数达3059家，居全国县域首位，常驻外商达超1.3万名，联合国难民署、外交部等机构在义乌建立采购信息中心，有83个国家和地区在市场设立进口商品馆，"买全球货、卖全球货"的格局初步形成。

2006年以来，国家商务部先后发布了义乌中国小商品城指数、《小商品分类与代码》行业标准，从而使义乌市场这个"超级市场"取得了全球小商品贸易定价、定标话语权，实现了由输出商品到输出标准和规则的飞跃。

小商品博览会即小百货、小五金、某些日常生活用品、部分文化用品的大型展会。创办于1995年的中国义乌国际小商品博览会至2020年已经连续成功举办了26届，每年10月21~25日在浙江义乌举行。2002年升格为国际小商品博览会，由商务部、浙江省人民政府等联合主办。"义博会"办展特色鲜明，国际化水平突出，信息功能强劲，服务体系完善，安全卫生保障到位，已成为目前国内最具规模、最有影响、最富成效的日用消费品展会，是商务部举办的三大出口商品展之一，先后被评为中国十大最具实力贸易进出口展览会、中国管理水平最佳展会、中国（参展效果）最佳展览会、最受关注的十大展会、最佳政府主导型展会和中国十大最具影响力品牌展会等，并获得了国际展览联盟（UFI）的认证。第26届起，义博会主办单位新增国家标准化管理委员会，并更名为中国义乌国际小商品（标准）博览会，自此成为国内首个植入标准元素的国际展览会。

2019年第25届"义博会"

2. 中国（义乌）文化产品交易会（简称中国文交会）

中国文交会创办于2006年，是由国家文化部、浙江省人民政府和中国国际贸易促进委员会主办，浙江省文化厅和义乌市人民政府承办的文体行业唯一外贸主导型国家级展会，至2019年已连续成功举办了14届，2014年正式更名为中国（义乌）文化产品交易会。

中国文交会坚持"市场化、专业化、国际化"的办展思路，以文化产品交易为核心，以国际水准为目标，在原有展会基础上"出新意、出亮点、有特色"，努力把中国文交会打造成为中国文化产品交易的重要平台、中外文化交流的重要窗口、中国文化产业国际贸易的"风向标"、促进文化产品结构调整和创新的重要载体，促进文化产业发展和中华文化"走出去"。经过多年的发展，中国文交会成功搭建起了文化产品交易（出口）、文化产业展示、文化信息交流、文化项目合作的重要平台，先后被列入文化部"十二五""十三五"期间重点扶持的品牌展会之一，被评为2008年"中国最具影响力的文化行业品牌展会"。

2018年第13届"中国文交会"

3. 中国义乌（国际）森林产品博览会（简称森博会）

中国义乌（国际）森林产品博览会创办于2008年，由国家林业局、浙江省人民政府主办，截至2019年已成功举办12届。森博会是一个绿色、低碳、环保的展会，贸易功能强劲，商业机会众多，国际化水平突出，服务体系完善，展会规模、展会成效、展会影响力均居亚太同类展会之首，享有"林业奥运会"的美誉。森博会先后荣获"2017年度中国十佳品牌展会项目"等20项国家级殊荣。森博会也是国内首家、全球第二家通过UFI认证的农林类展会。2019年第12届森博会提供了国际标准展位3000个，参展企业1200家，到会专业观众10万人次以上。森博会已成为全国森林产品走向国内外市场的重要桥梁，森林产品生产企业寻求商机的重要平台。

4. 中国国际旅游商品博览会（简称旅博会）

2019年4月27~30日，第14届中国义乌文化产品交易博览会和第11届中国国际旅游商品博览会在义乌国际博览中心同期举行。该两大展会首次同期举办，是文化和旅游部组建后致力于助推"文化+旅游"深度融合的一次新探索和新尝试，为加快文旅产业的联动发展和转型升级带来全新的视角和机遇。本届展会遵循"以文促旅、以旅彰文""宜融则融、能融尽融"理念，以"融·创·美"为主旨，通过文化发现创造价值与旅游体验分享价值有机结合，讲好"诗和远方"的故事，全力打造文化和旅游融合发展的"中国样板"。融合后的两大展会，展览面积达到10万平方米，设标准展位4192个，共有1277家企业和机构参展，分别来自中国29个省（区、市）以及德国、匈牙利、拉脱维亚、委内瑞拉、朝鲜等境外18个国家和地区，汇集77个不同国家和地区的展品，设有中心馆、文创馆、非遗生活馆、省市馆、美丽乡村馆、电子竞技馆、浙江馆、动漫娱乐馆、保利艺术馆等10个展区，展位数、展览面积创历年之最。

中国国际旅游商品博览会以"拓展旅游产业功能，推动旅游商品创新，促进国家内需增长"为办展宗旨，突出交易，引领潮流，优化服务，全面提升展会的国际化、专业化、市场化、品牌化水平，促进旅游商品创新与发展。实现了全国旅游商品大展示、发展空间大展示、前景大展示和旅游商品转型升级大平台、展示大平台、交易大平台，造就了具有国际影响力的中国旅游商品会展大品牌。

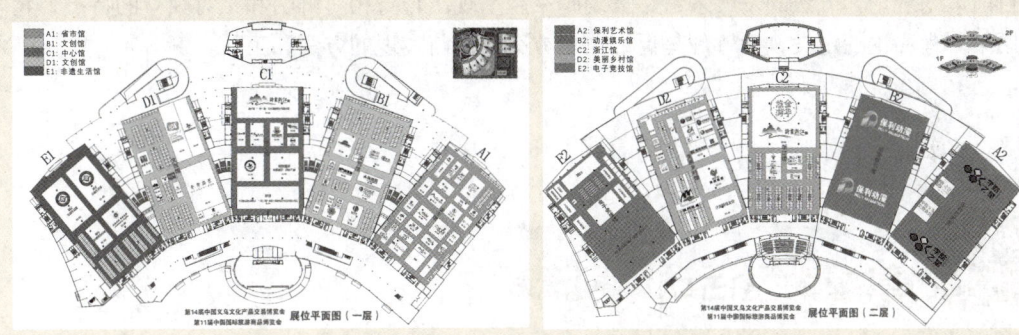

2019年"文交会""旅博会"展区平面图

思考 简述会展作为义乌经济新"引擎"的原因及动力。

【项目训练】

学生选定一种类型的大型活动为研究对象，在所在城市范围内开展调查，掌握其现状与发展趋势，并完成总结报告或小论文。

项目二　策划与管理大型活动的基本要求

有关策划的定义目前主要借鉴哈佛《企业管理百科全书》的定义，即"策划是一种程序，在本质上是一种运用脑力的理性行为。基本上所有的策划都是关乎未来的事物，也就是说，策划是针对未来要发生的事情做当前的决策。换言之，策划是找出事物的因果关系，衡度未来可采取的途径，以目前决策作为依据。也即预先决策做什么、何时做、如何做、谁来做"。

也有国内的学者把策划归于管理职能，认为策划是以科学的、系统的、创新的、实效的原则，通过全方位的信息处理、智力运作和参与，对目标的所有资源进行重新整合和开发，以提高综合实力、实现利益优化的最终目标的一种管理职能。在学科大类上策划从属于管理，但是从目前策划理论和方法的发展来看，策划越来越呈现出自身相对鲜明和相对独立的特点，我们采用策划程序论的定义，而管理是保证策划方案实施与实现的方法和工具。

任务1　掌握大型活动策划流程

一、市场调研

市场调研是指在一定的营销环境下，系统地搜集、分析和报告有关项目信息的过程。

（一）调研内容

1. 宏观环境

宏观环境的调研可以通过PEST模型（图1-1）来描述。

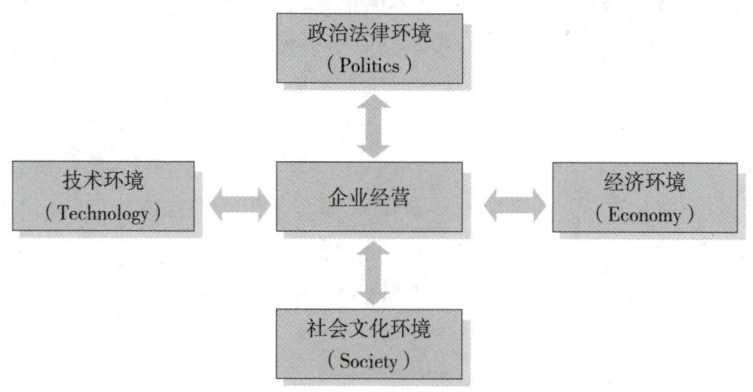

图1-1　宏观环境调研模型图

2. 行业环境

大型活动要结合区域明确所服务的行业对象，考察内容包括：该地区的优势产业和主导产业、国家和本地区的重点发展产业、政府扶持的产业。

3. 竞争对手

开展对竞争对手的调研，掌握对手的基本情况，调研内容包括：竞争对手产品研究、竞争对手实力、竞争对手的目标与战略。

4. 企业自身

从企业本身具备的实力入手，掌握企业发展的基本条件，调研内容包括：企业的产品研究、企业的实力、企业的目标与战略。

5. 目标市场

掌握所服务的目标市场是否具备发展潜力以及可进入性，能否形成市场规模，调研内容包括：市场潜力、市场份额、市场壁垒。

（二）调研过程

1. 调研准备

（1）调研问题或机会的界定　调研过程首先是认识市场营销问题或机会，问题的正确界定决定市场调研的方向和合理性。问题不可过于宽泛。

（2）调研目标的确定　问题或机会识别过程的最终结果是形成调研目标。

2. 调研方案设计

（1）确定调研项目　它是调研目标的具体化。调研项目的确定，规定了问卷设计或访问提纲的范围；调研项目是否全面、适当。

（2）资料分析与解释　主要有探索性调研、描述性调研、因果性调研等。

（3）抽样设计　现实中样本规模的确定要权衡调研结果的信度与调研成本。包括调研区域、调研对象、抽样方案设计等的确定。

（4）调研费用　在调研方案设计中，应编制调研费用预算，包括：劳务费、问卷设计费用、差旅费、邮寄费、电话费、受调查者礼品费及礼金、杂费等。尽可能做到给定费用，效果最好；或给定目标，费用最少。

（5）拟定调研活动进度表　调研活动进度表是调研活动进行的时间依据，也是提高工作效率、控制调研成本的手段。它通常将调研活动分为几个阶段，并说明各阶段应完成的任务、时间限定、人员安排、经费支出、标志性事件或成果等。

3. 调研实施

主要工作是按照调研计划和调研活动进度表的规定进行。

（1）资料收集与处理　包括原始资料和二手资料的收集与处理。

（2）资料分析与解释　解释是在资料进行分析后找出信息之间的联系，目的是从资料中获得新的结论。

（3）提交调研报告　调研成果通常要以编写调研报告形式提交给项目委托人或决策者。调研报告应简明扼要，用资料、数据说明问题，要在规定的时间内完成。有时也可进行口头报告。

（4）跟踪调研　在调查活动中对具有某种共同特征的调查对象，在进行一次调查登记以后，采用定期或不定期的多次随访，以取得所需的相关资料。

（三）调研方法

1. 观察法

单向调研法。由项目调查人员通过直接观察，进行实地记录，以获取所需的资料。

2. 询问法

双向沟通行为，分为口头询问和书面询问两种。口头询问是指项目调研人员直接通过语言与访问对象进行交谈，从中获取所需资料，如座谈会；书面询问是指调研人员事先制定出调查表，以当面填写或邮寄填写的形式收集信息，速度较慢。

3. 实验法

实验法指将调查对象随机地分成若干组，通过有意识地控制实验条件中的若干变量，以此来观察条件变化后的各自反应，从中找出各种反应的差别。

【案例分析3】

市场调研报告的格式

第一部分：前言

封面—调查目的—调查对象—调查范围—摘要—目录。

第二部分：报告正文

调查目标；调查时间与地点；调查组织者；调查方法：包括资料来源、采用哪些调查方法、调查步骤、材料整理采用的统计方法等；调查结果描述与分析：对主体部分中的数据、表格及对他们的解释、分析，要用语准确、符合逻辑。

第三部分：结论与建议

根据调查结果分析总结出主要结论，并结合企业或客户现实情况明确其面临的优势与困难，提出解决方案。

第四部分：附件

包括调查问卷、抽样名单、相关统计表格、检验计算过程与结果等。

思考 讨论如何完成一份市场调研报告。

二、市场细分与定位

（一）市场细分

市场细分是指按照项目消费者或者用户在需要、爱好、购买动机、购买行为、购买能力等方面的差别或差异，运用系统方法把整体市场划分为两个以上不同类型的子市场的过程。

1. 市场细分的标准

（1）地理变量　地理细分是指将市场划分为不同的地理单位，如国家、地区、省市等，企业可以选择一个或几个地理区域开展业务，但要注重不同地区在需求和偏好方面的差异。例如：地区可作为细分标准，因为不同地区的企业对会展项目的需要有所不同。各地由于经济发展水平、区域经济结构、产业结构等因素的影响，便形成不同的产品认购习惯和偏好，并有不同的需求特点。通过这种市场细分，企业应考虑将自己有限的资源尽可能投向力所能及的、最能发挥自身优势的地区市场中去。

（2）人口统计特征　企业根据参加活动人员的人口统计特征细分市场，主要是为了更好地满足消费者在活动期间的吃、住、购等方面的需求，以提高活动人员对现场服务的整体满意程度。人口统计特征主要包括：消费者的年龄、性别、职业、收入、婚姻状况、文化程度、家庭结构和规模、家庭生命周期、宗教信仰、种族和社会阶层。上述因素对活动人员的消费心理、消费习惯以及消费效果评价有着重要的影响。

2．市场细分的常用研究手段（图1-2）

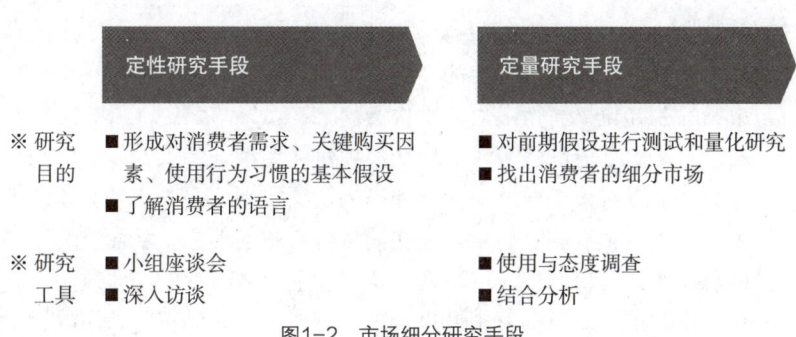

图1-2　市场细分研究手段

3．市场细分流程（图1-3）

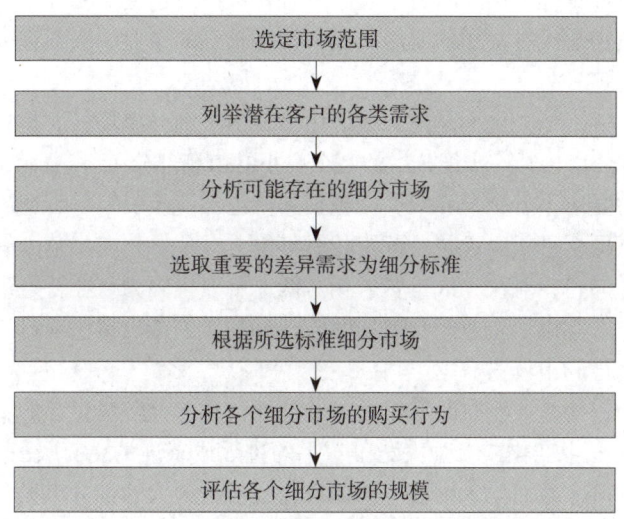

图1-3　市场细分流程图

（二）市场选择

1．无差异营销战略

在使用无差异营销时，企业可以决定不考虑细分市场的差异性，对整个会展市场只提供一种产品。企业的产品针对的是顾客的共同需求而不是不同的需求。企业设计出能在最大程度上吸引顾客的产品及营销方案，依靠大规模分销和大众化的广告，目的是在人们的头脑中树立起优秀的产品形象。目前，我国大型活动业还处于成长阶段，大多采用这种策略。

它的优势在于：规模效应显著。由于可能规模销售、分销渠道简化、市场调研和广告宣传开支较低，销售成本降低，可以获得规模经济效益。易于形成垄断性的名牌项目的声势和地位。

它的缺点在于：企业的需求客观上是不断变化的，一种产品长期为该产品的全体消费者或用户所接受极为罕见（同质市场的产品除外），对消费者来说也过于单调。当众多企业如法炮制，都采用这种策略时，就会形成整体市场竞争异常激烈，而小的细分市场的需求却得不到满足的局面，这对营销者、消费者都是不利的。

这种策略只适用于少数垄断性强、供不应求的项目，无差异性市场策略已不适应现代国际会展的竞争。

2. 差异性营销战略

企业决定以几个细分市场或瞄准机会的会展市场为目标，并为每一市场设计独立的营销方案，凭借项目与市场的差异化，获得最大的销售量。

优点有以下三个：①由于能够较多较快地变换项目的类型与特点，以适应和启发企业的需求，因而有利于增加消费者对该企业的信赖感和提高购买概率，提升市场竞争能力。②如同时在几个细分市场中占有优势，有利于树立企业在消费者心中的形象，从而有利于经济效益的提高。③由于差异性营销的灵活机动性，可以在一定程度上分散企业的经营风险。

缺点有以下三个：①由于差异性营销带来生产经营成本与营销宣传费用的增加，难以使企业取得规模效益。②经营目标市场数量越多，会影响经营效率，使企业管理难度加大。③由于多元化分散经营，可能使企业的资源配置不能有效集中，影响某些优势的发挥。

企业在采用差异性目标市场战略时，应注意必须保证所选定的目标市场由于总销量扩大所带来的收益要大于营销总成本费用的增加。实力相对较小的企业一般不宜采用此策略。

3. 集中性营销战略

企业不是面向整体市场，也不是把力量使用于若干个细分市场，而是集中力量进入一个细分市场（或是对该细分市场进一步细分后的几个更小的市场部分），充分满足某些参展商特定的需求服务。该策略适合中小型企业和一些资源独具特色、能吸引一定类型消费者前往的项目。

它的优点有以下两个：①由于企业营销相对集中，在单一化较小范围的市场上活动，占有资金相对小，且资金周转相对快，成本费用相对低，可以集中力量在特定市场占领优势和实现一定的规模经济效益。②由于企业经营范围明确，有利于创造出特色项目与服务，并可提高企业项目或服务的知名度和市场占有率。

缺点有以下两个：①企业经营具有很大的风险性，小部分市场生存的企业承担的经营风险较大，一旦市场突然发生变化或者强大竞争对手的进入或者新的更有吸引力的替代项目出现，都可能使企业没有回旋余地而陷入困境。②如果选定不是较大的细分市场，则竞争者太多，市场竞争过于激烈。

因此，采用这一策略的企业必须密切注意目标市场的动向，并应制定适当的应急措施，以求进可攻，退可守，进退自如。

（三）市场定位

企业一旦选定目标市场，就要在目标市场上进行产品的市场定位。市场定位是对会展企业的产品或服务和企业形象进行设计，从而使其能在目标市场中占有一个独特位置的行为。

企业需要了解目标顾客的需求特征，尤其是他们的主要需求，分析其对产品和服务的价值的理解，在产品的名称、价格和包装等方面做文章，给目标顾客留下好印象，确立企业形象，以扩大销售，增加利润。

1. 市场定位的方式

（1）对抗性定位　这是一种与在市场上占据支配地位的，即与最强的竞争对手"对着干"的定位方式。存在一定危险性。

（2）避强定位　这是一种避开强有力的竞争对手的市场定位。其优点是：能够迅速地在市场上站稳脚跟，并能在消费者心目中迅速树立起一种形象。由于这种定位方式市场竞争风险较小，成功率较高，常常为多数企业所采用。但空白的细分市场往往也是难度最大的细分市场。

（3）重新定位　企业自身的实力发生变化、竞争状况发生变化、外在环境发生变化则需重新定位。

2. 市场定位的步骤

（1）识别本企业的潜在竞争优势　一是掌握竞争对手的产品定位；二是掌握目标市场上顾客愿望满足程度及仍未满足的需要；三是针对竞争者的市场定位和潜在顾客真正需要的利益来制定策略。

（2）准确地选择相对竞争优势　企业在已经发现的若干个潜在竞争优势中，选择领先竞争对手的优势，以此建立市场定位战略，实现利益最大化。

（3）显示独特的竞争优势　并非所有的商品差异化都是有意义或者是有价值的，每一种差异都可能增加成本，也有可能增加顾客利益。因此，企业应当谨慎选择能使其与竞争对手相区别的途径，将理想的市场定位准确传达给目标消费者。企业所有的市场营销组合必须支持这一市场定位战略。

3. 市场定位的战略

（1）产品差异化　企业可以使自己的产品区别于其他竞争对手的产品。

（2）服务差别化　除体现实际产品区别外，企业还可以使其与产品有关的服务不同于其他竞争对手。

（3）人员差别化　企业可以通过雇用和训练比竞争对手好的员工取得竞争优势。

（4）形象差别化　市场竞争除实物产品的外观及功能外，还包括企业品牌形象等内容。因此，企业可以通过建立良好的形象使自己区别于竞争对手。

三、项目立项

（一）题材选定

1. 题材的产生

先选行业，再选题材。先做调研，再作决策。

（1）同行信息　如主题、理念、背景以及目标、范围、规模等。

（2）行业信息　如企业名录、专业信息、行业动态、发展趋势等。

（3）区域信息　如扶植产业、政策导向、城市功能、辐射范围等。

（4）数据信息　如统计资料、现场调查、模型分析等。

（5）客户信息　如活动要求、观众需求、偏好调查等。

2. 题材的选择

（1）新立题材　通过对信息的收集和整理，选定一个本展览机构从来没有涉及，或其他办展机构进入得少甚至没有办展机构进入的展览题材。

（2）分列题材　将办展机构已有的展览会的展览题材再做进一步细分，从原来的大题材中分列出更小的题材,并将这些小题材办成独立的展览会的选题方式。

(3) 拓展题材　将现有展览会所没有包含的但与现有展览会的展览题材密切关联的题材,或是将现有展览会展览大题材中还未包含的某一细分题材列入现有展览会展览题材的方法。

(4) 合并题材　将两个或两个以上彼此相同或有一定关联的展览题材的现有展会合并为一个展览会,或将两个或多个展会中彼此相同或有一定关联的展览题材合并在一个展览会中展出。

(二) 立项策划

1. 活动名称

一般包括三个方面的内容,即基本部分、限定部分、补充部分。如第三届中国(杭州)国际休闲产业博览会,基本部分是博览会;限定部分是第三届、中国、国际、休闲产业;补充部分是杭州。

2. 举办地点

行政区域(城市)和具体场所(展馆)。突出产业特色、区位优势、交通便捷、服务配套、展馆档次等。

3. 举办时间

时间点和时间段的安排,包括具体举办时间、开放(展)时间、展览布展时间、撤展时间以及相关活动的时间安排等。注意事项有以下四点:①统筹兼顾,合理安排,尽量精确。②注意展览题材的行业特征。③相关展会时间的衔接。④合理利用节假日等。

4. 举办机构

(1) 主办单位　拥有项目的所有权,承担主要法律责任(全部责任、部分责任、主管责任)。

(2) 承办单位　具体责任单位,负责项目实际运作,承担项目盈亏,负责项目招商招展和宣传推广等。

(3) 协办单位　对主办单位和承办单位的工作进行补充,主要是协助项目招商招展和宣传推广。

(4) 支持单位　对主办单位和承办单位的工作起支持作用的办展单位。

5. 活动频率

一年举办会展项目的次数和间隔时间的长度。与产品生命周期有关,一般产品投入期、畅销期办展频率会高一些,饱和期、滞销期办展则要更谨慎些。

6. 活动规模

(1) 衡量标准　包括展出面积(毛面积和实际面积)、参加单位数量(参展企业、行业协会、媒体等)、观众人数(专业观众、普通观众)。

(2) 会展规模的制约因素　包括市场成熟度、观众的数量和质量、办展机构的实力和策略。

7. 活动定位

形象设计—明确展商客商—项目特色—营销组合实施。体现目标性(长期目标和短期目标)、前瞻性(展览题材的发展趋势)、可行性(符合客观实际)和相对稳定性(与市场发展要求吻合)。

8. 活动价格和预算

包括室内场地和室外活动的价格。一般遵循"优地优价"的原则,即便于活动和处于中心位置的价格要高一些。

9. 人员分工、活动的宣传推广计划

这是活动的具体实施计划，人员分工计划是对活动工作人员的工作进行统筹安排，宣传推广计划是为建立活动品牌和树立活动形象，并同时为活动的筹备和招揽服务的。

10. 活动进度和相关活动计划

在时间上对活动的招徕、招商、宣传推广和位置划分等工作进行统筹安排。活动进度计划安排得好，筹备的各项准备工作就能顺利进行。

四、项目方案实施

（一）监督保证

从上到下各环节环环相扣，责、权、利明确，只有监督才能使各个环节减少出错，以保证项目活动的顺利开展。

（二）积极防范

根据经验或成功案例积极进行全面预测，发现隐患，把损失控制在最小的程度内，从而推动项目活动的正常开展。

（三）全面评估

项目活动发展到每一步，都应有一定的评估手段以及反馈措施，以便发现问题，及时更正，并且要进行事后总结。

任务2　掌握大型活动策划方案写作要求

一、大型活动策划文案种类

一项大型活动的文案主要包括：项目立项策划书、可行性研究报告、参展说明书、招展计划、招商计划、宣传推广计划、参展合同、展出工作方案、广告文案、费用预算等。

二、大型活动策划方案文本结构

1. 封面

包括策划主办单位、策划小组成员、策划日期、流水编号。

2. 序文

阐述本次策划工作的目的、主题、构思、范围等内容。

3. 目录

将策划方案进行严谨的层次排列，并列上页码。

4. 内容

策划方案的具体内容要求结构完整、语言流畅、文笔生动、数据准确、层次清晰、结论明确，适当运用图表、相片、模型等增强表达效果。

5. 预算

每一项大型活动工作都需要进行财务管理，在策划方案中必须将项目预算作为其中的一部分内容完整体现。

6. 策划工作进度表

包括策划部门创意的时间安排、项目活动进展的时间安排、人员的分工安排等，时间安排要有余地，具有可操作性。

7. 附件：其他相关参考资料

包括市场调研收集的一手、二手信息材料，制作的相关说明材料等。

三、大型活动策划方案正文内容

大型活动策划方案一般包括的正文内容如表1-1所示。

表1-1 大型活动策划方案正文

序号	内容
1	市场环境分析（可行性分析）：围绕"宏观环境、行业环境、竞争对手、企业自身、目标市场"等进行分析
2	活动基本框架：活动名称、举办时间、举办地点、举办机构、活动规模、活动频率、活动定位等
3	活动价格和预算：拟定初步方案
4	人员分工计划
5	招展计划
6	招商计划
7	宣传推广计划
8	筹备进度计划
9	服务商安排计划
10	开、闭幕和现场管理计划
11	举办期间的相关活动计划
12	结算方案

任务 3　掌握大型活动管理的基本要求

从项目立项策划与实施的角度出发，我们从项目管理、人力资源管理、营销管理、财务管理、危机管理、信息管理六个方面来管理大型活动。

一、项目管理

大型活动的举办具有过程渐进性、结果不可挽回性和组织的临时性与开放性等项目的特点，因此整个活动从筹备到举办可以采用项目管理的方法。项目管理就是在有限的资源条件下，为实现项目目标所采取的一系列的管理活动，它是理顺与项目有关的众多错综复杂的难题的一种手段和过程。

大型活动的项目管理过程包括：策划、筹备、组织与进度规划、人力资源管理、市场营销（赞助）、财务管理、危机管理、实施与控制、收尾等。

二、人力资源管理

（一）人员培训

1. 设定培训目标

首先进行培训需求分析，明确员工未来需要从事某个岗位所应具备的技能与员工目前的技能水平之间的差距，设定培训目标努力消除这个差距。

2. 选择培训内容

主要是三个层次：知识培训、技能培训、素质培训。根据各个培训内容层次的特点和培训需求分析来选择进行哪个层次的培训。

3. 选择培训资源

包括内部资源和外部资源。内部资源指组织的领导、具备特殊知识和技能的员工；外部资源指专业培训人员、学校、公开研讨会或学术讲座等。选择什么资源，要由培训内容及可利用的资源来决定。

4. 选择正确的人员参加培训

员工队伍包括新员工与老员工，员工之间的态度也有好与差的区别，学习能力也有强有弱，技能差距有大有小，因此，可以根据这些情况将员工分在不同区间，确定哪些员工可以进行培训，避免浪费资源。

5. 选择培训方法

培训方法主要包括：讲授法、演示法、案例法、角色扮演法、研讨法等。

（二）志愿者管理

大型活动的举办过程里涉及大量志愿者人员的参与和管理。志愿者管理工作指大型活动组织者为了筹备和举办大型活动而对志愿者进行的计划与招募、培训、配置与协调、激励、监督、评估等一系列管理活动的总和。志愿者不是正式员工，他们具有参与热情高、人员来源复杂、规模庞大、动机多样化、时间相对集中、行为随意性大等特点，对其进行管理需要注意方法与技巧。

1. 志愿者计划

根据大型活动的规划，分析和预测活动所需的志愿者规模及其供给情况，制订战略计划、行动计划、范围计划、职能运行计划、进度计划等，以确保活动顺利完成。

2. 志愿者招募

按照大型活动的需要和标准，招募选拔出数量充足、素质优良、服务到位的志愿者队伍，为活动提供高水平的志愿服务。大型活动志愿者的招募是否成功，不仅取决于志愿者规划与工作分析是否合理，同时还取决于招募选拔方式是否有效，这是一个双向互动的过程。在开始招募之前，要做好以下准备工作：①确定招募对象。②确定招募数量。③确定招募方式。④确定选拔方式。⑤确定选拔时间。⑥规范招募选拔流程。⑦建设信息系统。

3. 志愿者培训

志愿者培训是指通过各种组织志愿者参加学习培训的手段，提高志愿者的工作能力和知识水平，使其具备完成各自服务任务所需的知识、技巧和能力等。志愿者培训具有实现促进活动成功举办和提高志愿者综合能力的双重目标。

培训工作可以按照以下几个步骤进行。

（1）培训准备工作　包括调研规划、编写教材、师资队伍建设及培训基地建设等内容。

（2）确定培训流程　包括分析培训需求、确立培训目标、选择培训方式、评价培训效果。

（3）培训考核评估　培训考核包括出勤率、通用知识和专用知识测试、岗位技能测试等方面。对志愿者实行考核持证上岗制度，是有效保证志愿者培训效果的一种考核方式。可以从各个岗位的实际需求出发，对志愿者的通用知识、专业知识和岗位技能的了解掌握程度进行严格、全面的测试，从而确保每个岗位上的志愿者能够快速融入团队，了解业务知识、熟悉运行工作、掌握本职岗位技能。

4. 志愿者配置与协调

为了保证志愿者服务工作高效运行，活动期间，可按照"以活动为中心、以场馆为基础、以属地（来源单位）为保障"的原则，建立志愿者配置与协调机制，做到分工明确、责任明晰，共同保障志愿者工作的有效开展。在志愿者上岗服务期间，由场馆负责对志愿者进行使用与管理，按照志愿者的岗位职责和工作权限，安排志愿者做好岗位服务工作，并做好服务期间的保障工作。在场馆之外，由志愿者的来源单位负责对志愿者进行系统的管理和调配，做好志愿者的后勤保障和服务工作，免除志愿者的后顾之忧。

5. 志愿者激励

志愿者激励是指通过满足志愿者的各种需要，使志愿者的个人目标和组织的整体目标保持一致，从而增加其努力工作的动力，使其保持一种目标驱动状态，在这种状态下，志愿者所付出的努力不仅满足大型活动的需要，也能够满足其个人需要。对大型活动志愿者的激励，要以激励理论和激励原则为指导，充分考虑志愿者的期望，选择合适的激励方式。

6. 志愿者评估

评估是志愿者管理的重要一环。志愿者评估是指对志愿者项目的管理过程进行仔细观察、测量和监测，以便了解志愿者项目是否达到预期目标的过程。志愿者评估可以提供项目的基本轮廓和重要统计结果，为活动组织者提供反馈，从而对项目实施过程中出现的问题和偏差进行改进。评估工作可以分为目标评估、影响评估、过程评估等，由于志愿者项目的特殊性，目标评估和影响评估难以进行量化评价，只能进行描述性评价，评估主要集中在对社会和文化影响以及对志愿者的长远影响上。

三、营销管理

大型活动营销就是活动组织机构制订和执行计划、定价、促销和销售创意及现场服务，以此创造商品或服务，满足参展商、观众和其他利益相关者的个人和组织目标。大型活动营销包括以下五种类型。

1. 内部营销

核心是如何培养具有顾客意识的员工，在把大型活动产品推向外部市场之前，首先开展面向内部员工的市场营销活动。目的是鼓励高效服务市场营销体系的建立，构建一个组织成员能够愿意为企业创造"真正的顾客"。

2. 赞助营销

赞助商给予活动一定的赞助。这是赞助商与大型活动组织者双赢的方式。一方面，赞助商可通过赞助过程得到潜在的商机和利润，另一方面，组织者可以筹措资金，降低活动风险。

3. 供应商营销

包括广告代理商、视听设备供应商、灯光照明供应商、保安公司、交通运输公司、场馆、保险、酒店、医疗卫生、承建商等。主办方是这些服务商的营销对象，也是他们的营销主体。

4. 媒体营销

充分利用媒体种类多、传播广、时效快、信息灵的特点，通过媒体来提升活动的影响力。

5. 政府营销

大型活动的主办者都希望得到政府的大力支持，这可以是资金支持也可以是政策支持。因此，市场部门在面向政府部门开展营销时，应该突出大型活动对当地经济的推动作用，促使政府的积极支持。

四、财务管理

大型活动财务管理主要是活动主办者或承办者在大型活动举办过程中，对其中涉及的资金投入、产出、预算控制的管理。包括从最初的预算、中期的控制到最后的结算都非常重要。

由于项目运行过程中需要大量的前期垫付资金，项目的收入与支出不能同步，能否保证充足的资金流是决定大型活动管理成败的关键因素，因此项目中的财务管理就成为重中之重，其主要的职能是财务决策、财务计划和财务控制。建立优良的财务管理系统，使项目经理能够控制财务状况，了解现金流与活动目的和目标的关系；把握资金的来源和去向；确定各个子项目的收入和支持百分比；控制支出的规模；确定增加收入、减少支出的可能性，能保证总目标的费用分配决策。

五、危机管理

大型活动非常容易受国内外政治、经济和社会等突发事件的干扰，有时甚至会阻止活动筹备工作的正常进行。对于大型活动而言，危机是指影响参展商和观众对活动举行目的的信心和扰乱活动组织主体继续正常经营的非预期性事件。

大型活动项目从策划、立项、招展到开幕一般需要半年甚至一年以上的时间，一旦受到干扰，活动组织者会损失惨重。例如，2003年春天的SARS疫情让全国展览会的收入下降了近55%，利润下降了约60%。因此，危机管理工作十分重要。

（一）活动现场的危机风险类型

1. 自然威胁

自然威胁是指由于自然力的不规则变化引起的各种现象而导致对人们的经济生活、物质生产及生命安全等所产生的威胁。一般表现为各种自然灾害，主要包括地震、飓风、海啸、山洪暴发、雷雨、火灾、冰雹等。它具有不可控制性、周期性和共沾性的特点。不可控制性是指自然灾害是自然规律作用的结果，人类在很大程度上对它的发生和控制束手无策。自然灾害具有一定的周期性，以一年四季为例，夏秋季容易出现洪灾，春季容易引发流行性疾病，冬季可能出现暴风雪等。共沾性是指自然灾害一旦发生，涉及广泛的区域，包括会展活动现场。

2. 人为威胁

人为威胁是由于个人或团体的行为，包括过失行为、不当行为以及故意行为对会展活动造成财产和人身损失的可能性，如偷盗、抢劫、食物中毒、酗酒斗殴、情绪失控引发的激烈冲突、爆炸及恐怖主义行径等带来的危害等。因此，各类人为威胁在会展活动中发生的可能性最大。尽管人为威胁的管理难度较大，但相对于自然威胁来说，它可以通过精心准备活动计划和应急预案来控制风险的发生。

（二）会展现场危机管理

1. 对场地进行安全分析

对场地进行防火、防盗、防暴、防骗等方面的安全分析。检查场地和相关设施是否符合国家消防、建筑、房屋安全等有关标准，对不符合要求的，必须立即整改。对临时搭建设施、消防设施、安全出入口、疏散通道等进行安全检查，及时消除各类安全隐患。确认重点位置、重点环节、重点区域、重点时段的安全情况处于有效控制。

2. 同当地的安全管理部门之间建立良好的工作关系

在活动开幕前，要陪同消防和安保部门对所有的展位进行一次全面系统的检查，保证展会符合消防和安全要求，彻底清除可能的安全隐患，并且确定当展会出现安全问题时能得到相关部门的帮助。

3. 制作安全小册子、标牌以及其他交流方式

要确保所有参加大型活动的客户和工作人员都能读懂这些标牌。例如，可采用的最优撤退路线、出口标志、急救标志、警告标志、紧急援助电话号码等。

4. 制订一个媒体管理计划

媒体对大型活动危机管理的成效有重要影响，媒体可以帮助活动主办方更好地处理危机，也可能对危机管理带来很多负面影响。因此应将媒体作为一个重要的管理对象纳入危机管理计划，具体应注意以下事项：多渠道地与媒体保持沟通和密切联系；适当地控制媒体在危机中的活动范围以便为危机管理赢得一定的时间；尽量提供真实的信息；不要和媒体发生冲突等。

5. 预防"闹展"

大型活动现场经常会遇到一些参展商"闹展"的情况，这给现场管理带来了很大的困难。

主办机构应主动采取必要的应对措施，完善活动的现场安全预警体系。

六、信息管理

会展行业是一种商业信息集散的行业，会展组织者不涉足具体的易货交易，而是通过信息收集、分析和处理形成的信息库，进一步为大量的有潜在交易的供需双方提供必要的了解、洽谈和交易的场所，传递并引导行业发展趋势，提高行业内的商业效率。

大型活动信息管理包括信息系统的建立、信息流的确定、信息处理过程的控制，还有信息形式、活动内容、活动传递方式、活动存档时间的确定等。

【案例分析4】

第二届中国国际进口博览会志愿者培训工作

1. 培训时间

按照2019年第二届中国国际进口博览会（简称进博会）志愿者培训工作总体安排，10月11日，第二届中国国际进口博览会志愿者市级重点培训正式开始。进博会城市服务保障领导小组志愿者服务保障组将从10月11日起至10月中下旬，分片区对38所高校的大学生志愿者、红十字会志愿者等人员开展近10场市级重点培训。分片区进行，以保证整个项目平稳有序地进行，为之后的正式服务打好基础。

2. 培训对象

来自上海38所高校的大学生志愿者、红十字会志愿者等5881名志愿者。

3. 培训场次

共安排的培训场次总数10场。

4. 培训地点

首批培训在上海市团校和上海市青年管理干部学院同时举行。

5. 培训内容

此次培训主要突出政治性、专业性和实用性要求，除开设党课教育、进博会基础知识、商务贸易知识、部分"一带一路"国家和地区风俗习惯、民族宗教等理论知识培训以外，还设置了红十字应急救护、青年信用体系建设和"志愿中国"系统操作、生活垃圾分类处置等实用性操作课程培训。

6. 培训组织和管理情况

（1）管理　各区按照自身情况分批次进行授课。

（2）要求　①学员要认真听、做好笔记。②自觉遵守纪律。③按时参加，不迟到，不早退。④服从管理，听从指挥。

（3）餐饮安排　培训基地将统一为志愿者提供午餐，凭餐券领取餐食至指定地点用餐。

（4）考勤情况　各区根据人数的情况安排签到时间，一般于培训开始前30分钟到达指定地点进行签到。

7. 培训考核

（1）由于进博会需要的志愿者人数较多，在培训之前已经选出了符合以下要求的志愿者：遵守中华人民共和国法律法规，政治素质过硬，业务能力过硬，精神风貌过硬，学生党员优先。

（2）普通话流利、标准，具备出色的语言能力、沟通表达能力和协调能力者优先。

（3）需拥有较好的英语水平。

（4）有一定志愿服务经历、曾参与过市级及市级以上志愿服务活动者优先。

（5）身体健康，确保全程参加训练营培训及各类宣传活动。

8. 其他意见或建议

在进博会当志愿者是一次很好的锻炼机会和社会实践。希望志愿者们能认真对待此次展会，服从中心工作人员的安排；遵守活动场所的工作制度，按照志愿者岗位职责要求，文明服务，吃苦耐劳。在做好本职工作的同时要展现出志愿者的精神——奉献、友爱、互助、进步。以最饱满的精神、最专业的业务水平，展示中国青年形象，为进博会服务，为城市添彩，为祖国争光！

1. 中国国际进口博览会志愿者培训工作的特色是什么？
2. 思考并讨论大型活动项目志愿者培训工作的方法。

【项目训练】

1. 学生以小组为单位，讨论某项大型活动的策划流程与方案的制订（含框架与内容）。
2. 学生以小组为单位，为某项大型活动工作拟订一份志愿者的招募、培训、协调、激励、监督与评估计划。
3. 学生以小组为单位，制定一份大型活动的危机管理方案。
4. 学生以小组为单位，讨论如何开展大型活动的营销推广。

【模块小结】

本模块主要阐述了大型活动的基本内涵与类型，详细分析了我国现代城市大型活动发展的历程与特点及其发展趋势；强调了项目策划方案的写作；从项目立项策划与实施的角度出发，针对大型活动策划与管理的流程及要求进行了具体论述，并给予了项目指导训练，为学生后续学习各种类型大型活动的实践打下了基础。

学生学习本模块后应进行项目实践训练，并进行自我总结，由教师与企业共同完成评价。

模块二

展览活动策划与管理

P42 项目一
展览活动概述

P50 项目二
展览活动策划流程

P64 项目三
展览活动营销策划

P79 项目四
展览活动布展组织

P90 项目五
展览活动现场管理

【教学目标】

能力目标	知识目标	素质目标
1. 掌握展览活动的策划流程。 2. 能够进行指定展览的策划。 3. 掌握展览活动策划各环节操作技能。 4. 掌握会议活动的准确定位。	1. 掌握展览活动的种类及特点。 2. 掌握展览活动营销策划。 3. 掌握展台设计、布置。 4. 掌握展览活动现场管理及注意事项。 5. 熟悉展览活动策划流程及原理。	1. 团队合作精神好、协调性高、具备较强的展览策划意识及运作能力。 2. 具备主动学习的精神、积极参与课堂教学活动，按要求完成教学准备。 3. 具备严谨、勤奋、求实创新的学习精神。 4. 知识面广，有良好的职业能力与道德素质。 5. 爱岗敬业、踏实肯干、具备良好的服务意识与专业素养。

【重点与难点】

本模块内容学习的重点在于掌握展览活动的策划流程操作以及现场管理的具体操作内容，难点在于策展的实际运用和招展的灵活操作。

【项目引入】

第二十二届中国国际高新技术成果交易会

展览名称：2020高交会——第二十二届中国国际高新技术成果交易会。

举办时间：2020年11月11~15日，共历时5天。

展会主题：科技改变生活，创新驱动发展。

展会规模：展览总面积达14.2万平方米，现场观众达45.1万人次，近200家海内外媒体，超过1000名记者参与了本届高交会的报道。

主办单位：深圳市中国国际高新技术成果交易中心。

支持单位：中华人民共和国商务部、中华人民共和国科学技术部、中华人民共和国工业和信息化部、中华人民共和国国家发展和改革委员会、中华人民共和国教育部、中华人民共和国人力资源和社会保障部、中华人民共和国农业部、中华人民共和国国家知识产权局、中国科学院、中国工程院、深圳市人民政府。

高交会参展流程：

（1）企业提交公司资料，由主办方审核企业是否合适参展高交会；

（2）企业确认展位需求，例如：力宝激光电子技术有限公司想预定18平方米光地（两个标准展）；

（3）企业在组委人员提供的最新展位图上确认企业需要预定的展位；

（4）合同签订，参展企业将合同填好，打印4份，加盖公司公章，将合同邮寄给招展工作人员；

（5）组委会将合同审批盖章好之后，邮寄回一份给参展企业；

（6）参展企业收到组委会审批盖章好的合同后，说明高交会展位已经预定好了，参展企业一周左右安排付款；

（7）组委会收款后开出正规发票快递给参展企业；

（8）开展之前，组委会通知参展企业提前做好参展准备，以及收集参展企业的信息录入大会会刊；

（9）开展；

（10）展会结束，撤展，现场续约。

注：具体流程以实际操作时为准，以上仅供参考！

高交会对深圳的影响：

高交会为深圳带来了丰富的创新资源。伴随交易数据逐渐攀升，大批科技企业和技术成果得以借力转化、催生，深圳当地科研技术、资本、人才、梦想在这里奔涌交汇，高交会所开创的"交易为主"的科技展会模式，也对全国一大批科技展会的成功创办和发展，提供了示范引导。高交会举办的20年间，深圳高新技术产业一路狂飙，高新技术产品产值实现跨越式增长。

构建梯次型现代产业体系。在高交会的推动下，深圳高新技术产业在行业结构、企业结构、产品结构上日趋优化，高端制造、新一代信息技术、人工智能、生命科学、新材料、新能源、绿色低碳等领域的新技术、新产品比重不断提高，已打造出战略性新兴产业、未来产业、现代服务业和优势传统产业"四路纵队"，形成经济增量以新兴产业为主、工业以先进制造业为主、第三产业以现代服务业为主等"三个为主"的产业结构，实现了向梯次型现代产业体系的跃升。

2009年起，深圳先后出台七大战略性新兴产业规划及配套政策，不断培育和催生新兴业态，并于2013年出台了《深圳未来产业发展政策》，布局未来产业，实施创新驱动发展战略，加快转变经济发展方式，主动淘汰和转型低端落后产业，实现了结构性改革的超前引领。"十二五"期间，深圳七大战略性新兴产业年均增长17.4%。2020年深圳进一步提出，分3阶段实现科技创新主要目标，旨在到2035年建成可持续发展的全球创新创意之都，跻身世界创新型城市先进行列。

为进一步激发企业创新活力，从初创期帮助企业"走下去"，在成长期增强企业转型升级动力，直至成熟期助力企业枝繁叶茂、独木成林，深圳市税务局针对创业就业不断加大服务力度，2020年1月至8月，仅研发费用加计扣除一项，深圳共有14577户纳税人享受到了优惠，减轻税负超过178亿元。深圳市蛇口税务局局长陈一龙表示，高交会是企业展示的绝佳舞台，而减税降负的优惠政策，也是帮助企业站上舞台的重要推手之一。

统计显示，2020年前三季度，深圳先进制造业和高技术制造业增加值分别为4458.81亿元和4153.12亿元，分别增长11.1%和11.7%，占规模以上工业增加值比重分别提升至70.7%和65.9%。

思考 1. 结合以上资料，思考高交会在深圳举办的优势。

2. 除以上内容外，高交会还在哪些方面对深圳产生影响？

项目一　展览活动概述

展览就是通过物品或图片的展示，集中向观众传达各种信息，实现双向交流，扩大影响，树立形象，实现交易、投资或传授知识、教育观众的目的。展览作为服务活动，起到桥梁、媒介和窗口的作用，展览本身能够产生经济效益和社会价值，具有巨大的经济辐射力和社会影响力。

任务1　展览的定义

大型活动里常说的展览，不是指"展示"这个动词，而是特指"展览会"这个名词。

展览会，在《辞海》中的定义为：用固定或巡回的方式，公开展出工农业产品、手工业制品、艺术作品、图书、图片，以及各种重要实物、标本、模型等，供参观、欣赏的一种临时性组织。

《简明不列颠百科全书》给"展览会"的解释是：为鼓舞公众兴趣、促进生产、发展贸易，或者为了说明一种或多种生产活动的进展或成就，将艺术品、科学成果或工业制品进行有组织的展览。

展览会就是把"展"——展示、"览"——参观，这两个元素在一个"会"的平台上同时实现，从而达到信息传递与沟通交流的目的。

据不完全统计，全球每年定期举行4000多个大型展览会，其中有150个为大型、著名的国际博览会。

【案例分析1】

进博会对上海和长三角意味着什么

首届中国国际进口博览会（简称进博会）已经圆满落下帷幕，然而与此相关的话题还在业界和学界延续。首届进博会举办完后，它将会对未来的中国经济、对外开放的格局，上海乃至长三角的经济发展以及全球经济发展带来怎样的影响？它将给这些地区的居民和企业带来怎样的影响？

（1）中国经济会更加协调

回顾改革开放的前四十年，我们基本依赖"三驾马车"中的出口和与出口相关的投资推动了中国经济的增长。在其中，消费所扮演的作用相对较小。但展望首届中国国际进口博览会举办之后的四十年，中国经济发展中的"三驾马车"将更加均衡地发展，进、出口将更加平衡，在此基础上，贸易和投资也会更加平衡，消费、出口和投资也会趋于平衡发展。毫无疑问，这正是高质量发展的题中应有之义。

从另外一方面看，进博会举办之后的中国经济还将朝着创新、绿色、协调、高效的方向发展。因为世界上的进口大国往往都是经济强国，相反，世界上的出口大国大多都是发展中国家。很简单，在当今以消费者为王的时代，只要谁掌握和引导着最终消费者的偏好，谁就必然能掌控与之相关的生产、分配和物流乃至研发。如果自己国家的低效生产少了，相应地，所在国的环境就会更加绿色。这难道不是我国高质量发展想要达到的目标吗？

除以上的影响外，进博会的举办对于中国对外开放格局也会产生比较重要的影响。一是，它向全世界表明，我们将不再单纯依赖出口，也不会对其他国家的产业造成较大的挤出效应，当然也就不会引起其他国家的反感；二是，诸如上海这样的东南部沿海地区，现在又有了它们新的角色。东南部沿海地区的经济发展将会迈上一个新的台阶，有一个较大的提升；三是，进口会成为中国不少地区的第二个经济发展热点，同时还能推动中国制造升级，推动高质量发展。此外，进口和出口平衡发展，中国经济就会更加协调。

（2）为长三角发展带来新的机遇

此次进博会的举办，不仅对中国经济与扩大开放带来新的机遇，而且也会给今后上海乃至长三角的发展带来难得的机遇。原因是上海早在175年前的1843年，就被迫成为通商口岸，担负起主要是进口外国产品中转港的角色。1990—2018年，上海的主要角色也主要是作为出口港而担负其东方大港的重任。从2018年上海首届进博会开始，上海今后的港口角色将更加均衡，出口与进口并重；并且这将有利于进一步发挥这个东方现代大港的重要角色。因为如果我们以进博会作为契机，作为消费端就可以通过掌控消费、营销等下游链条而获得更多的主动权。当上海将进口和出口都平衡地掌控起来的话，在国际经济中的发言权就会变得更大，这对于上海"五个中心"的建设、自由贸易区的建设等都是非常难得的机遇。

进博会对于长三角发展的意义就更重大了。上海是首位城市，但是过去这些年，上海的辐射力、影响力、吸引力还不是很大，原因是真正的生产基地往往不在上海，而在周边地区。长三角经济一体化一直难以走上正轨。想象一下，进博会今后每年举办，周边的厂商、全世界的客商都要到上海来学习、参观全世界的新产品、营销新模式，营商新思路、新理念。上海在周边地区的影响力自然就会大大增强。加上上海较大的出口基础，上海在长三角经济一体化中的重要性就会大大提升，并且上海与周边城市和地区的协调性将会增加。

（3）对全球经济发展的意义重大

此次进博会的举办对于全球经济发展的意义也是非常重大的。原因是过去70年的经济全球化，更多是出口产品和服务方面的全球化，也就是WTO的成员，大多数将精力放在出口自身产品给世界，降低各国关税税率，减少国际贸易成本。在WTO成员中，只有少数的发达国家充分利用了进口产品背后的巨大潜力。比如，美国其实是进口产品的重要受益者，农产品很多由墨西哥、加拿大供给，制造品中的一般制造品大多由中国提供，美国只关注于研发、服务、高端制造，并掌握国际贸易、国际生产体系，因而其国内的发展总体上还是比较好的。但目前美国政府认为这样做他们吃亏了，要回到保护贸易的条件下。在这个节骨眼上，中国就是要担负起推动世界经济增长的重任，以更多的进口带动世界经济增长，带动世界经济增长。想象一下，如果世界经济受到冲击，中国毫无疑问将是最大的受害者之一。

此次进博会期间，来自发达国家的企业很多，来自"一带一路"地区的企业也有很多。对于"一带一路"的国家和地区而言，中国扮演起一个进口者的角色，可以在很大程度上树立中国的正面形象。对于发达国家而言，它们当然也很高兴，因为它们可以出口更多产品到中国，也会在一定程度上减少对中国"一带一路"倡议的担忧。

习近平主席提出的人类命运共同体的理念非常具有远见。它意味着，全人类无论贫穷与富裕，无论文化与种族，都是一个相互依赖、休戚与共的命运共同体。其背后的哲学理念是非常深厚的，即全人类相互之间不是敌人，而是朋友，各国之间不是你死我活，而是一荣俱荣，一损俱损。

（4）促进企业转型升级

此次进博会虽然不对普通消费者开放，但其实很多大中小学生、教师、工人、白领、蓝领都想去参观，原因就是来自世界各国的新产品、新技术、营销新模式、商业运营新模式和管理新理念都会来到进博会展览馆，对普通消费者来说，用相对低廉的价格购买自己希望购买的产品，当然这是他们所期待看到的。

对于企业而言，进博会带来的那些新产品、新技术、新的经营理念，当然就更是它们所期待的。因为中国企业当中，除少部分有理念、有高度的企业之外，我们生活周遭的绝大多数企业其实只是在较低层次上进行竞争，它们往往缺乏新的产品、新的技术、新的理念，而进博会恰恰提供了企业这样的绝好机会，让它们能够打开眼界看世界，促使它们对产品进行升级换代，对企业进行转型与升级。过去，它们要想获得这些东西，往往必须要跑到海外市场亲自去看，现在这些东西就来到了上海，并且今后每年都会举办一次，相信绝大多数的企业对此当然都非常欢欣鼓舞。

本届进口博览会盛况空前，它体现了中国的担当，也体现了中国的和平发展理念。各国企业积极参展，因为中国是一个大的市场，吸引力无限；从另外一方面看，当前的中国经济也更是当今世界经济的一个大的风向标和发动机。

思考 1. 谈谈你对进博会的了解。
2. 结合所学知识和以上案例，分析大型展会如何对当地产生影响？

任务2 展览的分类

按照不同的标准可以将展览划分成不同的类型。

一、根据性质不同划分

根据性质不同，分为贸易展和消费展。贸易展的目的是交流信息、洽谈贸易，展出者和观众都是商人，这种展览更注重观众的质量，展期一般是3~5天。消费展的目的是直接销售，关心的是观众的数量，展期一般为10~15天。

二、根据内容不同划分

按照内容不同，可分为综合展览和专业展览。综合展览也称横向型展览，包括全行业或若干个行业的展览会，如工业展。专业展览展示的是某一行业甚至是某一项产品，如消费电子展、钟表展等，这类展览经常结合举办讨论会、报告会等，用以介绍新产品、新技术。

三、根据规模不同划分

按照规模不同，划分为国际展、国家展、地区展、地方展以及单个企业的独家展。这里的"规模"不是指场馆的规模，而是指展览活动主体所代表的区域规模。

四、根据时间不同划分

根据时间不同，可分为定期展览和不定期展览。定期展览可以是一年四次、一年两次、一年一次、两年一次等。不定期展览则根据需要而定。

五、根据场地不同划分

根据场地不同，分为专用展览馆展和流动展览。多数展览都在专用展览馆举办，根据不同的展示需要可选在室内或室外进行。流动展览，可以称为巡回展，用某些载体在不同的地点展示相同的内容，例如，利用飞机、火车、房屋等。

六、根据形式不同划分

按照形式不同，分为现实展览和虚拟展览。现实展览，也就是传统展览，展品真实可触，展出者和观众可面对面交流。虚拟展览，即网上展览，展品通过互联网进行展示，观众不需要去某个指定的场馆。世界上第一个虚拟博览会在1996年11月由英国虚拟实现技术公司和英国《每日电讯报》电子版联合举办,展期为1年。

七、根据国际展览联盟(UFI)的展会分类标准划分

按照国际展览联盟(UFI)的展会分类标准,分成综合性展览会、专业性展览会和消费性展览会三大类,具体如下:

A:综合性展览会

A1:技术与消费品展览会

A2:技术展览会

A3:消费品博览会

B:专业性展览会

B1:农业、林业、葡萄业及设备

B2:食品、餐馆和旅馆生意、烹调及设备

B3:纺织品、服装、鞋、皮制品、首饰及设备

B4:公共工程、建筑、装饰、扩建及设备

B5:装饰品、家庭用品、装修及设备

B6:健康、卫生、环境安全及设备

B7:交通、运输及设备

B8:信息、通信、办公管理及设备

B9:运动、娱乐休闲及设备

B10:工业、贸易、服务、技术及设备

C:消费性展览会

C1:艺术品及古董

C2:综合地方展览会

【知识拓展】

世界博览会简介

世界博览会(简称世博会)是由一个国家政府主办,有多个国家或国际组织参加,以展现人类在社会、经济、文化和科技领域取得成就的国际性大型展示会。其特点是举办时间长、展出规模大、参展国家多、影响深远。

自1851年英国伦敦举办第一届展览会以来,世博会因其发展迅速而享有"经济、科技、文化领域内的奥林匹克盛会"的美誉。

顾名思义,世界博览会是一个涉及时间、地域、门类、品种等各方面都有广泛内容的大型活动。按照国际展览局的最新规定,世界博览会按性质、规模、展期分为两种:一种是注册类(以前称综合性)世博会,展期通常为6个月,每5年举办一次;另一类是认可类(以前称专业性)世博会,展期通常为3个月,在两届注册类世博会之间举办一次。

注册类世博会不同于一般的贸易促销和经济招商的展览会,是全球最高级别的博览

会。其展出的内容包罗万象，举办国无偿提供场地，由参展国自己出钱，建立独立的展出馆，在场馆内展出反映本国科技、文化、经济、社会的综合成就。2010年上海世博会属于注册类。

认可类世博会展出的内容要单调些，它是以某类专业性产品为主要展示内容，下列主题可以视为认可类展览会：生态、陆路运输、狩猎、娱乐、原子能、山川、城区规划、畜牧业、气象学、海运、垂钓、养鱼、化工、森林、栖息地、医药、海洋、数据处理、粮食等。参展国在主办国指定的场馆内，自行装修、自行布展，不用建设专用展馆。1999年昆明世博会就属于认可类。

国际展览局是专门从事监督和保障《国际展览公约》的实施、协调和管理举办世博会并保证世博会水平的政府间国际组织，截至2002年11月，有89个成员国。1993年5月，国际展览局正式接纳中国为第46个成员国。根据选举规则，国际展览局成员国无论大小，各拥有一票的选举权。在第一轮投票中，如果某候选国城市获得三分之二以上的选票，该城市将成为2010年世界博览会的举办城市。如果第一轮投票中没有任何一个候选国城市获得所需的选票，则将进行第二轮投票，但在首轮投票中得票最少者将不再参加角逐。在第二轮投票中，获得三分之二以上选票的候选国城市当选。如若仍没有城市获得三分之二以上的选票，则继续按照上述方式进行第三轮投票，直至选举出2个得票最多的城市。最后的角逐将由这2个城市进行，其中得票较多的获得举办权。

【案例分析2】

上海美博会

美博会时间：2019年5月20～22日。

地点：上海新国际展览中心（龙阳路2345号）。

规模：W馆/D馆/E馆，270000万展出面积，20000万家参展企业，17个大馆，62个小馆，13000多个标准展位，全球40个国家及地区的3500余家化妆品企业，10000多个国内外品牌，近百场活动与论坛。短短3天时间，会聚了来自全球80个国家及地区的481895名专业观众。这一组数据，不仅刷新了CBE有史以来的高值，更刷新了全球美容展的纪录。

展览范围：

（1）日化线：日用化妆品、洗涤及个人护理用品、彩妆、香水、婴幼儿护肤品、口腔护理用品。

（2）专业线：美容院护肤品、美体产品及仪器、纹绣、香薰、美甲产品及工具、原料、OEM/ODM等供应链产品。

（3）美发产品类：洗护染烫产品、发制品、养发育发产品、美发设备。

（4）医学整形美容：整形设备、仪器、整形技术、整形机构、生物基因美容产品。

（5）减肥养生保健类：减肥产品、减肥技术及设备、艾灸、酵素、经络魔罐瘦身、悬灸养生、熏蒸护理、能量石经脉护理、香薰。

（6）微商品类：美容、营养保健品、婴幼儿产品、面膜、阿胶等。

（7）女性时尚用品类：流行饰品、消费品、沙龙护肤、仪器、保健品、化妆包等。

（8）包装材料类：包装器械、各类容器、专用箱包、装潢印刷。

（9）口腔美容：牙齿美白、口腔护理产品。

（10）沐浴洗浴：温泉、泳池、沐浴、桑拿、会所、SPA、足浴、健康产业等。

（11）其他：美业微电商、专业媒体、教育培训机构。

（12）展区功能划分如下。

	展区功能划分
日化展	W1馆——护肤、个人护理用品
	W2馆——香水、彩妆及化妆用具
	W3馆——孕婴童护理用品、彩妆及化妆用具、口腔护理、家用洗涤
	W4-1馆——彩妆及化妆用具、护肤
	W6馆——彩妆及化妆工具
	E1馆——护肤、面膜、男士护理
	E2馆——国际组团、进口代理品
	E3馆——国际组团、进口代理品、国际保养品
	E7馆——国际组团、进口代理品
	N5馆——N5街区、国际组团
	E6馆——新微电商名品馆
	E8馆——跨境电商名品馆
	E9馆——跨境电商名品馆
高端美容展	E4馆——国际组团、医学美容抗衰老产品、高端美容护肤品、各类美容仪器设备等
	E5馆——国际组团、美甲美睫纹绣产品、美发用品、仪器及发廊家具等
	E10馆——美容护肤品
日化技术展	W4-2馆——国际包装
	W5馆——包装材料
	W8馆——创新包材馆
	N1馆——OEM/ODM、国际组团、包装
	N2馆——国际组团、原料及配方

续表

展区功能划分	
日化技术展	N3馆——国际组团、机械设备
	N4馆——大设计趋势馆、彩妆包装馆
	N6馆——创新科技原料馆
	N7馆——全球万人直采馆

 1. 谈谈你对美博会的了解。
2. 结合所学知识和以上案例，分析美博会给美容美妆等行业产生了怎样的影响？

【项目训练】

学生选择一个自己感兴趣的知名展会作为研究对象，了解该展会的举办时间、地点、届数、受众人群以及举办目的，分析它对其所属行业及当地经济产生了怎样的影响。

项目二　展览活动策划流程

策展,也就是展览策划,是整个展览活动策划与管理过程中的核心环节。策划是人们为实现预定的目标,对与目标有关系的信息资源进行深入分析,并综合运用广告创意、管理、营销和财务等方法,进一步发挥创造性思维,事先谋划、构思和设计有关问题和解决策略,形成最佳行动指导方案的过程。展览策划通常有以下几个程序性内容:根据市场调查与预测,选定展会主题、展示对象和观众,突出展览表现形式,制定展览总体规划等。下面将分为选题构思、可行性分析、立项策划三个阶段进行讨论。

任务 1　选题构思

一、展览调研与信息分析

展览调研与信息分析,就是通过对展览信息进行收集和分析,为选题和策划提供依据。

1. 展览信息

主要包括产业信息、市场信息、同类展览信息以及展览的相关信息。

2. 产业信息

包括产业性质、产业规模、产业政策及发展规划、产业分布状况、厂商数量、产品销售方式、产品技术含量等。产业发展状况和产业性质对一个展览能否成功举办具有重要影响,应优先考虑区域的优势产业、主导产业、重点发展行业等,具体分析行业市场状况。

3. 市场信息

包括办展市场、参展市场以及专业观众市场的相关信息,具体有:市场规模、市场竞争、市场发展趋势、经销商数量和分布、相关产业状况、行业协会状况等。

4. 同类展览信息

包括同类展览的数量和分布情况、同类展览间的竞争态势、重点展览的情况等,尽量争取做到知己知彼,一方面能为是否在该产业举办展览提供决策依据,另一方面为如何制定竞争策略提供参考。

场馆、环境、交通等相关信息,都是信息收集中不可或缺的部分。

5. 展览调研

主要分为对一手资料和二手资料的收集。出于成本及速度的考虑,一般先进行二手资料的收集,可通过主办方、参展商、行业协会、会展项目管理系统等渠道获得。一手资料,即原始资料，是为了解决特定问题，通过观察、访谈、实验等方式专门收集的调查资料。

6. 信息分析

信息分析分为信息审核、信息整理和信息统计分析三个步骤。信息审核又分为一审和二审：一审是要接受核查问卷，把无效的问卷剔除，然后按不同的调查员和不同地区等标准归类；二审又称编辑检查，是对问卷进一步检查。信息整理，包括排序与分析汇总、市场调查资料的统计分组、绘制统计图等。信息统计分析，可通过总量、平均、相对指标等数据，借助Excel等软件进行分析总结。

二、选题与主题策划

（一）选题

在对展览信息进行整理和分析后，就可以对展览题材所在行业进行选择，一般优先考虑本区域的优势产业和主导产业，其次考虑国家或本地重点发展的产业，再次是政府扶持的产业，然后进一步确定细分市场，主要通过对细分市场的规模、发展潜力、盈利能力、结构吸引力等因素来进行评估。

选题时除了要考虑上面提到的行业和市场，同时也要结合办展的时间地点以及办展机构的目标和资金、人才等内部资源来进行研究分析。

以下是几种确定选题的途径：

途径1：通过报刊、网站、行业趋势分析、国家相关产业政策等搜集热点选题。选择那些国家相关产业政策大力支持的，有良好发展趋势，处在快速上升阶段，目标客户投资意向明显的选题。这类选题具有一定的前瞻性。

途径2：从国内、外的展会获得相关线索，结合分析国家相关产业政策，找出其薄弱环节，发挥自身优势经验，选择不同的角度和切入点，预期可以获得更好的经济效益、客户认同和社会反响。

途径3：直接引进国外成功的展会品牌，主要选择相对成熟、有一定业界影响力的品牌，并且该选题在国内市场具有一定的前瞻性，例如LinuxWorld。

（二）主题策划

选题之后，即需要进行展览主题的策划。展览主题贯穿展览始终，是展览的灵魂。主题应该是对展览目标的具体化，通常表现了主办方对展览内容的理解，是展览对外宣传的标志。展览主题可以是一个或者几个，其策划实际上是为了确定展览用以吸引客户的理念。表2-1为历届世界博览会的主题。

表2-1　历届世界博览会主题一览表

举办年份	国家	举办地	主题
1933	美国	芝加哥	一个世纪的进步
1935	比利时	布鲁塞尔	通过竞争获取和平
1937	法国	巴黎	现代世界的艺术与技术
1939	美国	旧金山	明日新世界

续表

举办年份	国家	举办地	主题
1958	比利时	布鲁塞尔	科学、文明和人性
1962	美国	西雅图	太空时代的人类
1964—1965	美国	纽约	通过理解走向和平
1967	加拿大	蒙特利尔	人类与世界
1968	美国	圣安东尼奥	美洲大陆的文化交流
1970	日本	大阪	人类的进步与和谐
1974	美国	斯波坎	无污染的进步
1975	日本	冲绳	海洋——充满希望的未来
1982	美国	诺克斯维	能源——世界的原动力
1984	美国	新奥尔良	河流的世界——水乃生命之源
1985	日本	筑波	居住与环境——人类家居科技
1986	加拿大	温哥华	交通与通讯
1988	澳大利亚	布里斯班	科技时代的休闲生活
1990	日本	大阪	人类与自然
1992	西班牙	塞维利亚	发现的时代
1992	意大利	热那亚	克里斯托弗·哥伦布：船舶与海洋
1993	韩国	大田	新的起飞之路
1998	葡萄牙	里斯本	海洋——未来的财富
1999	中国	云南	人与自然——迈向21世纪
2000	德国	汉诺威	人类-自然-科技-发展
2005	日本	爱知县	自然的睿智
2010	中国	上海	城市，让生活更美好
2012	韩国	丽水	天然的海洋
2015	意大利	米兰	滋养地球，生命能源
2017	哈萨克斯坦	阿斯塔纳	未来的能源
2019	中国	北京	绿色生活，美丽家园
2020	阿联酋	迪拜	心系彼此，共创未来

（百度百科. 世界博览会［EB/OL］. https://baike.baidu.com/item/%E4%B8%96%E7%95%8C%E5%8D%9A%E8%A7%88%E4%BC%9A/2533444，2020-10-13）

任务2 可行性分析

可行性分析是展览立项策划的重要基础，是对策划调研工作中掌握的各种信息进行全面系统的研究和分析，从而判断该方案的可行性。可行性分析主要分析的是以下四个方面：展览题材的可行性、执行方案的科学性、财务预算的合理性以及展览风险的可控性。

一、展览题材分析

展览题材分析主要通过对展览环境和战略两方面进行分析。

（一）环境分析

展览环境指一切影响和制约展览活动的最普遍的因素总和，分为宏观环境和微观环境两部分。环境分析是展览活动可行性分析的第一步。

宏观市场环境指的是对举办展览产生影响的各种社会因素，包括政治法律环境、社会经济环境、科学技术环境、社会文化环境等。

微观市场环境指的是对展览活动产生直接影响的各种因素，主要包括展览参与机构所在的行业特征、市场竞争状况、细分市场、目标客户需求，办展机构的人力、物力、资金、信息等内部资源。

（二）战略分析

举办展览的策略根据各企业实际情况和目标可以有无数多种，最重要的是找出自身最大的优势和抓住市场机遇，最大限度地规避或减轻外部威胁。较为常用的战略是SWOT分析法。

SWOT，即Strength（办展机构所具有的优势）、Weakness（办展机构所具有的劣势）、Opportunity（外部市场环境对办展机构举办展览所形成的机会）、Thread（办展所要面临的外部威胁）。运用该战略时，不是要把这四方面的内容罗列出来，而是要针对其中对办展影响最大的两个主要因素制定战略，可执行的战略分别是：SO战略、ST战略、WT战略、WO战略，如图2-1所示。

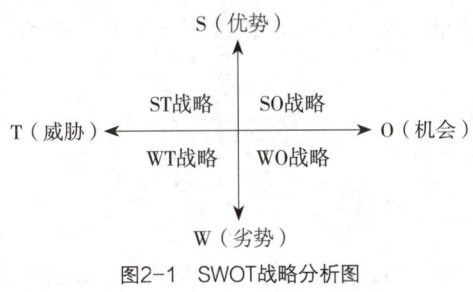

图2-1 SWOT战略分析图

1. SO战略

SO战略是依靠自身优势和市场机会开展业务。例如，办展机构有举办同类展览的丰富经验（内部优势），同时所在行业的协会举办该展览的规模逐渐变小，甚至有意转让（外部机会），办展机构这时应发挥自身优势来发展该展览。

2．ST战略

ST战略是依靠自身优势减轻外部威胁。例如，办展机构品牌优势显著（内部优势），而要涉足一个新领域的展览（外部威胁），那就要利用其品牌优势抓住客户。

3．WO战略

WO战略是利用市场机会来弥补自身劣势。例如，某领域产品或技术发展前景普遍看好，受到当地行业和政府支持（外部机会），虽然办展机构缺乏相关经验或专业人士（内部劣势），但只要市场条件成熟，还是可以利用社会力量来举办该展览。

4．WT战略

WT战略是克服自身劣势同时规避外部威胁。假如办展机构举办该展和具有重大影响的同类展览有冲突（外部威胁），而自身也没有能力改变此状况（内部劣势），那办展机构就要对选题、时间、地点等因素进行重新定位和调整，从而避开正面交锋。

二、执行方案分析

展览执行方案分析主要是看展览的基本框架方案和进度计划方案，是否能保证该展览的目的顺利实现。

（一）展览基本框架方案

这是举办展览最基础的部分，也是我们评估时的首要对象。展览基本框架包括展览名称、举办时间和频率、举办地点、办展机构、展览主题和规模等因素。在分析展览的基本框架方案时，应该确定以下问题：

展览名称和展览题材、举办地区以及展览的定位是否匹配？
办展的时间和频率是否与展览题材所在行业特征相符？
办展地点是否有足够的市场力量支撑展览成功举办？
展览题材的市场规模是否适合举办这种规模和档次的展览？
办展机构是否有足够的能力完成该展览？
展览规模与其定位是否相符？

（二）展览进度计划方案

展览进度计划方案是对从展览筹备到结束整个期间各项工作的统筹安排，它规定了各部分的工作职责，具体到什么时间完成什么任务达到怎样的目标。分析进度计划方案主要从以下几方面入手：

各项工作的顺序符合逻辑；
各阶段工作所要达到的目标要具体准确可行；
各项工作安排科学，设定的时间限制不可过松或过紧；
各项工作之间相互衔接。

执行方案的分析涵盖各种方案，除了以上两种方案，还有招展方案、宣传方案、现场管理方案及各种相关活动安排方案等，每个环节都要照顾到。

【案例分析3】

第一届中国（成都）国际皮革、鞋材展览会筹办工作实施计划

主要事项	工作内容	完成时间	责任人	配合人员
活动指挥	负责活动整体指挥、调度、协调	—		
活动方案	活动总访察、宣传方案基本确定；工作目标确定；职责分工明确	1月3日		
招商/招展物料准备	招商/招展电子邀请函	1月6日		
	纸质邀请函；宣传广告、DM单等物料设计制作	2月15日		
宣传推广工作	利用微信、行业杂志、行业网站等媒介全面推广鞋展	持续		
招商/招展工作	广州入驻及参展招商工作	3月10日		
	成都招展，温州、福建、电话邀约参展工作	3月10日		
	东莞商家参展邀约	3月10日		
	意向商家参展落实	3月12日		
观展邀约	内销鞋企（含入驻）邀约	3月17日		
	川渝两地商协会、非入驻鞋企的邀约	3月17日		
	电商工厂邀约	3月17日		
	外销鞋企邀约	3月17日		
	品牌商邀约	3月17日		
研讨会开幕庆典	活动形式、内容确定	2月10日		
	中皮协、研究院的领导邀约、发言内容确定	2月10日		
	活动组织、执行	3月19日		
新品发布会	对接蝶讯网，确定活动形式和发布内容	1月20日		
	对接公关公司，提交现场舞台搭建方案	1月12日		
展场管理工作	商家布展、店铺门口试营业氛围营造工作	3月17日		
	展场用电、展位搭建、运营等现场管理	3月16~21日		
氛围营造	项目周边、1楼展场氛围营造	3月15日		
后勤保障	日常工作督导、工作分工；活动物资采买	—		

 1. 结合所学知识简述展会执行的一般流程。
2. 思考展会执行人员需要具备哪些素质？

三、财务预算分析

财务预算分析目的是判断展览是否具有经济可行性，主要分为以下三个步骤：

第一，研究相关市场和执行方案，结合市场环境，预测财务分析过程中所需要用的各种数据。

第二，分析各项数据，结合展览各项工作的时间安排，做出初步的财务预算。

第三，测算办展的费用支出和收益，制订资金使用计划。

四、展览风险分析

展览风险分析通过评估展览项目可能出现的问题，目的是要提前做好相应的应对措施，保证展览顺利进行。风险分析分为风险确认、风险评测、风险控制和防范分析三个步骤。

（一）风险确认

主要从经营风险、财务风险、物质损失风险、人员损失风险、技术风险、合作风险、法律责任风险、不可抗拒风险等方面，确定风险可能出现的时间、原因和具体形式。

（二）风险评测

风险评测可以提出以下问题：风险发生的可能性多大？展览项目的哪个部分容易受到风险的威胁？该类风险曾造成什么影响？人们对该类风险作何反应？

（三）风险控制和防范分析

风险评测后，针对方案中存在的问题提出改进意见，制订风险控制和防范应对措施和应急计划。

【案例分析4】

第十二届中国国际航空航天博览会

一、展会简介

中国国际航空航天博览会简称中国（珠海）航展或珠海航展，由中央政府批准举办，是国际性专业航空航天展览，以实物展示、贸易洽谈、学术交流和飞行表演为主要特征的国际性专业航空航天展览会。本届航展参展国家和地区达43个，国内外参展商770家，其中国际展商约占45%，世界航空航天领域百强企业悉数亮相，参展的国内外各型飞机超达140架。观众们可以在展馆内看模型，展馆外看实物，观看飞行表演。

二、展会信息

展会名称：第十二届中国国际航空航天博览会。
举办地点：中国珠海国际航展中心。
展会周期：两年一届。
展会类别：武器装备、航空航天等。
会场面积：82000平方米。
展会时间：2018.11.06～2018.11.11。

三、组织单位

（1）主办单位：广东省人民政府、工业和信息化部、中国国际贸易促进委员会、中国民用航空局、中国人民解放军空军、中国航空工业集团公司、中国商用飞机有限责任公司、中国航天科技集团公司、中国航天科工集团公司。

（2）协办单位：中国兵器工业集团公司、中国兵器装备集团公司。

（3）支持单位：国务院新闻办、公安部/国家国防科技工业局、中国人民解放军总参谋部、中国人民解放军总装备部、中国人民解放军海军。

（4）执行单位：珠海市人民政府。

（5）承办单位：珠海航展有限公司。

四、展会主题

打造全域攻防装备体系，引领商业航天发展业态，共享"一带一路"合作机遇。

五、展品范围

（1）固定翼飞机；

（2）直升机；

（3）无人机；

（4）运载火箭；

（5）发动机制造/维修/零部件；

（6）机载通信/航电/导航系统；

（7）机身结构件；

（8）飞机维修检测设备及工装夹具；

（9）空管系统及设备；

（10）机场/地面辅助设备；

（11）导弹/武器；

（12）卫星/航天应用；

（13）金属/非金属原材料；

（14）飞行模拟/培训；

（15）飞机内饰/涂装；

（16）行业协会/展览组织；

（17）其他与上述展品有关的服务及活动。

六、展会亮点内容

新一代飞航导弹、无人机、高速飞行列车亮相；全空域防空体系亮相；中国航天科工创历史最大参展规模亮相；航天科工七大装备体系将亮相；中国航天科工集团有限公司举行合作项目签约仪式，签约项目涉及高速飞行列车、反无人机、军民融合、智慧产业等多个领域；中国航天科工集团有限公司与浙江吉利控股集团有限公司在珠海航展举行签约仪式，携手开展战略合作；第九届中国国际航空航天高峰论坛在珠海举办；中国航天科工参展珠海航展，首次参展展品将创历届之最。

七、展会影响

随着中国近年来航空基础设施的更新换代，以及休闲和商务旅游业的增长，航空业在中国具有巨大的发展空间和增长潜力，也将对中国经济发展产生长期积极影响。

航展是一个国家举办的重要军事活动，一方面举办航展可以向外界展示本国在军民两用方面所取得的最新成就、科技实力、综合国力以及未来发展方向；另一方面可以把自身的武器卖给潜在的客户，从而为国家创收。航展对一个国家的自信心和经济有巨大促进作用，所以要举办航展并且把航展推向国际。

珠海航展代表了当今航天航空事业先进科技的主流，展示当今世界航空航天业发展水平的盛会，跻身于世界五大航展之列，展会的认知度得以在国际上扩展。

珠海航展的意义在于能够使中国的航天工业走出去，能够更多地与其他国家和地区建立联系。通过航展可以提供友好交流的平台和手段，许多国家参展都带有销售的任务，因此其参展的积极性与参展装备都比较好，可以为中国提供一个良好的学习平台。

八、航展成果

本届珠海航展期间，签署订购协议超过1400亿元，成交了239架各种型号的飞机，总接待观众人数超过38万。

任务3　立项策划

依据展览项目的可行性分析，对有发展前景的展览项目可进一步进行立项策划，即根据所掌握的各种信息，在选题构思和前期的各种数据和方案的基础上，规划设计出展览会的基本框架和各种具体方案，书面形式为展会立项策划书。

一、展览会的基本框架

（一）展览名称

展览名称一般包括：基本部分、限定部分和补充部分。

1. 基本部分

基本部分用来表明展览会的性质和特征，常用词有：展览会、博览会、展销会、交易会、"节"等。

2. 限定部分

限定部分用来表明展览会的时间、地点、规模、行业范围等。限定时间的常用词有：届、年、季等，如第六届文化博览会、2009年广州婚博会、秋季时装展。限定地点一般用城市、省份、国家或区域来表示，如深圳电子展、中国进出口商品交易会、亚洲皮革制品博览会。限定规模多数用国际、国家、地区等字眼，如中国国际高新技术成果交易会。限定行业范围通常用某产业或某产品的名称，如食品展、车展等。

3．补充部分

补充部分可以是时间、地点等内容的具体注明，也可以是组织单位的名称。

（二）办展地点

需要考虑办展的行政区位和具体场馆两个层面，办展的行政区位指办展的国家、省市等。除了考虑当地的市场基础、对外交通、海关便利、场馆设施等情况，还需考虑举办地是否与展览的题材、性质和定位等相符合。

（三）办展时间和频率

办展时间选定应注意以下方面：

（1）合理安排布展、展期和撤展时间，其中展期可分为面对一般观众和专业观众两种群体的开放时间，展期根据展览性质和目标而各不相同，一般设定在3～5天。

（2）充分考虑展览题材的行业特征，比如，羽绒服的销售季节主要在冬季，因而展览会也应选在冬季。

（3）关注国内外同类展览的时间，原则上应避开有重大影响力的同类展览的时间。

（4）气候和节假日，中国的春秋季气候相对舒适，故成为会展旺季。

（5）其他因素，办展时间还受到企业财务预算等其他因素的影响。

办展频率主要取决于展览题材所在的行业特征和市场需求，尤其是产品生命周期的影响，如果产品生命周期短，更新速度快，展览的频率就相对高些。例如，像中国进出口商品交易会，由于市场需求旺盛，由原来的一年一届改为现在的一年两届。

（四）办展机构

办展机构是负责展览的组织、策划、招展、招商等事宜的有关单位。主要分为：主办单位、承办单位、协办单位和支持单位。其中主办单位和承办单位是最为核心最为重要的，不可或缺。

1．主办单位

主办单位在法律上拥有展会的所有权并对展会承担主要法律责任。主要有三种形式：一是全部责任主办单位，对展会承担主要法律责任的同时负责策划、组织、操作和管理等。二是部分责任主办单位，虽也对展会承担主要法律责任，但不参与展会策划与管理。三是名义主办单位，既不对展会承担法律责任，也不参与展会策划与管理。

2．承办单位

承办单位可以有一个或者多个，直接负责展会的策划、组织、操作和管理，并承担主要财务责任。

3．协办单位

协办单位协助主办单位或承办单位负责展会的策划、组织、操作和管理，部分承担招商招展和宣传推广工作办展单位。比较常见的是行业协会、研究机构、政府部门等具有一定推广能力，却不愿或不能承担财务责任的单位。

4．支持单位

顾名思义，就是对主承办单位提供支持，可以承担部分招商和宣传推广工作，但一般不参与招展工作，也不承担财务责任。

（五）展览规模和定位

展览规模受市场成熟度、观众数量与质量，以及办展机构策略等因素的影响。从区域的角度区分，展览规模可分为国际、国内、地区和地方四种。从定量的角度划分，展览规模的衡量涉及：展出面积、参展商数量及观众数量。

展览定位是一种重要的营销战略,办展机构根据自身资源条件和市场竞争状况,通过一系列营销努力把自己设计的个性和形象传达给客户,从而确立自己的展会在市场上的位置,展览的目标参展商、目标观众、展览的目标和主题也在此过程中进一步得到明确。

【案例分析5】

2017年中国（深圳）国际文化产业博览交易会

一、展会背景

由中华人民共和国文化部、中华人民共和国商务部、国家新闻出版广电总局、中国国际贸易促进委员会、广东省人民政府和深圳市人民政府联合主办的中国（深圳）国际文化产业博览交易会（以下简称"文博会"），是中国国家级、国际化、综合性的文化产业博览交易会，以博览和交易为核心，全力打造中国文化产品与项目交易平台，促进和拉动中国文化产业发展，积极推动中国文化产品走向世界，被誉为"中国文化产业第一展"。文博会自2004年举办以来，历届累计总成交额超过1.5万亿元，出口成交额累计超过1300亿元。

作为落户深圳的一个国家级展会，文博会自创办以来，一直受到党和国家领导人，及各级领导、社会各界的高度关注。2010年1月，中宣部牵头成立"文博会协调领导小组"，建立了主办单位指导承办、深圳市直部门协调承办、文博会公司等承办单位具体承办的三级联动办展机制。在国内组展方面，文博会已连续七年实现政府组团"满堂红"；在海外招商方面，至第十二届文博会，已有98个国家和地区参与文博会各类活动。

二、展会单位

主办单位：中华人民共和国文化部；中华人民共和国商务部；国家新闻出版广电总局；中国国际贸易促进委员会；广东省人民政府；深圳市人民政府。

承办单位：深圳报业集团；深圳广播电影电视集团；深圳出版发行集团公司；深圳国际文化产业博览交易会有限公司。

三、参观信息

举办时间：2017年5月11～15日（周四至周一）；专业观众日：5月11～12日；公众开放日：5月13～15日；举办地点：深圳会展中心；展览面积：105000平方米。

四、展会主题

第十三届文博会是充分展示"十二五"以来尤其是党的十八大以来中国文化体制机制改革成就的关键一届展会，也是迎接党的十九大胜利召开的重要展会。本届展会以"文牵一带，博汇丝路"为主题，提升质量型、内涵式办展水平，推动展会市场化、专业化、国际化水平实现整体跃升，着力打造国际知名文化品牌展会，进一步发挥文博会作为中国文化体制改革创新成就和发展趋势的重要展示窗口、中华文化走出去、中国文化产品走向世界和带动西部地区文化产业发展的平台作用，努力使文博会成为引领中国文化产业发展、催生文化产业新业态促进产业融合、加快新常态下文化体制机制改革创新的重要引擎，成为中国文化产业重大项目投融资和博览交易的重要平台。

五、展会规模

展位：本届文博会总展位面积10.5万平方米，吸引了2302个单位参展，比上届文博会增加5个，全国31个省（自治区、直辖市）及港澳台地区全部参展。主展馆设文化产业综合馆和8个专业馆，包括文化消费时尚文化馆、影视动漫馆、新闻出版媒体融合馆、文化科技馆、艺术品馆、"一带一路"国际馆、非物质文化遗产馆、工艺美术馆。

本届展会专门设立了党的十八大以来文化改革和发展的成就专题展区，利用图文、视频、3D投影等形式，总结回顾党的十八大以来我国文化体制改革和文化产业发展的成就。

六、签约量

5月11日下午，本届文博会重点项目招商推介会暨合作签约仪式在深圳会展中心6楼桂花厅圆满举行。深圳报业集团总经理王跃军、深圳报业集团副总编辑邓自强等，以及来自新疆维吾尔自治区、江苏南通、陕西西安、广东中山等地的有关领导出席了推介会暨签约仪式，海内外的近百家投资融资机构、国内外媒体及众多海内外专业观众等参会。

为了更好地推进文化产业项目与投融资方的对接和合作，本届文博会从全国31个省（自治区、直辖市）的700多个优秀文化项目中精心甄选出一批突出反映我国文化产业发展投资需求和结构调整趋势的、具有深刻文化内涵和成熟商业模式的精品文化项目，并于第十三届深圳文博会期间进行重点推介，更好地发挥文博会作为中国文化体制改革创新成就的展示窗口的功能、以及发挥中华文化走出去、中国文化产品走向世界和带动西部地区文化产业发展的平台作用。据统计，本届文博会重点项目招商推介合作签约仪式上，新疆维吾尔自治区、江苏、陕西、广东，以及南京、西安、珠海等地及国家对外文化产业基地等，在此重点推介重大优质文化产业项目，签约金额共计32亿元。

> **思考**
> 1. "文化+"一直都是人们关心的话题，那么深圳文博会哪些方面更能体会到文化对城市和国家的重要性？
> 2. 此次文博会给该文化产业带来了哪些影响？

二、展览会的预算

展览会的预算包括人力、物力、财力三方面资源的配置和统筹安排。

（一）人力

人力即人力资源，主要指两方面的人才需求：合作伙伴和运营团队。合作伙伴可以作为支持单位、协办单位等，一种为政府及业内机构的合作，如政府主管部门及相关机构、行业协会或学会等业内相关组织、行业用户组织、行业市场调研机构等，另一种为媒体合作，如业内主流平面媒体、主流的网络媒体、大众媒体的专业版、行业媒体等。运营团队包括项目策划管理人才、行业专家学者、销售代理等。

（二）物力

物力就是举办该展览所需的场地、专业展览设施设备、相应的配套服务设施以及高新技术等。

（三）财力

会展财务预算是对展会期间所需的经费和预期收入进行的初步预算。对照表2-2，可从各项收入和成本费用来进行核算并根据金额以及所占的比例做出调整。

表2-2　展会成本收入预算表

	项目	金额	占总收入的比例（%）
收入	展位费收入		
	门票收入		
	广告和企业赞助		
	其他相关收入		
	总收入		
成本费用	展览场地费用		
	展会宣传推广费		
	招展和招商的费用		
	相关活动的费用		
	办公费用和人员费用		
	税收		
	其他不可预测的费用		
	总成本费用		
	利润		

三、招展招商和宣传推广计划

（一）招展计划

招展计划是为招揽参展商而制定的各种策略和措施。招展策划是整个展览策划中最基础的工作之一，因为招展工作决定了参展商的数量和质量，直接关系展会的档次和发展前景。

（二）招商计划

招商计划是为招揽观众而制定的各种策略和措施，而观众的数量和质量很大程度影响参展商的参展决策，是展会生存和发展的基础。招商和招展工作相互影响相互促进。

（三）宣传推广计划

宣传推广计划的目的是建立展会品牌和树立展会形象，同时为招展和招商服务。展会前期目标侧重于招展，宣传推广以专业媒体为主，结合专项推广。专业媒体包括展览题材相关行业的专业报纸、杂志、会展目录、会展会刊和网站等。专项推广主要为针对客户的营销活动、邮寄招展函和联合相关行业协会和机构等。展会后期目标侧重于招商，宣传推广以大众媒体为主，结合专项推广。大众媒体包括各种报纸、杂志、电视、广播、户外广告媒体、交通广告媒体、门户网站等。专项推广主要是发放观众邀请函及与同类展会和相关行业协会合作。

展会的招展招商和宣传推广等展会营销环节，是展会获得经济效益和品牌效应的关键，在本模块的项目三中将单独讨论招展期间的相关展会营销工作。

四、展会时间进度计划

展会时间进度计划根据目标工作任务及其标准，在时间上对各项工作进行统筹安排，明确到每个阶段要完成的工作任务，直至展会成功举办。

以下是一个展览举办前的一年内各月对各项工作的大致计划，具体的时间进度规划见表2-3。

表2-3 时间进度规划表

序号	工作任务名称	开始时间	结束时间	工作时间	负责人
1	①与会展中心和酒店签订合同 ②选择展览服务公司 ③向预期参展商发出第一批邮件	12.1	1.1	一个月	张××
2	在行业刊物和其他合适的媒体上进行第一次新闻发布	1.5	1.12	一周	陈××
3	继续招展并考虑组织专业观众事宜	3.1	10.1	七个月	招展部
4	确定保安事宜	3.1	3.8	一周	李××
5	进行第二次新闻发布	4.1	4.8	一周	陈××
6	最后确定特殊嘉宾或者进行展会促销活动	4.1	4.16	半个月	卢××
7	研究其他展会，开发潜在参展商	4.1	5.1	一个月	林××
8	确定展会的交通安排	5.1	5.16	半个月	王××
9	列出专业观众名单	5.1	6.1	一个月	彭××
10	招展，并再次发放邮件	6.1	6.8	一周	招展部
11	①确认酒店安排 ②准备展会现场领位地图 ③设立展会休息和餐饮服务区 ④确认停车、展会电话号码、展会办公室电话号码和地址 ⑤最后确定展层设计方案	6.1	7.1	一个月	张×× 卢×× 王××
12	向参展商第三次发出邮件，内容包括赞助机会、广告机会、展会动态信息	7.1	9.1	两个月	招展部
13	向参展商和观众发放必要物品	9.1	10.1	一个月	彭××
14	最后与展馆、酒店、保安、展览服务商和宴会组织者等确认相关事宜	10.1	11.1	一个月	张×× 卢×× 王×× 卢××
15	展商、观众注册，开幕式，展览期间的调查	展会开始	展会结束	展期	招展部 宣传部 现场执行组
16	展会总结、评估	展会结束	展后一周内	一周	项目部

【项目训练】

1. 学生以学习小组为单位，结合所学知识思考并讨论一个展览活动的策划执行主要包含哪些必不可少的流程。

2. 请以小组为单位，分工合作，模拟策划一个小型展览会，并撰写完整的策划方案。

项目三　展览活动营销策划

一般我们常说的招展，是狭义上的针对参展商而实施的招揽邀请工作，而广义上的招展，是整个展览活动的营销，包括针对参展商的招展、针对观众的招商以及展会整体的宣传推广。这三者相互影响、相互促进，若在展会营销当中融入一些相关事件活动，为参展商和观众提供附加服务，能进一步提高展览会的形象与档次。

任务1　招展工作

招展工作，顾名思义，就是招徕符合展会主题和展品范围的潜在公司参加展览会，是展览组织工作非常重要的一个环节。招展的成效决定了展览会的规模和成功，所以展会组织者特别重视这一阶段的展台销售和展商联系工作。

招展工作是整个展览筹办期中耗时最长的一项业务，主要招展期在展览会开始前10个月至展前3个月，但按照各会展公司业务运作情况和展会筹办的实际需要会有所调整。比如有些品牌展会在当届展会期间就同时进行下一届展会的展台预定工作，而一些展会因招展情况不佳，或公司为获取更大经济利益等原因而一直到开展前一刻还接受截止期后的申请者。

招展是一种比较特殊的营销，它是以有形的展位为媒介，销售一种无形的服务。参展商参展，并不是为了租用或拥有该展位，而是为了更好地享受展位所带来的服务，如产品发布、促成交易等。由于有形的产品和无形的服务在营销策划中有很大差别，因而我们必须综合考虑有形产品与无形服务各要素，组合使用才能有好的效果。

招展营销要素分为有形与无形两种，有形营销要素包括产品、价格、地点、促销；无形服务营销要素包括人员、有形展示、过程。下面我们将结合营销理论与技巧以及展会的特点，讨论招展工作中各要素的具体运作。

一、产品

招展中的产品既指展会又指具体的某个展位。从展会角度看，主要的营销因素是展会所属行业领域、展会品牌、展会服务项目等；从展位角度看，主要营销因素是展位位置、面积等。展会产品不能跟展会组织机构相分离，其质量取决于服务人员、时间、地点和方式等，这些特性增加了展会产品销售的难度，因而需要和服务、品牌等元素相配合以提升产品的外延价值，增加其市场竞争力。

二、价格

展会的价格是企业识别不同展会的一项综合指标。狭义上的招展价格就是展位的出租价格，分为标准展位和广地展位价格，前者按一个标摊收费，后者按每平方米计算。广义的招展价格还包括会刊广告、水电和展具租赁等有偿服务的报价。

同一般的展品定价相似，展位定价主要有成本导向、竞争导向和需求导向等方法，同时要保证展会不亏损而采用"盈亏平衡分析法"，还要结合行业特点考虑以下因素：考虑竞争的需要，参考有竞争关系的同类展会的定价，评估本展会在市场上的定位而确定价格。

结合展会的发展阶段，在展会的导入期和衰退期，价位不宜定高；在展会的成长期和成熟期，价格可适当提高。

结合展会目标，若展会目标是生存，那么底线就是"盈亏平衡"价格；若目标是扩张，占据更多市场份额，那可能价格要做一些让步。

考虑展览题材所属行业的状况，若行业平均利润率偏低，或行业发展状况处于卖方市场，则展位价格不能过高，反之亦然。

展区和展位的位置也直接关系展位价格，优位高价，差位低价。

在招展的具体执行过程中，办展机构可能会做出一定的让利以吸引更多的参展商。常见的折扣有：统一折扣，参展面积越大折扣越多；差别折扣，按展位的差别、参展商来源地区的差异等因素形成折扣差异；特别折扣，对参展规模巨大、在行业有较大影响力的企业给予特别优惠，因为他们参展有助于提高展会的权威性和档次。

三、地点

一方面指展会的举办地以及它在地理上的可到达性；另一方面指在展馆里具体的展区和展位。

进入招展阶段，展会的举办地是不可更改的要素，其地理优越性可以作为展会的一个卖点；而展区和展位的合理划分，可以促成招展成功，提高参展商的满意度。

划分展区和展位通常可遵循以下原则。

（1）按专业题材划分，将同类展品安排在同一区域展示。

（2）按地区划分，当国际参展商较多，可把同一来源地区的参展商安排在一起，如中国-东盟博览会就给东盟十国分别划分不同展区。

（3）按展品相关性划分，把相关的展品类别安排在相邻展区，方便观众参观。

（4）为便于观众参观与疏散，让观众能快速找到要参观的展位，并能舒适地通行在过道和展位之间，若有突发事件，能迅速疏散离场。

（5）为有助于参展商的展出效果，展位和展区的划分需符合展品的特点，考虑其搭建展示效果。

（6）便于展会现场管理，方便展台的搭建和拆卸、展品的进出馆等。

具体的展位分配总的原则是尽量要做到公平合理，目前常用的方法有：先到先分法、预订法、竞标法、抽签法等。

【知识拓展】

展会人流的规律

具体来看，展会上的人流是杂乱无章、随意走动的；但从总体来看，人流还是有一定规律的。以下是人流的一些规律：

自然形成的人流。就展览会和展馆而言，在入口、出口等处人流的流向比较明确，在主道、服务区域等处人流比较集中。

自然习惯形成的人流。在随意走动的人群中会有一种现象，就是人随人。人群是由有目的的和无目的的，或懒散的个体组成的，有目的的人走某个方向，往往会带动一群人。

自然心理形成的人流。有一种潜意识现象称为心理适应，观众进入展览会后，往往先走上一段路，感到适应环境后再开始细看展品。

自然本能形成的人流。据称这是地球顺时针绕太阳旋转等自然倾向使然。

四、促销

促销是在展会营销中最常用也特别有效的一种方式，包括由展会组织机构针对客户展开的直邮营销、传真招展、电话招展、E-mail销售、网络销售、登门拜访等，也有通过招展代理协助招展。

（一）展会招展方式

由于国内会展市场的激烈竞争，加上跨国会展公司广泛使用专业的办展模式，招展形式也呈现出多样化格局。各组织者为争取自己更大的市场份额，更大的展会规模，吸引更多的参展商，采用了一切可能的手段进行招展。目前一些常用的招展方式，除直邮营销外，还有以下几种。

1. 传真招展

这是目前最普及的招展方式之一。招展人员通过传真机将招展书、邀请函等发送给潜在的目标客户。它的优势是准确率较高，信息传递快速及时，缺点是通信费用较高，需配备专人长时间发送。但由于其具有针对性强、散发面广的特点，仍为会展公司普遍采用。

2. 电话招展

这也是目前最常用有效的招展手段，目的是与潜在的参展公司进行对话沟通，为客户提供个性化服务，并保持与客户长期的个人联系，最终说服其报名参展。电话销售的优势在于给客户留下美好印象，通过详述他们如何受益，说服其参展。其缺点是，只有掌握了电话销售技巧的业务员才能承担此工作，费时较多，容易遭到回绝，工作人员极易产生消极悲观情绪，进而影响工作进度。

3. E-mail销售

网络的普及使招展工作进入到了电子商务阶段。通过E-mail通信联系，招展人员可以在不同的招展阶段向客户发出诸如参展邀请、展览信息，说服并催促其参展，并为他们提供各种服务。E-mail招展的优势包括快捷方便，互动性强，可发送大容量的招展文件，易于跟踪和保存联系内容。其缺点也是显而易见的，网络系统故障导致联系中断，无法确定客户是否如期收到邮件，电子版邮件的准确性和正规性不强等。

4. 网络销售

如创建展览会官方网站、在相关网站投放关于展览会的电子广告、公众号招展等方式。网络销售的优势在于其传播速度快，能突破时间和空间的限制，且信息量大。

除上述基本的招展方式外，较多采用的展台销售手段还有：登门拜访、同类展招展、重点客户招展、行业年会中招展、国际展团、集体展团等。这些更高形式的招展都是在会展业的快速发展中应运而生的，其特点是更加注重潜在展商的个性化服务和对相关展出行业的深度招展，展会组织者的最高目的是通过招徕潜在公司的参展达到参展商推广企业形象、展示先进的技术水平、扩大商务渠道、满足专业观众的商业需求。

（二）招展代理

各个企业所拥有的资源优势不一样，通过资源整合，或许一家规模不大的公司也能成功组织一个大型展会，因此展会组织机构很有必要寻求合适的代理商，借助他们的力量和人脉来招揽参展商。广交会一直采用"委托代理招展和企业直接申请参展"的招展方式，选择海内外有信誉、有实力和组展经验丰富的工商机构、行会协会、展览公司、知名企业申请作为广交会进口展区的招展代理商。招展代理可分为独家代理、排他代理、多家代理、承包代理等形式。

1. 独家代理

独家代理是在保证一定摊位数的基础上，一个地区选择一家作为独家代理，办展单位不得在该地区招展，所有来自这一地区的摊位不管是否由代理直接招来，都计入代理的摊位中，统一支付代理佣金，且不管以后该公司是否通过代理或直接报名，都仍算为代理的名下，作为代理的永久客户。

2. 排他代理

排他代理是赋予代理商在某一地区某一期限内的招展权，该地区不能再有其他代理商，而办展单位可在当地招展。目前国内办展单位一般在海外寻求代理就用这种合作形式，以达到双管齐下的效果。

3. 多家代理

多家代理就是同时委托几家机构甚至个人作为招展代理商，办展单位自己也同时招展。

4. 承包代理

承包代理指代理商承诺完成一定数量的展位销售，不管最终是否达到，都按约定的展位数额付款给办展单位。

一些专业性很强的展会是和一个专业的协会或公司全方位合作，利润对分。另外，值得一提的是与媒体（报纸、杂志、网站）的合作，可以很好地借助媒体宣传网络及资源。

一个成功的国际性展览会，海外参展商一般会达到20%以上，因此物色合适的海外招展代理显得十分重要。选择海外代理的途径包括：通过海外相关行业协会推荐或指定，通过电子商务网络了解信息，通过海外举办招展新闻发布会让代理商主动竞争招展代理权等。

五、人员

这里的人员有两方面，一是招展工作人员，二是客户。

（一）招展工作人员

潜在的客户是否参展取决于展览会的影响力、市场营销活动的有效开展，以及销售人员的专业服务，尤其依赖于他们的敬业精神和销售技巧，因此一定要加强对招展工作人员的培训与激励,保证服务质量。

1. 基本业务知识

很明显,招展人员要进行展台销售工作必须了解和掌握一些基本的展览业务知识。只有具备了展览业特殊的业务模式、销售方式和专业术语及用词等的基本概念,才能实施展台销售工作。

展览会的基本盈利模式是以出租展台为基础的,当然还有很多其他方式。展会组织者将展馆面积分割成两种形式进行销售,一种方式是以标准摊位为基本单位出租。一般情况下,一个标准摊位为9平方米,组织者在摊位中为参展商预先配置了一系列的基本设施,包括:三面展板墙、地毯、公司中英文名称及展台号的楣板、两只射灯、一个电源插座、一张信息桌、两把折椅、一个废纸篓。不同的组织者会根据实际情况另行决定基本配置。一个展台的价格包含了基本设施的费用。参展商可按需租用面积更大的12平方米、15平方米,或两个以上的展台。此类标准展台的特点是价格较低,便于参展商布置和展示产品,不需花费很多精力和时间即可完成布展。

另一种面积出租方式是以光地面积租订,通常规定在27平方米或36平方米以上起租。如参展商租用光地,则组织者仅需划定相应区域的面积给参展商即可,而无须另外提供基本设施。光地租订者需自行安排展台的设计、搭建、展台设施配备、电箱租用等。此类光地租用的特点是面积大,展示效果突出、对观众的吸引力大,适合于有经济实力的大公司和跨国企业的形象推广。

由于展台的位置不同,展台开口也有差别。如果一个展台的左右侧都有展台,那么这个展台只有一面开口,称作"Row stand"。如果一个展台处于两条过道(Aisle)交叉口,这个展台就有两个开口,称作"Corner stand"。如果一个展台三面都是过道,那么这个展台就称作"Peninsular stand"或"Head stand",同理,四面都有过道的展台称作"Island stand"。

在销售展台的同时,平面图是招展人员必备的一份工作文件,他们必须根据公司参展情况每天标注和修正平面图上租出的展位。

2. 招展步骤

招展人员先通过电话、传真、邮件等方式把邀请函发给目标客户,在对方收到邀请函后进行第一次跟踪拜访,这一次拜访会产生三种客户:即时决定型、断然拒绝型、提出异议型,三者分别占5%、10%、75%的比例。

针对第一种客户:应问清客户需求,要求进一步促成购买。

针对第二种客户:要了解客户拒绝的原因,为下一次面谈做好准备;可向客户推荐下一届展览会,同时要求客户介绍其他客户;注意保持关系,待以后联系。

针对第三种客户:问清客户需求和异议,做好解答和应对,消除顾客顾虑,同时可预约第二次拜访。

(二)客户

1. 建立目标参展商数据库

目标参展商是指办展机构认为可能会来参展的企业、组织和其他机构,主要是某个展览题材所在行业的企业,也有少数是与该题材有关行业的企业。

收集目标参展商的信息主要通过行业企业名录、商会和行业协会、政府主管部门、专业报刊、同类展会、外国驻华机构、专业网站、电话黄页等渠道收集。

收集的主要内容包括:企业资料,包括企业名称、联系方式、联系人、企业性质、主要产品、市场、年产值、企业信誉等级等基本信息;人员信息,包括企业联系人和决策人的姓名、国籍、职务、联系方式、年龄、性别、兴趣爱好、忌讳等；参展商生产的产品品种、目标市场、企业规模等市场信息。

参展商数据库主要用于进行展会前期的市场宣传推广和销售活动，连届性展会尤其要建立数据库，这对于巩固老客户，发展新客户有很大的作用。一个庞大的会展数据库的构成是基于对行业产业链的分析而形成的。任何一个行业都有自己的产业链，例如，如果组织者打算举办一个食品加工机械的展览会，那么该展览的参展对象包括食品加工、包装等机械的制造商、厂家、公司、设备供应商，展览范围就是食品机械、设备和生产技术等，因此它们就构成了参展商数据库的主要对象。而这些厂家和公司的上游企业，如机床制造商、原材料供应商等，以及下游企业，即食品加工机械的应用行业，如食品加工厂、餐饮企业、批发商、零售商等就构成了目标观众群。另外，还有部分与该行业有关的科研单位、技术研发机构、采购商以及行业媒体、专业期刊杂志等既可以成为参展商，也可以作为专业观众参观展览会。

在实际业务工作中，会展客户数据库的应用十分广泛。业务人员通过各种不同的方式充分利用客户数据库开展市场营销、招展、客户服务、观众邀请、问卷调查等工作，主要使用途径包括邮寄、传真邀请函、E-mail、电话销售等。

2. 客户关系管理

随着会展业市场竞争越来越激烈，会展企业、机构越来越意识到与客户建立并保持良好、稳固的长期合作关系的重要性，今天展会营销的核心已经从在客户身上获取最大利益转向了与客户建立互惠互利的关系。

客户关系管理不仅是制定管理规章制度或建立信息系统或计算机软件，而是会展企业、机构收集客户信息、分析客户需求和行为偏好进而积累客户信息，有针对性地对不同客户提供个性化的专业会展服务，从而培养客户忠诚度、实现会展企业与会展客户合作的互惠互利关系。以客户为中心，客户关系管理的目标是开发新客户，维系老客户，与客户建立长期稳定的合作关系。

研究表明，维系老客户的成本比开发新客户要低得多。而且老客户重复参展，是展会成熟稳定发展的体现。因此我们特别关注如何促使老客户连续参展，具体包括以下几方面：

继续向参展商提供有价值的行业信息；

真诚、实事求是地推广展会，不能言过其实；

积极沟通，倾听和接纳参展商的建议，满足他们的需求；

加强与参展商沟通，帮助他们提高参展；

关心参展商，平时保持紧密联系，提高彼此的忠诚度。

六、有形展示

有形展示是要想方设法把无形的会展服务用有形的事物表现出来，例如，及时公布观众人数、招展书、展位平面图等。

招展书，又称参展邀请函，是向潜在的参展公司正式发出的第一份宣布展览会信息并邀请其参展的工作文件。随着会展市场的快速发展，招展书的作用已在逐渐弱化。20世纪80年代时，组织者主要通过招展书邮寄进行招展，效果显著。到了20世纪90年代，会展行业呈现出多元化的竞争格局，同类展如雨后春笋般出现，办展质量参差不齐，仅仅邮寄招展书已不能吸引参展商的注意力，所以招展效果明显减弱。进入21世纪，互联网技术的应用迅猛发展，通信手段日新月异，传统的招展形式更受到猛烈冲击，招展书已屈居弱势地位。

然而，尽管招展书的作用已降低，使用量大为减少，但它在展览组织工作中依然保持着一席之地。因为制作精美的招展书本身是展览会的形象和层次的体现，一些中外品牌展的招展书无不给人产生构思独特、结构美观、内容丰富、亮点突出的印象。招展书中涵盖了详尽的展览信息，从展览会名称、时间、地点、组织结构，到行业状况、历届办展业绩、展会营销方式、观众邀请，再到服务提供、参展方式等，这些都激发潜在的客户参展的冲动。传统的招展书比任何传真邀请函、网络电子版招展书正规得多，因而在一些重要的市场推广场合还必须用到它，如新闻发布会、行业年会、重要客户拜访等。

招展书的形式繁多。各组织者按照本展览会的形象和规模公司的经济实力设计印制不同尺寸、不同形状、不同厚度的招展函，有豪华的和简洁的，也有制作精美的和粗制滥造的。总之，招展书是展览会管理工作质量的最初体现。

【案例分析6】

2020年俄罗斯莫斯科国际地面墙面材料、铺装及设计展览会

展会时间：2020年6月23～26日。

举办地点：欧洲—俄罗斯—莫斯科。

展会行业：地面材料。

举办周期：一年一届。

展会规模：10000～20000平方米。

媒体宣传：www.showguide.cn。

举办展馆：俄罗斯莫斯科国际展览中心。

展会介绍：俄罗斯莫斯科国际地面墙面材料、铺装及设计展览会是由中国香港Hongkong Joinlink展览主办的俄罗斯地区专业的地铺类展览会，展会规模将达到14700平方米，展商数量约550家，预估将有10000名专业观众和买家加入其中。展会与2020年俄罗斯莫斯科国际石材展览与交易展览会（Stone industry）同期同馆举办，共享展会专业人流。

1. 市场潜力大

近年来俄罗斯经济持续发展，政府基本建设投资逐渐增长。未来5年，俄罗斯将大幅增加住房建设面积，住房建设面积的大幅增加刺激了对地铺产品的需求，致使俄罗斯市场容量巨大，建筑材料市场的广阔。为满足市场需求，俄罗斯地面墙面展运势而生。

2. 共享专业人流

该展会与2020年俄罗斯莫斯科国际石材展览与交易展览会（Stone industry）同期同馆举办，将共享地面、瓷砖、石材等专业人流，是全球企业抢占地铺市场先机的绝佳选择。

3. 专业交流平台

作为俄罗斯专业的地面墙面材料、铺装及设计展览会，将展示地铺行业新成果和前沿的产品，发布行业发展趋势，是直面业内专业人士、观众，搭建起沟通交流的平台，势必将掀起地铺展的又一个新的浪潮。

1. 结合以上资料，思考该展会在莫斯科举办的优势。
2. 结合所学知识和以上内容，思考如果你是该展会的招展人员，要如何向目标企业介绍该展会，引导其来参展呢？

七、过程

展会运作是一个系统过程，其中任何一个环节的协调配合都会对最终结果产生影响，所以确保过程中各项工作的到位是十分重要的。

任务2 招商工作

随着展览市场的竞争加剧，同类展览会层出不穷，在很大程度上造成了专业观众的分流。同时，由于展览会的质量参差不齐，有不少伪劣的展览会导致广大专业观众参观热情的降低。另一方面，展会组织者缺乏创新意识和有效的市场营销手段，也使展览会渐渐失去了行业影响力，对专业观众的吸引力大为减弱。由此引起的连锁反应就是参展商逐年流失，最终导致展览会停办。因此"展览成功的关键在于观众组织"逐渐被认同，只有万商云集展览会，才是吸引参展商的最主要因素。

展会招商工作是指专业观众的组织工作，也就是邀请观众到展会来参观、洽谈。主要的招商工作是在开展前1~2周，承办单位组织招商工作，例如，出差到二级市场进行专业观众的组织；发短信息邀请；打电话邀请；直接邮寄邀请函；借助相关媒体宣传等。

一、招商对象

寻找正确的招商对象的关键之一是对展会相关的产业链进行分析。例如，一个汽车展，它的上游是机械制造、模具加工、电子、化工、汽车零部件、纺织品等，它的下游是汽车采购商、贸易商、金融信贷、保险、维修服务、个性装饰等，这些实际上都可能是这个展会的专业观众群体。在这种情况下，集中收集行业数据和邀请目标观众，要比做公共广告更有利于专业贸易展览会。

相比起分析展览题材所在行业上下游产业链，更直接的是分析展会产品的主要消费市场的地域分布状况和需求情况、展览题材所在行业的结构和背景，开展专业观众分析，从而锁定展会的招商对象。

与上文提到的目标参展商数据库相对应，我们可用相似的原则和方法来建立目标观众数据库。目标观众是展会活动期望来参观的观众，其中有相当大部分是专业观众，也就是从事展会所展示的某类产品或服务的设计、开发、生产、销售的专业人士以及这些产品和服务的用户。收集目标观众的信息不但要收集其名称、地址、联系方式、网址等基本信息，还要注意收集他们的产品需求倾向。

> 【知识拓展】
>
> 专业观众分析
>
> 在对目标观众加以界定后，展览组织机构需从以下几个方面进行专业观众分析。
>
> （1）观众机构构成。有效地将参观的观众按行业、职位、年龄等客户管理要素进行分类，以方便检索。
>
> （2）观众时间安排。安排合适的展期，合理地将"行业性"专业观众的采购档期纳入展览活动开展的规划。
>
> （3）观众参观目标。合理分析观众的参观目的，了解其需求，为潜在贸易观众（买家）创造或提供更多直接了解参展企业的机会。
>
> （4）观众交流成本。观众参加展览，需要付出成本，如购买门票等。分析观众愿意为展览付出的费用，有助于合理制定会展产品的价格等。
>
> 以上几个方面对观众组织的影响非常大，展览组织机构要根据工作的实际效果提出个性化的解决方案，以使展览观众的组织工作行之有效。

二、招商渠道

目前会展公司已普遍意识到，借助合作伙伴和社会其他机构的资源优势开展观众邀请工作。常见的招商渠道有以下几种。

1. 专业媒体

在每个行业的专业报纸、杂志及主要行业网站上刊登广告，指定专业媒体进行特别报道、专题采访、评述等。

2. 各种大众媒体

和报纸、电视、网络等大众媒体结成同盟，投放大规模的广告宣传，及时发布展会相关信息。

3. 同类展会

由于同类展会的专业观众范围基本相同，在同类展会现场或会刊上推广自己的展会，甚至与同类展会开展合作营销、互为对方招商。例如，广州国际家具展在海外招商做得特别成功，主要是由于组委会根据展会国际化定位这一特点，多次派代表到海外展会招商，半年就与多家世界著名家具展合作，并设立广州展的招商推广位置。目前广州国际家具展已成为国内首家在10家国际顶级的同类型家具展中设展位现场招商的展会。

4. 有关的行业协会和商会

行业协会和商会往往在行业内有较高的知名度，并掌握大量信息。一些行业协会或学会作为展览会的协办单位，可以充分发挥他们的行业资源，在展会期间组织高层专业论坛或者专业研讨会，参加论坛的人都是专业的优质观众。

5. 参展企业

事实上，每个参展企业都有不少自己的买家群体，他们也有意愿在展览会上向老客户展示他们的新产品。通过参展商的邀请来提高专业观众的出席率，会比办展机构直接邀请更有效果。

6. 各种招商代理

可以借助专门的招商代理机构的资源。

7. 国际组织及外国驻华机构

由于他们熟悉中国以及展会举办地的情况，在对外招商中，由他们发出通知会更具说服力。

8. 政府主管部门

可以借助他们在行业内的重大影响力以及巨大信息量。

9. 招展过程中的拒绝型客户也可转换成专业观众

专业观众邀请的方式有很多种，除邀请资料寄发、传真、网络推广的渠道外，组织者还召开不同目的的新闻发布会，在展前、展中和展后与媒体保持密切联系，发布展会有价值的信息。在公司内部，进行行业客户细分，对重要行业客户开展个性化邀请和服务，为他们寄发个性化的邮件、电话跟踪确认、提供增值接待服务、进行商业配对等。

第十二届中国国际高新技术成果交易会满意度及效果评估调研报告指出，专业观众获取高交会信息的渠道最主要是高交会网站，占18.64%，详见表2-4。

表2-4 专业观众获取高交会信息的渠道

展会信息获取渠道	百分比（%）
高交会网站	18.64
单位组织	12.46
主办单位邀请	11.18
朋友推荐	10.07
电视广播	8.83
杂志报纸	8.15
参展商邀请	7.17
协会邀请	6.87
宣传海报	6.02
搜索引擎	4.48
网站链接	2.94
电子邮件	1.88
其他	1.11
传真邀请	0.20

任务3 宣传推广

宣传推广的目的是建立展会品牌和树立展会形象,同时为招展和招商服务。展会的宣传推广是会展营销的一个中心环节。从一定意义上说,展会的宣传推广服务决定了展会能否吸引更多的参展商和观众,同时也是提高展会知名度,提升企业形象的重要手段。现代会展操作越来越重视宣传推广的投入力度和宣传质量。

一、宣传推广的目标

展会在不同的阶段,其宣传推广的目标和重点有所不同,如表2-5所示。

表2-5 展会宣传推广的阶段性目标

展会的筹备阶段	展会宣传推广主要目标	展会宣传推广类型	备注
筹备初期	提高展会的知名度,发布展会的基本信息	显露宣传推广	形象型宣传推广可能贯彻展会筹备的各个阶段,如果本展会受到竞争对手的威胁,还需要进行竞争型宣传推广
筹备前期	使受众全面深入了解展会,配合招展招商	认知型宣传推广	
筹备中期	在短期内推动展位的销售、组织更多的专业观众	促销型宣传推广	
开幕前夕	全面介绍展会的筹备进展情况	—	
展会期间	重点宣传展会的特色和亮点,同时开始下一届展会的招展招商工作	—	
展会结束后	宣传展会的成果,扩大社会影响	形象型宣传推广	

二、宣传推广的方式

宣传推广要从客户需求出发,突出展会形象特色和服务宗旨,主要可分为两种策略:拉引策略和推动策略。拉引策略指的是用广告宣传等措施吸引客户,推动策略则是办展机构运用人员推广和其他手段,把产品推销给中间商,再推销给最终客户。

展会宣传推广的方式有很多,包括召开新闻发布会、广告宣传、建立专门的网站、向相关人员直接邮寄资料、公共关系推广、人员推广、在国内外同类展会上推广、网络宣传推广、通过专业协会和商会进行推广、利用国外驻华机构和我国驻外机构进行宣传推广等。接下来我们展开讨论其中的广告宣传、新闻工作以及公共关系推广这三种方式。

(一)广告宣传

进行广告宣传有两种途径,一种途径是外包给媒体广告公司,展会组织者向他们提出推广计划总要求,由广告公司根据展会性质、涉及工业领域和相关媒体编制完整的媒体广告计划,并向组织者报价。主办单位提出修改和完善意见,以及进行预算调整,获得确认后,由广告公司负责广告设计、版面安排、时间投放，以及所有媒体广告样本的搜集、统计和编辑等全程服务，展览会结束后递交给组织者。一些有实力的展览公司和大型展览会会采用这种外包式的服务，以使展览会的宣传更加正规和专业，但是营销成本较高。另一种途径是组织者与相关媒体直接发生联系，进行资源交换，即用展台、会刊广告等展览资源免费获得相关媒体的广告版面和时段，双方获益。这种方式简便，节省成本，较适合于中小型展览公司。

广告是展会宣传的一种重要手段，既能传达展会信息，又能树立展会品牌形象。广告是覆盖面最广的宣传方式，分为媒体广告和户外广告两大类：媒体广告主要指报纸、杂志、电视、广播等，多数在招展之前和招展期间进行投放。户外广告主要是POP板、车身广告、道路两边条幅广告等，多数集中在展会之前一段时间以及展会期间投放。媒体又分为专业媒体和大众媒体，前者包括展览题材相关行业的专业报纸、杂志、会展目录、会展会刊和网站等。后者包括各种报纸、杂志、电视、广播、门户网站等。宣传媒体的选择需结合展会所在行业的市场定位。例如，一个制药设备展览会是不适宜在电视上或公众媒体上做广告的，而在行业期刊杂志和专业网站上发布展览信息和做广告效果更佳。

关于广告时间段的投入，以4~6个月为例，一般的广告投入时间段为：项目开始（前两个月）为总宣传费用的10%~20%（在专业媒体上投入）；三个月左右，重点投入为总宣传费用的30%~40%（主要在专业媒体上投入，少量在大众媒体上投入）；开展前一个月，为总宣传费用的40%（主要在大众媒体上投入，其中20%的大众媒体，20%的专业媒体）。

有一点需要特别指出，就是要充分发挥互联网的作用，一是自建展会网站，由于网站具有时效性强、互动性高、信息量大等功能，展会组织者已将展会网站建设视为展览会的"形象工程"。目前，通过发达的多媒体技术手段，提供各种参展和参观信息、最新动态、相关服务，已经成为非常普及的手段。二是利用各种门户网站，如新浪、网易、搜狐、雅虎等，由于它们占有较多的访问受众，有较大的宣传覆盖面，是个不错的宣传渠道。三是利用专业网站，一方面指展览题材所属行业的有关专业网站，另一方面指会展服务相关专业网站，如国内的中国会展服务网、中国会展网等，它们对大量展会进行介绍，很多展会主办单位都愿意在其网站上做宣传。

（二）新闻工作

新闻工作也是宣传推广的一个重要环节，常用的新闻工作方式主要有：举行记者招待会、编发系列新闻稿、提供照片、邀请主要媒体的记者参观展台、安排专访等。具体开展新闻工作应按照相应的计划表进行，如表2-6所示。

表2-6　展览新闻工作计划表

时间	相关内容
8个月前	任命新闻负责人，开始联系委托代理；收集、整理、更新目标新闻媒体及人员
6个月前	制订新闻工作计划；准备、编印新闻材料
4个月前	开始新闻宣传，发新闻稿
2个月前	举办一次记者招待会，发布展出基本信息；将新产品情况提供给媒体；安排展会期间的记者招待会，包括时间、地点、发言人、内容、议程等；预定展会新闻中心信箱；拍摄产品照片等

续表

时间	相关内容
1个月前	准备新闻资料袋;向地区和地方报纸提供展出有关情况、资料;邀请记者参加记者招待会、参观展台等
2个星期前	检查展期新闻准备工作;参与展览会的新闻活动
1个星期前	向展会新闻部门提供有新闻价值的项目、产品、重要活动等;举办记者招待会
展会期间	继续向新闻部门提供有价值的新闻;举办记者招待会;邀请记者参观展台等
展会之后	收集媒体报道情况;如果在展会期间对记者做过承诺(比如提供信息、案例、安排采访等),一定要尽快予以办理,或告知何时将办理;向未能参观展台的记者寄资料袋;向出席招待会、参观展台的记者寄感谢信;向所有记者寄展台新闻工作报告;迅速、充分地回答有关新闻报道引起的读者来信;与媒体保持联系等

其中,新闻发布会是展会在社会上进行展会形象宣传推广的主要方式,是媒体获得新闻的重要途径。在招展初期和展前,展会组织者在一些重要的政治、经济和产业发达的中心城市筹办新闻发布会。通过大众和专业媒体,对外通报展会的特点、招商招展的情况、展品范围、贵宾邀请等。对一些政府主导型的大型博览会,这种营销方式也可以到其他国家的一些重要城市进行。

(三)公共关系推广

公共关系推广是办展机构利用各种传播手段和社会公众沟通感情,建立良好社会形象和经营环境的活动,如加入国内外著名的行业协会、对外联络协调关系、参加行业活动、举办专题活动、赞助和支持公益事业等。

办展机构举办的活动可归纳为:

正式活动,如主办方举办的开幕式、闭幕式等。

主题活动,围绕展会主题进行的讨论会、论坛、产品发布会、评奖活动等。

娱乐活动,如各种晚会、表演、盛装游行等。

【知识拓展】

如何把展会卖到国际上去

现在有不少展会动辄称自己为"国际展",事实上却往往名不副实。那么,究竟国际性的展会该采取何种营销策略,以达到组织国际参展商和观众的目标呢?这里就介绍一些基本的方略。

一、信息渠道的广泛拓展

政府组织支持:展览会可以把政府当作一个信息来源。如通过政府有关部门获取国际专业买家信息,甚至通过政府部门将国际重要买家组织到展览会上来,这点是相当重要的。有时国际展览会主办单位需要在不同的国家和地区寻找销售代理商,政府有关部门有可能会提供相应的市场分析资料,或代为寻找比较合适的代理商。另外,我国设在海外的大使馆也是信息来源的一个重要渠道,大使馆通常能够提供当地适合的专业顾客群,或者提供有关的市场资料。

国际商业公司：这些作为营销渠道的公司可以是国际性咨询公司，也可以是公关公司，甚至可以是邮政部门，它们能在市场资料和客户信息方面起到意想不到的作用。另外与旅游公司的合作，往往在组织国际观众参观方面起到很大作用。

二、价廉物美的网络营销

随着互联网的日益普及，其在扩大展览会影响和知名度方面起到了越来越重要的作用。

其一，可以通过网络在世界范围内找出相关专业展会信息及其网址，并想办法将展会内容发布到所有相关展会活动的网站上。

其二，建立自己的展会网址，并将观众招揽计划放在上面。

其三，网页放上展商的名单，因为对于想参展的人来说，他很重视某一领域有些什么样的厂商来参加。另外还可开通网上展览，进行全天候展会销售服务，客户随时可以点击或下载。最后，建立与展商、相关展会、协会网址之间的链接，在帮助客户进入这些协会和展览会页面的同时，自己展会网站也会因链接有效而扩大点击率。还有很重要的一点就是一定不要忘记在网页把下一届展览会的日期安排放在上面，这样观众在看的时候就可以决定他今后的参展计划。

【案例分析7】

第一届中国（成都）国际皮革、鞋材展览会

一、对外招展宣传广告策略

展会前期的宣传主要是展会推广宣传，对展会举办的成功与否意义重大，前期的宣传到位了，展会就成功了一半，因此，展会广告策略的制定显得尤为重要。

1. 媒体选择策略

以行业媒体为主，大众媒体为辅，线下宣传团队强力推进。

大众媒体：主要使用《华西都市报》打包的6个1/4版面进行宣传，配合新华网、中新社、《四川日报》、四川电视台、《成都日报》《成都商报》《华西都市报》、成都电视台等新闻宣传。

行业媒体：《中国皮革》《北京皮革》《西部皮革》《广东皮具》、环球鞋网、中国鞋网、美中鞋业网等。

其他：微信公众号。

2. 宣传推广策略

前期宣传：以行业网站、公众号宣传为主，线下招商团队以地推、派发DM单和短信推送等形式进行邀约鞋企负责人，《中国皮革》杂志广告发布、《华西都市报》前期铺垫宣传。

后期宣传：

序号	时间节点	宣传重点	宣传渠道
1	1月10日～1月15日	展会预告	《中国皮革》杂志广告，地推，DM单，短信，微信
2	1月16日～1月20日	展会亮点	微信公众号，微信群，微信朋友圈及行业协会，媒体
3	2月6日～2月28日	参展报名	地推，DM单，短信，电话，微信
4	3月1日～3月15日	观展攻略	鞋材网，微信公众号，微信群，朋友圈及行业协会，媒体
5	3月19日～3月22日	展会盛况	大众媒体，行业媒体，行业协会，微信公众号
6	3月23日～6月16日	后续造势	行业媒体，行业协会，微信公众号

后续宣传：以大众媒体和行业媒体为主，宣传展会成果和重大意义。微信公众号宣传持续跟进。

二、专业观众组织工作安排

专业观众的数量和质量是衡量一个展会成功与否的一个重要的硬性标准，组织专业观众是和展会准备工作同等重要的工作。

1. 专业观众数量

不低于3000家3000人。

2. 专业观众质量

决策人士占80%以上。

3. 专业观众范围

武侯区、成都市及四川省内、重庆等地鞋业生产企业负责人、采购人员。

4. 专业观众组织方法

（1）专业媒体　自展会立项之日起，在国内行业媒体、网站上发布展会信息。

（2）人工宣传　利用收集到的所有客户资料，通过发短信、打电话、上门拜访等多种渠道将展会信息广泛地发布出去。

（3）商协会邀请　以各鞋业协会（生产型企业）为核心，邀请会员观展。

（4）通联工作　时时与行业团体保持密切联系，传播展会信息，以得到各方的大力支持和积极参与。

（5）编制会刊　数量不少于3000份，免费刊登参展商企业及产品信息，于展会现场免费发放给专业观众，同时后期也可进行派发宣传。

思考 1. 结合以上资料，思考展会宣传主要有哪些渠道？
2. 结合所学知识和以上资料，分析展会前中后期的宣传各有什么特点？

【项目训练】

假定你们学校的设计学院计划3个月后在本校操场举办一个设计展，要求你们协助完成。现在请你们以小组为单位，为设计展撰写一个营销宣传方案（受众为校内师生）。

项目四　展览活动布展组织

所谓布展，从参展商的角度看是指参展商为准备展览而在展会开幕前对展位进行搭建、布置和将展品陈列在展位上的系列工作；对办展机构来说，就是布置展会现场环境和协调参展商的现场搭建、陈列等工作。接下来我们将从参展手册、展品运输指南、展台设计搭建、布展须知这几个布展管理工具展开来讨论布展工作的开展。

任务 1　参展手册

一、参展手册的作用

参展手册用于帮助参展商了解该展会关于参展、布展、撤展、票证以及权益保护等方面的各项规定和要求，以及了解组委会所提供有助于筹备参展的有关资料与服务，目的是协助参展商顺利完成参展工作。参展手册一般包含《参展须知》和各种相关的展览事务表格。

同时，办展机构通过参展手册的编写，为展会的参展商管理工作提供各项准则和理论依据，使得各项工作的开展有条不紊。

二、参展手册样板（目录）

第二十一届高交会参展手册
目录

第一部分　信息类
　　一、展会信息
　　二、高交会简介
第二部分　事务类
　　一、展览工作进度安排
　　二、证件办理
　　三、门票事宜
　　四、主会场展馆分布图
　　五、各展区联络方式
　　六、招展事项

模块二　展览活动策划与管理

七、撤展事项
第三部分　规则类
　　一、重要提示
　　二、参展规定
　　三、保护知识产权管理办法
　　四、突发事件应急处理流程
第四部分　服务类
　　一、展商资料申报
　　二、广告发布申请
　　三、专业观众邀请与服务
　　四、承建商
　　五、海外承运商
　　六、法律服务
　　七、保险服务
　　八、媒体宣传推广服务
　　九、商务考察服务
　　十、餐饮服务
　　十一、推荐酒店服务
　　十二、交通服务
　　十三、网络服务
　　十四、服务联系方式
第五部分　活动类
　　一、新产品新技术发布
　　二、项目融资路演会
　　三、项目融资培训会
　　四、项目配对洽谈活动
　　五、海外买家现场采购洽谈会
　　六、评奖活动
　　七、高交会优秀创新产品展示区
　　八、VR全景拍摄
　　九、大会采访及媒体推介
　　十、自媒体内容
　　十一、直播区活动
　　十二、外国展区暨"一带一路"专馆国际信息发布厅
　　十三、专业沙龙活动
　　十四、国际展商商务考察活动
第六部分　提交类
　　第二十一届高交会承办单位回收资料（参展商需填报的资料和表格）
第七部分　服务指引及报价类
　　一、深圳会展中心展馆基本参数

二、高交会信息服务平台（CIS）
三、主场承建商服务指引及报价
四、主场承运商服务指引及报价
五、保险服务指引
六、推荐酒店服务
七、广告项目报价表
八、会议室价格及配置表
九、通信网络服务及报价表
十、商务考察服务报名表

第八部分　附件类
各类图纸
1. 第二十一届高交会展区分布图
2. 布撤展车辆进出深圳会展中心行驶线路图
3. 深圳会展中心停车场分布及入场线路图
4. 深圳会展中心各会议厅位置图
5. 深圳会展中心展馆疏散示意图

任务 2　展品运输指南

一、展品运输

展品运输是将展品用陆运、空运、海运或综合运输方式运到展出所在地，并运回或运到下一个展出地点及办理有关手续的工作，运输环节多，实践性强，专业性强，办展单位往往无力亲自办理，因而通常会指定一些专业运输公司作为该展会的会展运输代理来负责。

在我国会展业的实际操作中，会展的运输工作和海关报关工作大多是由同一家运输公司来负责的。展会主办方为方便参展商通常会指定一家专业运输公司作为他们的备选服务供应商，参展商可以自行选择，有能力的话也可以自己安排展品运输。

二、展品运输注意事项

国际展览运输协会认为，运输代理的业务主要依赖三个方面的管理：联络、海关手续和搬运操作。

展品运输不当，可能会出现损坏、丢失等情况，常见的问题包括：

全部或部分展品未及时运到,导致不能正常参展;

展品因没有进行适当的包装而在运输途中破损,引起额外费用的产生;

缺少产地证、检疫证等而造成扣费、扣货等损失,还造成运输延误;

包装箱在拆卸展品时破损,导致回运时不能再用,或是包装箱丢失等;

巡回展是比较特殊的展览,由于要转战各地,按时保质地将展品运到成为最关键的问题,一般为了保险起见,会通过不同的途径向同一地点发送两套展览用品。

三、展品运输指南样板(节选)

以第16届中国—东盟博览会展品运输指南为例介绍展品运输指南。

(一)中国—东盟博览会推荐运输代理商

广西中外运物流有限公司和海程邦达国际物流有限公司。

(二)展品展具运输车证办理

1. 申领时间

(1)证件申请起止时间:2019年8月15日至9月19日11:00。

(2)证件发放起止时间:2019年8月18日至9月19日12:00。

(3)2019年9月10日前,展览管理和客户服务中心将为参展商提供免费邮寄运输车证服务。2019年9月12~18日(每日9:00~17:00)、9月19日12:00前所有运输车证申请和发放在会展中心办证大厅现场申办。

2. 申办要求

线上申办:2019年9月10日前登录中国—东盟博览会现场管理和服务信息系统(网址:http://smsis.caexpo.org/smsis/admin/tologin.do)在线申办。

线下申办:2019年9月12~18日(每日9:00~17:00)、9月19日12:00前,填写并提交以下材料,在会展中心办证大厅申办。

(1)《运输车证申请表》(可现场领取或网上下载)。

(2)《展位确认书》复印件。

(3)《机动车行驶证正副本》复印件(带原件备查)。

(4)《代理委托书》(参展商委托施工单位代办时提供,需加盖参展商单位公章)。

3. 审批程序

展览管理和客户服务中心根据《展位确认书》及《机动车行驶证》进行核实及备案,经核实确认后,为参展商免费办理对应车号的运输车证。

4. 发放原则

通过审核的,按每2个标准展位发放1张展品运输车证的原则发放,所有申请的运输车辆必须提交对应的《机动车行驶证正副本》复印件。

温馨提示:在南宁国际会展中心主会场,为给1个标准展位的展商提供展品运输便利,专设有临时小型客车证,允许用小型普通客车运载展品的展商无须申办,于9月12~18日布展期间每天下午13:00~17:00,直接携带展位确认书及身份证开至南宁国际会展中心2号口或4号口(展位属D区1~3号馆的走2号口;展位属D区4~15号馆或E区展馆的走4号口)门前向现场物流调度人员申领临时小型客车证,在现场物流人员的指挥调度下,驶入指定区域停泊卸货,即卸即走。

5. 管理规定

（1）展品展具运输车证限定在有效期内使用，南宁国际会展中心车证有效期为2019年9月13～19日（布展期），2019年9月24～25日（撤展期）；具体时间以展品展具运输车证上时间为准。

（2）展品展具运输车辆进入南宁市区须按指定的线路行驶，展品展具运输车证须加盖南宁市公安局交警支队通行专用章，否则无效。凡不服从南宁交警指挥违规进入展馆的，交警有权没收展品展具运输车证。

（3）展品展具运输车辆进入南宁国际会展中心后必须服从现场管理工作人员指挥，有序进场装卸货物进行布展或撤展。

（4）展品展具运输车证只能在布、撤展期间使用，不能在开展期间当作宾客车辆通行证使用。

（5）严禁转让、倒卖、涂改运输车证。如有违反，即没收证件并进行相应处罚。

（6）遗失展品展具运输车证的，经展览管理和客服中心审核同意后，参展商可在布展期间（9月13～19日）凭《运输车证申请表》《展位确认书》原件及《机动车行驶证正副本》原件在会展中心办证大厅展览管理和客户服务中心补办。

任务3 展台设计搭建

展台设计是展览的关键性工作之一，在展览设计、搭建、布置中，设计是首要的也是最重要的。展览设计由很多要素组成，包括格调、情趣、场地、道具、装饰、装潢、展品布置、形式、形状、格式、说明、图表、照片、模型、模特、照明、色彩等。

一、设计原则

（一）目的性原则

展览设计是展览工作的重要组成部分，但不是展览工作的全部。展览策划起始于展览目标的选择，落实于展览目标的实现，体现在每一个设计的细节。遵循目的性原则，需处理好以下关系。

（1）处理好参展企业和设计者的关系　设计人员不是按自己的思路创造出一件艺术品，而是使用设计技术表现参展企业的意图、风格和形象，达到参展企业所希望的目的和效果。

（2）处理好艺术和展览的关系　展台设计的好坏不在于是否符合艺术标准，而在于能否体现参展企业的形象和意图，能否吸引参观者的注意，展品能否反映出特征和优势。

（3）处理好形象展示和开展贸易的关系　展台是参展企业开展贸易工作的环境，展览是开展贸易的手段，而目的是促成交易。

（4）处理好展览设计与展览其他工作的关系　需要协调与宣传人员、广告人员的工作。

（二）艺术性原则

有研究表明在充满竞争的、五光十色的环境中，观众对展台的第一眼最关键。这一眼决定展台是吸引了这个观众还是失去了这个潜在客户。展台设计应当有艺术性，具体表现在三个方面。

（1）展台有吸引力，令人赏心悦目，使人留下深刻的印象。

（2）展台反映参展企业的形象、传达参展企业的意图。

（3）展台能吸引参观者的注意，引起他们的参观兴趣。

（三）功能性原则

展览设计还应当是功能性的，设计人员在考虑设计外部形式、形象时，也需要考虑内在功能，也就是要为展台的人员和展台工作提供良好的环境和条件，设计需要考虑的功能有对外、内部和辅助三方面的功能。

（1）对外功能　展台不仅要展览产品，要吸引客户，还要有利于展台人员推销、宣传、调研，与观众交流、与客户洽谈。所有这些工作都要有相应的空间、位置、设备，都需要设计人员根据需要和条件进行合理的安排。相应的功能区域包括问讯区域、展览区域、接待区域、洽谈区域等要做相应的考虑。

（2）内部工作功能　如果展出规模大，要考虑安排办公、开会等场地。内部工作的相应区域包括办公室、会议室、工具房（维修间）等。

（3）辅助功能　辅助区域包括休息室、储藏室等。

二、搭建原则

1. 和谐

展台是由很多因素，包括布局、照明、色彩、图表、展品、展架、展具等组成。好的设计是将这些因素组合成一体，帮助参展企业达到展出目的。

2. 简洁

简洁、明快是吸引观众的最好办法。照片、图表、文字说明应当明确、简洁。

3. 重点突出

展示应有中心、有焦点。

4. 主题明确传达信息

一切围绕主题，切忌面面俱到。

5. 视觉冲击要强烈

要引人注目、易于识别，使观众印象深刻。

6. 把握观众的喜好

从目标观众的角度进行设计，容易引起目标观众的注意、共鸣，并为目标观众留下比较深的印象。

7. 展台要易建易拆

不管是大型展会，还是中小型展会，布展、撤展时间往往都不会太长，如果展台搭建、拆卸过于耗时，企业要花费的人工成本和展厅交费都会比较多，这对企业来说并不划算。

8. 其他因素

如考虑空间和人流安排，明确预算，一旦设计确认了就不轻易更改。

任务 4　布展须知

布展须知属于参展手册里的一部分，通常也包含了撤展的相关管理说明。

一、布展期间的主要工作

展会主办单位的布展工作有两点，一是对展会现场整体环境进行布置，二是对参展商、搭建商、运输代理等的有关工作进行协调和管理。布展期间的主要工作见表2-7。

表2-7　布展期间的主要工作

	工作内容	工作描述
布展前	到管理部门办理有关手续	到工商部门、消防部门、安全保卫部门、海关报批和备案。如果展馆位于市中心，有的还需要办理展品运输车辆进城证。对于大型展会还需要邀请这些部门现场办公
	与各服务商协调和沟通	①共同讨论和解决展位搭建、展品运输、现场环境布置中出现的问题；②安排展会现场的各项服务，如餐饮、旅行等
	争取其他部门的合作和支持	要争取银行、通信、交通、卫生、知识产权等部门的支持，邀请他们到现场为展会提供有关服务
布展期间	展位划线	按照各参展商租用的场地面积和位置划好每一个展位的具体范围（要严格按照签订的合同办理）
	地毯铺设	在展馆的公共区域、某些标准展位等地方按计划铺设地毯
	参展商的接待	为报到的参展商办理有关手续，如收取款项、发放证件、办理入场手续等
	展位搭建协调	①完成标准展位的制作；②监督和协调特装展位的搭建；③协调处理展位搭建中出现的各种问题
	展位楣板的制作、安装、核对	认真核对展台号及参展商的企业标志、中英文名称等信息
	海关现场办公	对于海外展品，主办单位应陪同海关进行现场抽查，如果海外参展商比较多，则要邀请海关现场办公
	现场安全保卫	做好展会现场的安保工作，并督促参展商做好自身的安全工作
	现场施工管理和验收	派专人管理各承建商的现场施工，如现场用电、用火、噪声、展位高度控制、电线电缆的安装和走向、灯光的设计和使用、展位间通道宽度的控制、重型机械的地面承重控制、标准展位的标准配置等，避免施工现场秩序混乱和出现安全隐患
	消防和安全检查	所有的展位布置完成后，陪同消防和安保部门对所有的展位进行全面检查，消除安全隐患
	现场清洁和布置垃圾的处理	布展产生的大量垃圾要及时收集和处理

布置展会现场整体环境，需要布置打点的包括：开幕式场馆、序幕大厅、嘉宾休息室、各种提示牌以及各服务点等。

二、布展须知样板

以第16届中国—东盟博览会为例介绍布展须知。
（一）布展时间
9月13～15日08:30～17:30　搭建材料进馆
9月16～18日08:30～17:30　展品展具进馆
9月19日08:30～13:00　B区
9月19日08:30～24:00　其他区域
9月20日 全天进行安全检查
（二）撤展时间
9月24日17:30～24:00
9月25日08:30～18:00
（三）布展和撤展规定
1. 标准展位
规格及配备：面积为9平方米（3米×3米）/个，含公司中英文楣板、三面围板（过道转角展位有两面围板及两块楣板）、洽谈桌1张、椅子2张、射灯2盏、500瓦单相插座1个、纸篓1个，铺设地毯。
2. 特装展位
特装展位不含任何配置。
请申报特装布展的施工单位于2019年8月27日前登录中国—东盟博览会现场管理和服务信息系统（网址：http://smsis.caexpo.org/smsis/admin/tologin.do）在线提交特装审批资料。
3. 布展和撤展相关规定
（1）展位承重不准超出本展厅的地面负荷参数；展位不得吊点、搭建二层；展品及装饰物垂直投影不准超出所承租的展位范围；B区展位搭建最高点不准超过6米，且超过4.5米的面积不准超过展位总面积的三分之二，D、E区展位搭建最高点不准超过6.5米，且超过4.5米的面积不准超过展位总面积的三分之二（注：展厅内靠墙展位最高点不准超过4.5米）。
（2）施工单位在施工现场必须设现场负责人；需根据展会施工管理规定进行设计，提交特装展位设计图纸并缴纳施工管理押金；搭建的展台面积应和申报面积相符。
（3）不准擅自拆改、增减、损坏、污损原有建筑物和各项固定设备。所有地面墙面及标准展位的展板不准敲钉、打洞。
（4）不准擅自移出展位内配备的展具、电器等设备。
（5）参展商、施工单位在布展过程中如需加班的，请于每日16:00前登录中国—东盟博览会现场管理和服务信息系统（网址：http://smsis.caexpo.org/smsis/admin/tologin.do）填报加班申请，并按1000元/小时/展位在线缴纳加班费。如发现未办理加班手续或者违规延时加班的，将按照加班标准的双倍计时收费。拒不配合清场的单位，将按通宵加班双倍收费。
（6）展览结束后，所有人员须清离展馆，待场地安检后，凭有效证件进入展馆，开始撤展工作（注：安检期间，各参展企业可留一名参展人员在展位内保管展品，但不能离开展位，否则安检人员将一并清离展馆。）

（7）撤展过程中，参展商及其委托的特装布展施工单位要看管好自己的展品及施工工具材料，9月25日18：00以后尚未撤展、未清理完善的特装展位及改装的标准展位，展览管理和客户服务中心将组织人员拍照记录、进行清理，并按标准（1000元/36平方米，不足36平方米按36平方米计算）从该展位所缴纳的施工管理押金中扣除。

（8）撤展完毕，应及时找各展馆监理人员签字确认。施工管理押金清退工作将于9月26日启动，一个月内完成。

（9）倡导绿色展装及绿色搭建工作。

（10）展览管理和客户服务中心为东博会布展施工的监管机构，对各展位的布展施工进行全程监督、检查、管理，并对违规行为进行处罚。

【知识拓展】

广交会如何布展才能更好地吸引客户眼光？

展品是展台中心最重要的组成部分，是展台工作的基础条件。展品对展出效果有着重要的作用和意义。展品不仅是产品，而且用于展示，它涉及操作、替代、宣传、说明、布置、介绍等问题和工作。

一、展示产品特征

（1）不论何种产品，不能只是考虑形式、状态，要尽量全面地展示其特征，使观众能使用多种感官尽可能全面、深入地了解产品。

（2）如果是机器和仪器，要考虑安排产品现场操作示范，甚至让参观者亲自动手操作（如果是食品，要考虑安排现场品尝）并准备小包装免费散发，供参观者拿回去品尝；如果是时装、首饰，要使用模特展示，甚至安排时装表演。

（3）通过各种途径展示产品特征，首先有助于引起参观者的兴趣，其次有助于加强参观者的购买欲望，最后有助于给参观者留下更深刻的印象，因此，在可能的条件下，要考虑采用多种形式展示产品特征。

（4）为此，就要做好相应的准备工作。比如操作机器，要确保机器状态良好，无损、无伤、无故障，零配件完备，原料充足，电压、电流、导线、插头等符合展出地的技术标准。

（5）操作机器要办理保险，以防意外事故发生。

二、了解目标观众心理

（1）购买、消费心理比较复杂，比如，在发达国家，展示产品，不仅要显示其性能优越，超过其他同类产品，而且要说明有周到的售后服务等。

（2）在发展中国家可以介绍其社会、经济效益，比如可以改变乡村生活面貌等。

（3）介绍作用有时比介绍产品本身更有效。

三、使用替代品

（1）订货会上的潜在客户大都希望看到实物，想看到放在仓库里、签约后可以立即发运的成品，因此，在一般情况下尽量展示其真实产品。

（2）并不是所有产品都是可以展出的，超大产品比如火力发电厂等大型成套设备或超小产品就很难展出。此外,展示化学物品、危险物品等真品也有许多问题,因此就要考虑使用替代品。

(3) 常见的替代形式有模型、照片、图表、绘画等。按比例缩小或放大制作模型、图片可以替代超大设备或超小产品,用有色水替代有毒易腐的化学液体,照片、绘画、模型、图表等替代品可以使展台更具艺术性,在有些情况下,替代品更能体现产品的特点。

(4) 参展企业要根据需要使用替代品,不可多用,要掌握好一个原则:图片的效果比不上模型,模型的效果比不上真实的产品,在可能的情况下,多用真实展品。

四、使用展示手段

(1) 参展企业可以考虑使用各种展示手段显示展品,强调、突出展品的特征和优点,以吸引参观者的注意、引起参观者的兴趣。

(2) 展示手段包括各种装饰、布景、照明、电子信号板、声像设备等。

(3) 在充分使用展示手段时也要注意任何设计都是辅助手段,不可过分强调,以免喧宾夺主。

(4) 使用展示手段有几个要注意的问题:音像制品要简短,参观者不太可能长时间站住听、看,如果确实需要长时间说明产品,那就设立专门的区域,并安排固定时间。

(5) 选择展品时,还要考虑到展台工作,估计参观者可能提出的问题,并准备好相应的回答。

(6) 如果选择展示新产品,要考虑安排有关技术人员参加展台工作。

五、使用宣传手段

(1) 在大部分情况下展品本身并不能说明全部情况或显示全部特征,需要使用招牌、图表、说明、介绍、宣传资料等补充、强调说明展品。

(2) 参展企业应当视这些辅助手段为展品的组成部分,在选择决定展品时就予以考虑、准备。

(3) 参展企业可以根据展品的不同性质、特征决定使用何种辅助手段,但是所有展品都应有明确的介绍。

(4) 在准备介绍、说明、宣传资料时有几个问题需要注意:宣传资料不能只有空洞的赞美之词,要有关于性能和操作的说明和数据。而技术资料不仅应该有技术说明,也应该有关于销售的说明。技术数据不可少,但是也应有产品的用途、性能、特点等说明。技术资料在使用公制度量衡时也要使用展出地的度量衡标准。

(5) 资料应当使用国际通用语,目前国际贸易和技术通用语为英语,如果有条件,尽量同时使用当地语言文字。

(6) 展品说明要简明扼要,观众不会阅读用小字写出的长篇大论,文字要准、字体要大,不论是图或文,避免手写说明(专业美术人员除外)。

(7) 此外还有两点需要注意:展示的产品与宣传材料上的产品完全一致,可以将资料放置于专用台、架上供参观者自由拿取,也可以散发资料,但是不要将资料放在展品中。

如果展位比较小,可以考虑以下办法:

(1) 采用照明系统。据调查,照明可将展品认知度提高30%~50%。大部分展览中心会提供厂商天花板聚光灯，当然也可以租用携带式照明系统。

（2）成立主题式展览摊位。大企业通常是采用传统方式展览，且依赖大规模场地，故小企业可以创新设计以显突出。

（3）充分利用空间。根据展位的大小选择合适的展示用品及参展产品，以避免过度拥挤或空洞。

（4）善加利用组合式展览用具。避免使用看似低廉的桌布覆盖桌子。

（5）尽量整齐化展览。展示单项或两项产品。

（6）巧选图片。选用少量且较大的图片，创造出强烈的视觉效果。太过密集或太小的图片皆不易读取，同时限制文字的使用。

（7）巧放图片。将图片置放在视线以上，图片应自壁板91.44厘米高以上的地方开始放置。

（8）颜色鲜明。展位要使用大胆且抢眼的颜色，从远距离即可突现出来，避免易融入背景的中性色彩。成立完整服务式的展位。

【项目训练】

请学生在周边寻找一个展会，在展会期间到各个展位上观察分析各展位的设计布置、宣传效果，选择2~3个认为最优和最差的展位拍照记录，并附上分析进行课堂汇报。

项目五　展览活动现场管理

通常会展的现场工作由开幕式和现场管理两大部分组成，下面将分别讨论这两部分的工作开展，并拓展讨论这两部分工作结束后的相关后续工作。

任务 1　开幕式

开幕式是会展公关活动之一，也是展会的重要仪式。举办开幕式的目的是制造气氛和扩大影响，以达到充分的公关和宣传效果。

参展商和观众都是从开幕式时得到对展会的第一印象，因而开幕式工作特别重要，策划一个盛大的开幕式是办展机构能力的体现，同时预示着展会的成功。

不过现在也有一些展会逐渐淡化开幕式，在国外尤其是在欧洲一些国家，不少大型展会都没有开幕式。他们认为展会若太注重开幕式，会导致邀请工作花费的精力和成本过多，接待任务过于繁重。

一、邀请范围

开幕式邀请的人员包括：政府官员、工商名流、新闻记者等人士，邀请他们可提高展会知名度且扩大影响，以吸引更多的观众参加。而且由于这些人士有一定的购买决定权或建议权，对展览的贸易效果有直接或间接的重要影响。

二、贵宾接待

贵宾主要包括协会高层官员、公司总经理、名人演讲者、重要的赞助商、著名艺人等，有时还有重要的贵宾如国家领导人、各国政要、王室贵族等。

应给予贵宾特别的对待，从到达酒店到出席开幕式直到离开展会地点都要进行周到的安排。

三、程序

一个典型的开幕式程序如下。

（1）由展会工作人员引领国内外嘉宾到主席台就位。
（2）主持人主持展会开幕式并介绍到会嘉宾。
（3）主持人请有关领导讲话。
（4）相关开幕表演开始。
（5）某位重要嘉宾宣布展会正式开幕。
（6）主持人宣布开幕式结束并请各位嘉宾和展会观众进场参观。

任务2 现场管理

展会的现场管理主要包括办展机构现场管理、参展商现场管理以及撤展管理。

一、办展机构现场管理

会展现场服务是会展项目具体落实的直接反映，因而十分值得主办单位重视。同时，会展现场管理、控制和协调的内容十分庞杂，如果处理不当，任何一件小事都有可能发展成大问题。所以，主办方需要不断提高服务水平，用优质的服务来回报会展项目的各方参与人员。

（一）注册管理

1. 注册入场

注册登记处应设有不同的登记柜台以区分提前或现场登记等不同类别的展商，按照参展人员身份的不同予以分类登记，如嘉宾、政府人员、媒体记者等分别用不同的注册表，注册完成后可领取相应的身份代表证，如参展商证、贵宾证、媒体证等，并引领他们各就其位。

会展主办单位一般会对展览会实行证件管理，即拥有会展主办单位认可的证件才能进入场馆。通常来说，在一次展览会中，主办机构至少要印制六种证件，分别发放给参展商、专业观众、工作人员（包括主办机构、承办机构和协办机构的相关工作人员）、筹（撤）展人员、媒体记者及与会嘉宾（包括领导和讲演嘉宾）。为了保证参展商、专业观众和嘉宾的停车位，场馆管理方还会使用停车证。有时还会有更多种类的证件。例如，中国国际高新技术成果交易会的证件共分为9种，即贵宾证、嘉宾证、参展商证、参观证、工作证、记者证、保卫证、车辆通行证、布/撤展证。

2. 观众登记统计

观众一般凭门票入场，门票可分为赠票和售票两种，若有划分专业观众和普通观众的展会，专业观众凭"专业观众证"入场，通常都需要完成观众登记。

为提高工作效率，观众登记处偏向把预先登记的观众和现场注册的观众分开，有些展览会还进一步将现场注册的观众分为有名片和无名片的，前者只需凭名片在观众登记处办好相关手续就可以换取胸卡，后者则要在工作人员的指导下填写登记表，然后在登记处办理手续。观众登记处旁通常设有展会会刊的发放或销售点。

另外值得一提的是，一些展览会的主办单位还在入口处设置了展览活动及论坛议程牌，这样无疑也便于人们，尤其是现场注册的观众预先了解展览会的总体结构和主要活动安排。

观众统计可根据门票、参展商的客户统计以及观众办理登记手续的内容等进行统计。

【案例分析8】

第二十一届高新技术成果交易会
特邀团体信息表

编号：

组团单位名称			网址	
注册国家/地区		邮编		
注册地址				
联络人姓名		部门及职务		
有效证件名称		有效证件号码		
联系电话		传真		
移动电话		E-mail		
团体类别	☐1. 投资类商会、协会　　☐2. 采购类商会、协会 ☐3. 科技类协会、学会　　☐其他：			
团体成员数量		拟参观日期	☐11月13日　☐11月14日 ☐11月15日　☐11月16日 ☐11月17日	
组团单位简介				
组团单位意见	签字（盖章）： 日期：		高交会组委办意见	签字： 日期：

团体观众名单

编号：

编号	姓名	所在单位	职务	手机	身份证号码	电子邮箱

填表单位（盖章）： 　　　　　　　　　填表日期：　　　年　　月　　日

说明：观众所登录个人信息，仅供高交会专业观众服务使用，不作其他用途。

 1. 结合以上资料，你了解团体观众与普通观众的区别吗？
2. 结合所学知识和以上内容，思考展会登记观众信息有何意义？

（二）设备设施管理

通常主办机构现场会提供各种设备的租赁服务，例如，照明设备、视听设备、办公设备等，尤其是国际会议，对相关设备都有严格的质量要求，因而展会期间须有专业技术人员在场以备随时维护设备。

（三）安全管理

会展现场的安全管理主要涉及三个方面：盗窃、火灾和卫生，因此会展主办单位需要和消防、卫生和公安等部门主动联系以获取支持。例如，第十届上海国际汽车工业展览会举办时正值SARS时期，在这种严峻的形势下，主办单位和卫生部门精诚合作，加强入口管理和现场卫生防范，终于圆满完成了此次展览会。

安全管理具体开展要注意做好以下工作。
（1）对参展工作人员进行安全教育，提出安全工作要求。
（2）成立危机管理小组，做好应急救援预案。
（3）做好安全检查，消除安全隐患。
（4）落实医疗救护、灭火、应急疏散等应急救援措施并组织演练。
（5）严格发证、验证、检票，维持展区秩序，加强展区巡查，发现可疑对象及时处理。

（6）与当地公安部门保持联系，及时互通情况，研究处理工作中遇到的疑难问题。

（四）参展人员管理

1. 安排固定人员搜集参展商和专业观众的信息

一方面要收集参加展会人员的国别、地区、组织机构、姓名、性别、职务、民族等基本信息；另一方面是收集他们参加展会的目的、对展会哪些内容感兴趣等，以便有针对性地进行个性化服务。

2. 保持与参展商的现场联系

派专门的工作人员或负责人亲自到展会拜访参展商，联络感情，了解需求，征求意见，及时为他们提供其需要的服务。主办单位可提供的增值服务还包括：专家现场答疑会和各类研讨会、产销对接洽谈会、新技术推介会、参展知识培训等。

3. 参展商和观众投诉处理

展会现场应设立一个客户投诉台，认真接待和积极处理收到的各种投诉。

（五）危机管理

会展危机管理是办展机构为预防危机或减轻危机带来的损失，并尽快从危机的打击中恢复过来而对危机事件进行的管理。

1. 危机种类和来源

举办展会面临的危机主要有四种：一是市场危机，如战争、自然灾害、恐怖主义行径、经济或政治等因素；二是经营危机，如设施引起的安全危险、员工粗心和履行职责时的事故、管理失误而引起的"闹展"等；三是财务危机，如资金安排跟不上需求或投入难以回收等；四是合作危机，即办展机构与各合作单位之间的不协调而引起的严重影响。

2. 危机管理

危机管理一般遵循"预警—沟通—反应—恢复"四部曲。

预警是要提前做好风险评估和预防，要对展会场地进行安全分析，例如，对建筑物的安全、地毯或其他脚下危险、路面障碍等，另外还有对食物的检查、对照明和公共卫生设施的质量检查，以及对预警系统和通信系统等的状况检查，通过安全小册子、标牌以及其他交流方式加强会展活动的利益相关者的风险意识，跟当地的安全管理部门建立良好的关系。

沟通包括对内和对外都要保持信息畅通，重视与媒体的沟通，做好危机公关。

反应是指管理者在接到危机预警后，必须马上做出反应以减少危机对人、财、物的伤害，迅速成立危机管理机构，获取信息，按轻重缓急部署行动。

恢复就是在危机得到控制或消除后，要尽力保持展会的延续性，维持办展机构的生存并取得发展，恢复办展机构的声誉以及客户与社会的信心。

3. 应对"闹展"

情况一：高价位参展商现场闹事。应向其解释价格不同是每个展会都会出现的正常现象，原因在于展位价格受到位置、面积、签约时间和折扣等诸多因素的影响；若参展商纠缠不休，则强硬地告知：没有超过招展书规定的价格，都是合理收费。

情况二：参展商以效果不好为由要求退赔展位费。首先要让参展商明白所谓的展位效果包括品牌推广、同行信息获取等隐性因素，然后帮助他们分析效果不好的可能情况：如展位布置、展品质量、展台工作人员的准备以及工作态度等。假如参展商有意闹事，应把他们带展厅在小范围内解决。

情况三：参展商要求更换展位或已转租展位。应明确告知对方按照参展合同的规定执行。

（六）其他服务

展会现场的其他服务包括商务服务、交通服务、餐饮服务等内容。

商务服务主要是一些办公设备商务服务，如打字、复印、传真等。

交通服务主要指展会现场及附近的交通工具、停车场及线路的规划，如展品运输车辆、巴士（往返于地铁或机场与场馆之间）、出租车、停车场等。对于大型会展活动而言，服务包含印制场馆地图、现场交通规划草图、展馆到指定宾馆、周边的景点和风景区、其他社交活动地点之间的路线图和公交车班次时刻表，以方便参观者出行。

餐饮服务的提供一般通过指定餐饮服务商，负责供应展出期间的各项餐饮；有时一些小型展览会的主办单位可能不负责现场餐饮问题，他们可以推荐场馆及周边餐饮设施。

二、参展商现场管理

参展商的现场管理工作目的是要最好地实现展出目标，它是所有展前准备工作效果的体现，主要内容包括：布置展台、配备展台的工作人员、展台接待、贸易洽谈、情况记录、其他相关宣传推广活动、信息收集工作、细节管理注意事项等。

三、撤展管理

撤展期间的主要工作如下。

1. 展位的拆除

展会委托承建商负责标准展位的拆除；特装展位或参展商自己搭建的标准展位，由参展商自行负责拆除。办展单位会监督各参展商或承建商按规定的时间和程序进行展位的拆除工作。

2. 参展商租用展具的退还

参展商须按规定退还租用展具，如有损坏需按规定偿还。

3. 参展商展品的处理和回运

展会最后一天将对参展商的展品处理意愿进行调查收集，并统一对展品进行处理。需回运的展品，参展商可委托展会运输承办商；需销毁的展品，展会主办方将统一处理。

4. 展场的清洁

展会撤展期间清洁保证到位，主办方需监督展会撤展的清洁工作。

5. 撤展安全保卫

需定时巡逻，及时消除各种安全隐患，展会的消防、安保工作到展会彻底闭幕，参展商完全撤出时才结束。

【知识拓展】

第十二届中国国际高新技术成果交易会的撤展要求

一、撤展时间

展览结束后，参展单位应按撤展时间安排有序撤展。参展单位应自行将特装展台撤出展馆。11月21日当晚可通宵工作，撤展工作于11月22日下午17:30全部结束。各馆具体撤展时间安排如下。

时间		工作内容
21日	16:30	停止观众入场
	16:45	停止展位水电供应，参展单位归还有关设备并领回押金
	17:00	参展单位办理撤展手续，组织撤展
	17:20	各馆隔离门关闭，保安严格把守公共通道（通往卫生间）
	17:30	各展区出口铁马（又称铁护栏）撤离
	18:00	大件展品、设备、展台放行出馆

二、撤展流程

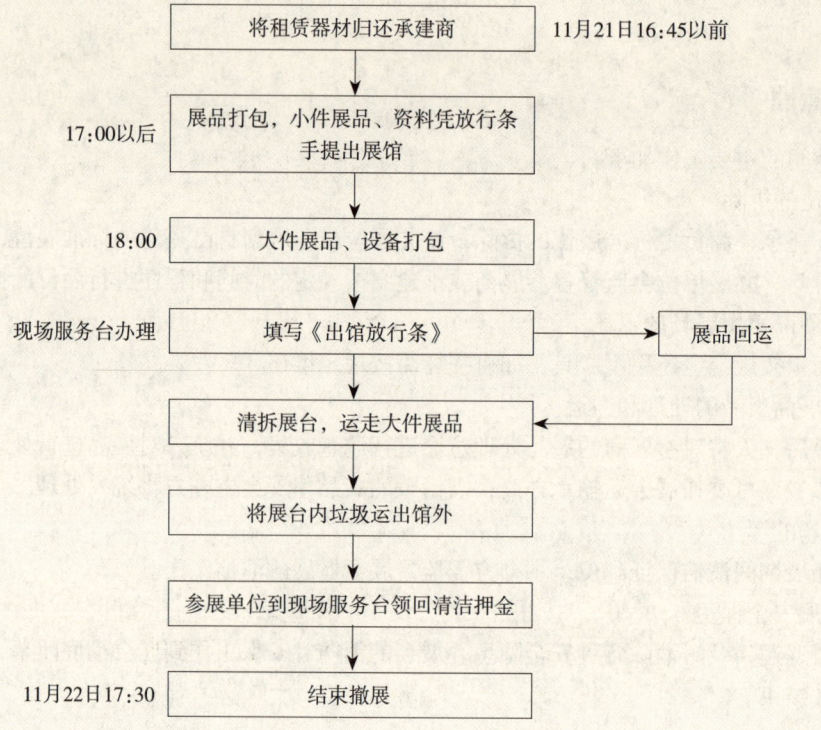

三、撤展管理规定

（1）展会结束前，参展单位不得收拾展品，以免影响展会的正常工作。

（2）展会结束后，参展单位随即可以开始收拾装置、用品及文件材料。展位的拆撤工作可以在18:00后开始。

（3）在撤展时间内进行撤展的所有人员，必须佩戴撤展证方能出入展馆。不得将参展商证、嘉宾证、撤展证等转交或变卖给其他单位或个人。

（4）展览大厅的所有纸箱、板条箱不能摆放于通道，以免通道的地毯被移走。

（5）展品运出展馆，凭展馆发放的放行条放行。

（6）爱护馆内设施，不得夹带搬走，不得损坏，违者除照价赔偿外，情节严重的给予重罚。

（7）除非参展单位有特别要求，撤展后遗留在现场的一切物品或展品将被视为遗弃。

（8）撤展时，参展单位不得随意拆除、移位大会安装的所有用电设备，对擅自将非自有展具、电器及通信器材等各类设备、设施带走的，按原价1倍赔偿，情节严重者，交保卫组处理。

（9）参展单位必须遵守由组委会办公室发布的"展览现场日程安排"及其他指示。撤展的一切规定按展览现场发放的《撤展通知》为准。

四、撤展服务

（一）押金退还流程

（1）将租赁器材在闭馆前30分钟内归还到原办理租赁的现场服务台，办理租赁押金手续。

（2）在撤展结束前，将展台的垃圾清运出展馆，并由现场本馆管理人员确认后，直接到现场服务台办理退还押金手续。未清理垃圾的展台将不予退还清洁押金。

（二）展品回运

请咨询各展区指定承运商。

五、撤展期间运输车辆管理及撤展车辆路线安排

（1）由于撤展车位有限，因此所有撤展车辆应按规定分批次进行撤展。

（2）11月21日，展馆周边的红线内地面停车区域严禁停放任何车辆。

其他有关管理规定及路线同"布展期间运输车辆管理及布展车辆路线安排"。

任务3 后续工作

一、展后跟踪

展会刚结束时，通常参展商和观众的印象最为深刻，此时抓住机会进行会展跟踪服务，效果会最好。办展机构的展后跟踪服务包括：建立参展商和客户的信息数据库、收集客户意见和建议、及时通报展会信息并和参展商及客户保持长期的感情联系。

二、评估总结

办展机构评估总结是展览工作的组成部分，是对展览总体环境和参展整体工作的评估与总

结，其作用与意义在于为判断此次展览工作的效率和效果提供标准和结论，并为以后的展览工作提供依据和经验。评估总结工作的目的主要是总结经验、发现问题、改进工作、提高效率。

【案例分析9】

2019年中国北京世界园艺博览会

一、展会概述

北京世园会作为专业类的世博会，此次世园会有110个国家和国际组织、120多个非官方参展方相聚于北京。世园会目的是能够让每个人感受到人与自然、植物、园艺三者的关系。本届世园会除了开幕式、开园活动、中国馆日闭幕式等活动，还有国家日、荣誉日、省区市日、花车巡游等世界民族民间文化荟萃的特色活动，以及专业论坛、国际竞赛等园艺专业活动。此次世园会有60多个国家和国际组织在会期开展文化活动，成为多种文化艺术形式和多元国际文化相交融的文明对话平台。

展会名称：2019年中国北京世界园艺博览会。

展出时间：2019年4月29日至2019年10月7日。

展览地点：北京市延庆区。

主办单位：中国政府。

承办单位：北京市。

展会主题："绿色生活，美丽家园"。

展会官网：http://www.horti-expo2019.com/。

二、展会宣传

（一）发挥主办方负责人，地方的线上和线下并举的宣传作用

2018年4月23日，2019年中国北京世界园艺博览会倒计时一周年之际，第一架北京世园会"多彩世园号"彩绘客机主题航班首飞成功。2018年11月22日在北京举办"美丽世园号"宣传大巴车首发活动，面向社会发布了第二批形象大使，确定了世园会会歌和推广歌曲；举办了倒计时一周年、海外专场推介等30余场宣传推介活动，充分发挥新媒体、传统媒体等宣传阵地和地铁、公交、飞机等宣传载体作用，多角度、全方位开展宣传推介工作，形成了社会各界广泛关注、积极参与的良好氛围。

（二）国家高度重视，由国务院领导进行媒体宣传报道

国务院新闻办公室于2019年4月24日（星期三）上午10时举行新闻发布会发布2019年8月16日，2019北京世园会组委会第三次会议在北京召开。国务院副总理、组委会主任委员胡春华主持会议并讲话。他强调，举办2019北京世园会，是党中央、国务院做出的重要决策，要以习近平新时代中国特色社会主义思想为指导，切实履行申办承诺，将世园会打造成世界一流的园艺博览会，办出特色，办成精品。为进一步向社会大众宣传北京世园会，传播"绿色生活美丽家园"的办会主题，倡导全社会关注生态文明建设。

（三）积极发挥各参展单位宣传作用

31个省（自治区、直辖市）和港澳台地区都将参展，并且将会举办"省区市日"推介会、文艺演出和经贸交流活动等，这就可以体现出北京世园会不仅是北京的事，也是全国的一件大事。在新华网内蒙古频道中，报道了2019年北京世界园艺博览会参展情况，而省

林业局也组织召开了2019北京世界园艺博览会贵州省参展工作总结大会这些等，这些都进一步扩大宣传力度，提高此次博览会的影响力。

（四）发挥国际宣介作用

充分发挥工作渠道广、平台多的优势，与国际展览局密切沟通联系，通过2015年米兰世博会、2017年阿斯塔纳世博会、国际展览局各类会议和活动，大力开展宣传推介，有力提升了北京世园会的国际影响力。

三、展览活动效果

（一）展览评估

1. 传播了生态文明思想，推动了绿色发展

北京世园会园区的"一心、两轴、三带、四馆、多片区"的特色景致，将山、水、林、田、湖、花、草自然融合，把整个园区"装成锦绣，绘成丹青"，生动诠释了生态文明的理念，将人与自然和谐共生的绿色价值观念传递到了全中国乃至全世界。

2. 荟萃世界园艺精华，提升了世界园艺发展的新境界

全球5大洲86个国家和24个国际组织与中国31个省（自治区、直辖市）和港澳台地区，以及专业机构和企事业单位，通过100多个室外展园和室内展陈，展示各国各地区园艺新理念、新品种、新技术、新产品和特色文化，汇聚了各国花卉园艺精品。省市展园，独具匠心的园艺手法充分展示了植物的力量。

3. 组织国际竞赛，提高了世园会专业质量和展示的水准

中国花卉协会作为国际园艺生产者协会（AIPH）重要成员，积极组织国际竞赛总评审团对北京世园会室外92个展园、室内54个展区进行了3次集中评审；对全国各省区市切花等5大类7173件展品进行了4轮集中评审；组织了牡丹、芍药、月季、组合盆栽、盆景、兰花、菊花国际竞赛和世界花艺大赛，7项室内花卉专项竞赛，其中前6项有30多个国家和地区的836家单位及选手，选送6838件作品参赛；2019年世界花艺大赛，有31个国家和地区的33名选手参赛，是A1级世界园艺博览会首次举办的国际性花艺竞赛。北京世园会竞赛组织的国际竞赛项目，是历届世界园艺会内容最为丰富、项目最多的一次，充分发挥了中国优势，展示了世界花卉园艺精品力作。

4. 组织专业会议，推进了世界园艺交流合作

本届世园会期间，举办了2019世界花卉大会、第71届国际园艺生产者年会和国际绿色城市论坛三项花卉园艺专业会议，有69个国家和6个国际组织的300多人参会，会上20多位国内外花卉园艺专家做了主题报告，发表了2019世界花卉大会北京宣言。这在世园会历史上是第一次。

5. 展示花卉园艺新成果，扩大了花卉园艺社会影响力

本届世园会，作为东道国，各省区市和港澳台地区集中展示我国花卉产业发展成就和生态文明建设成果，室内外展览展示的各类展品超过200万株（件），推出的新品种、新产品超过2万件。一大批自主培育的具有知识产权的新品种在北京世园会精彩亮相。举办专项花卉国际竞赛，累计参观人数达380多万人。

（二）展览活动的意义

1. 北京世园会成为传播生态文明理念的重要基地

以游客为中心，建立世园服务模式；为满足不同游客的需求，设置了多个票种，方便

游客游览；首次推出跨夜票政策，共有47万人次享受了跨夜优惠政策；开通了7条市区直通世园会的公交专线，在京礼高速设置了专用通道，加强地铁公交和S2线接驳联动，公共出行比例占40%以上。

2. 北京世园会成为完美展示人与自然和谐相处的生动实践

北京世园会突出生态优先理念，坚持山水林田湖草是一个生命共同体，依托山水林田机理在503公顷土地上营造中华展园、国际展园、企业展园等近百余个"园中园"。同时，保留和新增树木23万棵，荟萃国内外园艺精品8000多种，集中展示了820多种蔬菜、果树、中草药，成为世园会历史上首次全面展示大园艺概念的一次世园会。

3. 北京世园会成为国际文化交流互鉴的重要平台

世园会共举办了3284场涵盖国家日、荣誉日、省区市日、世界民族民间文化、专业竞赛等多形式、多领域的中西交融、精彩纷呈的文化活动。首次将国际竞赛与花卉产业相结合，专项花卉植物竞赛与各省区市展品竞赛齐头并进。国内外参展方以园艺为媒开展了全方位的交流，展示品牌形象，推广优势产品和技术，拓展合作空间。

4. 北京世园会将绿色发展理念向全世界广泛传播

打造了北京世园会园区新闻中心，会期，中央主要报纸和市属报纸刊发专版超过200个，新闻报道总量超过121万篇次，各网站点击量5200多万，世园会相关微博话题阅读6.4亿次，媒体传播量超过20亿次。北京世园会官方微信自2019年1月1日起刊发839篇稿件，阅读量达1490万人次。智慧世园会官方App"EXPO 2019"累计下载安装量超117万次，累计使用次数超过600万次。世园会官方网站累计访问量达1.2亿人次。此外，世园会还制作并在中央电视台播出国内首部大型植物纪录片《影响世界的中国植物》。

 1. 结合以上资料，谈谈你对北京世园会的了解。
2. 结合所学知识和以上资料，分析北京世园会的展会宣传有哪些突出亮点？

【项目训练】

1. 学生以小组为单位，制订一份校园内针对入学新生的展览活动的策划方案。
2. 学生以小组为单位，讨论展会营销可使用的营销手段。
3. 参加某一针对普通观众和专业观众开发的展会，制订方案分别统计专业观众和普通观众，通过在展会中的实际运用找出该方案的不足并加以调整。

【模块小结】

本模块主要讲述了展览活动策划与管理的整体流程，详细分析了展览活动策划、营销、布展组织以及现场管理四个部分的具体事项，强调了策展和招展的实施；并给出了相关案例思考和项目训练，让学生进一步熟悉展览活动策划与管理的实际运用。

学生完成本模块学习后应进行项目实践训练和自我总结，由教师与企业共同完成评价。

模块 三

会议活动策划与管理

P104　项目一
　　　会议活动概述

P111　项目二
　　　会议活动策划流程

P125　项目三
　　　会议活动营销策划

P130　项目四
　　　会议接待

【教学目标】

能力目标	知识目标	素质目标
1. 掌握会议活动的策划流程。 2. 能够进行指定会议的策划。 3. 掌握会议活动策划各环节的操作技能。 4. 掌握会议活动的准确定位及公关宣传。	1. 掌握会议活动的种类及特点。 2. 掌握会议活动方案的撰写。 3. 掌握会议活动策划的注意事项。 4. 熟悉会议活动策划流程及原理。	1. 团队合作精神好、协调性高、具备较高的会议策划意识及运作能力。 2. 具备主动学习的精神、积极参与课堂教学活动,按要求完成教学准备。 3. 具备严谨、勤奋、求实创新的学习精神。 4. 知识面广,有良好的职业能力与道德素质。 5. 爱岗敬业、踏实肯干、具备良好的服务意识与专业素养。

【重点与难点】

本模块内容学习的重点在于掌握会议活动的策划流程操作以及会议接待的具体操作内容,难点在于会议营销策略的实际应用和会议接待工作细节处理。

【项目引入】

2019夏季达沃斯论坛

2019年世界经济论坛新领军者年会(夏季达沃斯论坛)于7月1日在大连举行。世界经济论坛自2007年首次"牵手"中国,迄今为止,夏季达沃斯与大连七次牵手,分别以"变化中的力量平衡""重振增长""关注增长质量,掌控经济格局""创新:势在必行""描绘增长新蓝图""在第四次工业革命中实现包容性增长""领导力4.0:全球化新时代的成功之道"为主题,架起了一座中国与全球精英对话交流的桥梁,也让大连一次次清晰触摸到世界经济变动的脉络。此次论坛对举办地大连有以下影响。

(1)融入全球化,搭建同世界交流平台 夏季达沃斯论坛为大连融入经济全球化、进一步提升对外开放水平创造了难得的机遇。借助这一与世界交流沟通的平台,企业家、政府官员培养了与国际社会对话的能力。2007年9月,首届夏季达沃斯论坛首次在大连举行。第一次结缘,大连更多的是在展示和探索,夏季达沃斯也一样。彼时的大连已发展为一座在经济发展、科技创新、环境保护等方面创立了国际标准的城市,极具环境变化时具备的转换性和创新力。达沃斯的出现,让大连以更加开放的姿态融入世界。墙内开花墙外香。十一年来,达沃斯论坛已成为大连永不落幕的"城市推介会"。大连通过夏季达沃斯正追逐全球经济发展趋势,从技术革新和技术进步上正快步融入世界发展的洪流,其发展格局逐步朝着与世界接轨的方向迈进。

(2)"引凤来巢"拓展外商投资新机遇 根据大连市商务局提供的数据显示,首届夏季达沃斯举办之后,平均每45天就有一家世界500强企业入驻大连。2013年,大连市在参加年会的代表中筛选出1000余名目标客户,成功对接了项目渠道;2015年,大连市共签约13个投资合作项目,投资方涉及美国、日本、意大利、波兰、中国香港等多个国家和地区的达沃斯会员企业；2017年，共计25个项目在达沃斯年会期间签约。而2019年夏季达沃斯论坛期间，大连市还将举办项目签约、高层会见、宣传推介、外企新政沙龙等活动，目前已有13个内外资项目确认签约。其中外资项目8个，投资总额2.6亿美元。

（3）打响品牌，秀出城市靓丽新名片　自2013年起，首届大连达沃斯"市民走进达沃斯"活动与民众见面，随后每两年定期举行，至今共有26名"市民代表"走进夏季达沃斯论坛，"市民走进达沃斯"活动已成为夏季达沃斯论坛的一个亮点，成为大连生活文化的一大品牌，达沃斯这个"高大上"的国际经济论坛已走进寻常百姓家。

 1. 谈谈你认为什么样的会议可以称之为论坛？
2. 思考达沃斯论坛对全球经济有什么影响？

项目一 会议活动概述

会议是人们为了解决某个共同的问题或出于不同的目的聚集在一起进行讨论、交流的活动，它往往伴随着一定规模的人员流动和消费。按照不同的标准，会议活动可以分成不同的类型。

任务1 会议的定义

会议，是指人们怀着各自相同或不同的目的，围绕一个共同的主题，进行信息交流或聚会、商讨的活动。一次会议的利益主体主要有主办者、承办者和与会者（许多时候还有演讲人），其主要内容是与会者之间进行思想或信息的交流。

会议是人们为了解决某个共同的问题或出于不同的目的聚集在一起进行讨论、交流的活动，它往往伴随着一定规模的人员流动和消费。作为会展业的重要组成部分，大型会议特别是国际性会议在提升城市形象、促进市政建设、创造经济效益等方面具有特殊的作用。

会议在现代社会中可以用以下三种方式来理解。

（1）会议是有组织、有领导地商议事情的集会。

（2）会议是一种经常商讨并处理重要事务的常设机构或组织，如中国人民政治协商会议。

（3）会议在网络用语中，指一种软件，能使许多用户参加进去，以半公开书面形式交谈，这种交谈可以是实时的（如在IRC频道中），也可以是非实时的（如在Usenet新闻组中）。

现代会议早已超出了单一的政府会议的格局，正朝着多元化方向发展，很多都是直接带有商业目的并能产生巨大经济效益的，如各种高峰论坛、专家培训会议等。会议的一般操作原理为：会议的主办者制订举办会议的计划并委托给承办者，承办者（可以是专业会议组织者即PCO、公司的会议与奖励旅行部等）将围绕既定的主题进行精心设计，并在市场上联系会议的买家（即目标与会者）、相关人员（如政府官员、演讲嘉宾等）及举办场所，最后自己接待会议，或将业务分包给会务公司。

国际会议是最重要、最有影响力的会议。国际上对国际会议认定的权威组织主要有ICCA和UIA（国际协会联盟）等，由于每个组织所规定的标准有所不同，会造成认定或统计上的偏差，因此，对这些组织标准的明确划分是研究国际会议发展趋势的前提。

【知识拓展】

2018年中国会议产业的发展状况

1. 从会议产业发展规模来看

会议产业从沿海城市、一线城市发展并逐渐蔓延至地市级城市,与中国房地产市场的不断发展、五星级酒店的建造以及一定的市场需求有着密不可分的关系。投资商们都看中了会议市场的巨大利益,从而使得五星级会议型酒店如雨后春笋般涌现出来。

(1)目前我国每年举办会议高达几千万场,参加会议人数上亿之多,会议带来的交通、餐饮、住宿等相关行业产值几千亿元,年均增长幅度在20%左右。

(2)会议平均消费在15.86万元。其中,住宿是三项消费中最高的,平均消费为7.28万元,占总消费额的45%;餐饮消费排在第二,平均消费为5.6万元,占比36.9%;会场消费最低,平均消费仅为2.58万元,占比17.3%。

(3)在中国国内的会议市场规模保守估计超过13000亿元。

2. 从会议产业发展趋势来看

会议产业的形成是因它传递信息最快、最直接,就是在信息化时代,报纸和网络也无法取代会议的这种功能。故西方经济学家把它称之为"信息冲浪""知识会餐""财富平台""城市经济的拉力器"。我们主张以积极、开放的心态看待事物,力图从中国会议产业的变化中,发现新的经济增长点和产业趋势。

(1)中国会议产业未来的走势,宏观上是中国政治经济的大环境和国际环境的"晴雨表"。微观上随着社会主义市场经济的发展及对外开放程度的扩大,频繁的对外经济、贸易和文化交往将推动国际会议市场需求的增加。国家财政支出的工作和商务会议将逐渐减少或纳入政府集中采购范畴,取而代之的是市场化运作的会议。目前有关研究会议产业的机构相继成立,相关的产业理论和市场统计数据有助于政府加大对会议产业发展的引导和培育力度,建立公平的市场竞争环境。

(2)制定规范政策,政府部门通过法律、行政规章和政策等手段对我国会议产业进行宏观规范,有关政府部门共同研究制定会议产业政策,规范市场改善环境,解决会议知识产权保护,无序竞争,损害参会者利益等问题,扶持品牌会议的形成。

(3)成立行业协会,会议产业协会、学会将会陆续成立,以此解决会议产业中的突出矛盾。随着我国政府机构改革和职能转变,政府主要通过制定规则来调控市场,而市场的自律则主要依靠行业协会组织来进行。我国将会借鉴那些会议产业发达国家的行业管理经验,在认真分析研究我国会议经济现状的基础上,成立全国性的市场化的会议行业组织,充分发挥相关中介机构的行业自律作用,加大协调和服务力度,加强产业内部的交流与合作,协调会议活动。

(4)制定合理税收,研究制定有利于中国会议产业发展的税收政策,使与会议相关的服务业能进一步提高,办好会议活动的各项服务。从目前市场化运作的会议情况看,要想继续扩大规模,有可能通过短暂的价格战,那些有竞争实力、有专业水准的会议经营机构通过价格优势实施品牌战略,迅速在会议市场中抢占优势地位,另一方面,市场促使会议经营机构苦练内功,努力提高会议组织、策划、服务的水准和经营管理水平,不断进行会议活动的创新,降低整合会议资源的成本,争创名优品牌,提升会议的国内外市场竞争力

> 和影响力,在复杂的市场环境和激烈的竞争中胜出和壮大。
> 　　总之,我国会议产业的发展,得益于中国社会的稳定和国民经济持续快速增长,也受益于经济全球化对国际会议市场大融合的有力推动,同时,还蕴含着中国社会法律环境的规范、科学技术的进步、会议产业理论和市场研究的推动以及经营者和参会者的成长等众多条件的契合。可以说,中国会议产业的成长已经成为独立的产业,具有广阔的发展空间和增长潜力。

任务2 会议的分类

会议按照不同的标准,可以分成不同的类型。

一、按照会议的性质划分

按照会议的性质,可分为正式会议和非正式会议。
委员会会议、董事会会议以及需要作出决策的工作会议,都属于正式会议。
为解决特定问题而临时召开的会议,或正式会议前的协商会议,则属于非正式会议。

二、按照会议的规模划分

按照会议的规模,可分为小型、中型、大型和特大型会议。
小型会议:出席的人数少则几人,多则几十人,但是一般不超过100人,如我们平时所参加的大多数工作会议,可更充分地交换意见,深入研究问题,气氛也相对更民主。
中型会议:出席人数在100～1000人,用于界定小型会议与大型会议中间的过渡规模状态。
大型会议:出席人数在1000～10000人,比如动员会、庆祝会、誓师会乃至一些报告会等。
特大型会议:出席人数在10000人以上,比如重大节日庆典、大型表彰、庆祝大会等。

三、按照与会者的国籍划分

按照与会者是否单一国籍,可分为国内会议和国际会议两类。
顾名思义,国内会议是指与会者都来自国内;而国际会议则指与会者来自不同的国家。随着全球各国交流越来越紧密,"国际会议"的概念越来越普及。

四、按照会议活动特征的不同划分

按照会议活动特征的不同,可以分为商务型会议、政治性会议、展销会议、文化交流会议、培训会议、度假型会议以及专业学术会议。

商务型会议,是指公司、企业因业务、管理、发展等需要而展开的会议。与会者素质较高,一般为企业管理层或专业技术人员。商务会议对设施、环境和服务要求也较高。

政治性会议,是国际政治组织、国家和地方政府围绕某一政治议题而召开的会议。一般采取大会和分组讨论等形式。

展销会议,是指参加商品交易会、展览会的展商或与会者除参加展览外,在饭店、会议中心等场所举办的一些招待会、报告会、谈判会、签字仪式、娱乐活动等。

文化交流会议,是指各种民间和政府组织的跨区域的文化学习交流活动,常以考察、交流等形式出现。

培训会议,是用一个会期对某类专业人员进行的有关业务知识方面的技能训练或新观念、新知识方面的理论培训,培训会议可采用讲座、讨论、演示等形式进行。

度假型会议,是指利用节假日、周末等时间组织相关人员边度假休闲,边参加会议。这样既能促进相互了解,增强集体凝聚力,又能解决所面临的问题。度假型会议一般选择在风景、名胜地区的饭店或度假区举行,并安排足够的时间让员工休闲娱乐。

专业学术会议,是某一领域的专家学者参加的会议,如专题研究会、学术报告会、专家评审会等。

五、按照会议的性质和内容不同划分

按照会议的性质和内容不同,会议又可以划分为以下几种类型。

年会,是就某一特定议题展开讨论的聚会,议题涉及经贸、科学、教育、技术等领域。年会通常包括一次全体会议和几个小组会议;既可以单独召开,又可以附带展示会。

专门会议,该术语多在科技界或贸易界使用,其议题通常涉及具体问题并就其展开讨论,可以召开分会,也可以只开大会。

代表会议,顾名思义,是指由代表某一利益群体的与会者参加的会议。代表会议的规模和与会者数量常参差不齐。

讲座,是更正式和组织相对更严密的活动,通常由一位或几位专家进行个别讲演,有时可安排观众在讲座后提问,讲座的规模可大可小。

论坛,一般由小组组长或演讲者来主持,过程是要反复深入的讨论。它可以有许多的听众参与,并可由专门小组成员与听众围绕问题发表意见和看法,两个或更多的讲演者就各自不同的观点,向听众发表讲演,反复讨论,主持人最后做出结论。

座谈会,通常有一位主持,由一小群专家作为小组成员,针对专门课题提出观点并展开讨论。

研讨会,是指一群具有不同技术,但有共同特定兴趣的专家,在一位主持人的协调下,充分参与讨论、平等交换意见、分享知识经验的活动过程,一般在相对范围内进行,适用于相对小型的团体。

奖励会议,是企业为了奖励工作出色的员工、分销商或客户而举行的会议,是企业一种重要的激励手段。

六、按照会议举办主体性质不同划分

按照举办主体性质不同，可将会议分为公司类会议、社会团体类会议及其他组织会议三大类。

公司类会议，规模大小不一，是公司为自己的员工和其他与组织相关的人举行的会议，如股东、客户、代理、分销商等。公司类会议的主题通常是管理、协调和技术等，包括：销售会议、经销商会议、技术会议、管理者会议、董事会会议、股东会议等。

社会团体类会议，是围绕会员以及组织的目标和任务而展开的，因人数和性质的不同而互不相同，社团大致可以细分为：行业协会、专业或科学协会、教育协会以及技术协会等。其中，由于协会的成员多为业内成功管理人员，所以行业协会是会展业最值得争取的市场。

其他组织会议，多数指非营利机构组织的会议，政府机构会议便是典型代表。我国省市县级的中小规模的政府机构会议数量十分庞大，是一个非常可观的会议市场。而在西方国家，工会会议也是重要的会议市场。

七、新型会议类型

玻璃鱼缸式会议，通常由一位主持组织，6~8名与会者围成一圈，圈子中间留有一个空座。其他与会者只能旁听，不能发言，只有坐在圈子里的人可以发言。观众若想发言，须走进圈子，坐到空座上，发言完毕再回到原座位。这种会议由于过程中大部分观众只能在外围观看圈中人演讲，就像在观看鱼缸的鱼一样，因而得名。

辩论会，是指两个人或两个团体就某一问题展开辩论，一方为正方，一方为反方，向观众展示不同的观点和看法。

角色扮演，这一会议形式不太常用。不过，针对一些特定的讨论话题，角色扮演有时能诠释得更好，模拟法庭就是其中的典型代表。

网络会议，与同城乃至全世界的人共享文档、演示及协作。尤其适用于企业培训、应急指挥等。

【案例分析1】

深圳市某某科技有限责任公司2017年年终总结大会策划案

辞旧迎新之际，为展现公司日新月异、蓬勃发展的良好风貌，增进友谊、增强凝聚力，公司计划举办2017年度总结暨2018年迎新年会，以此来答谢各位员工一年来辛勤的工作与付出。

一、年会主题（背景墙内容）

2017年度总结暨2018年迎新年会：不忘初心，筑梦新时代，致力智造，齐心展未来。

二、年会时间及参会人员

第一场：2018/1/19（周五）18:00~20:30，总经办、营销处、工程开发处、企划处、品保处、财务部、资源采购部、人事行政部、××公司（人数239人左右）。

第二场：2018/1/20（周六）18:00~20:30，制一、制二、制三、公司高管（人数329

人左右）。

年会策划及准备期（2018年1月5日至1月12日）：本阶段主要完成年会方案策划、通知发布。

年会协调及进展期（2018年1月8日至1月18日）：本阶段主要完成主持人、礼仪人员确定，酒店确定，酒店现场勘察，背景墙内容制作，音响确定，桌位图绘制，桌席安排，摄像确定，物品采购，奖品采购，奖券制作，车辆安排，菜式预订。

三、年会地点

新旺记酒店（龙岗街道龙东社区爱南路63号，离公司4千米左右）。

四、人员安排

1. 总负责：杨××

主要工作：总体协调，人员调配。

2. 策划和现场协调：张××、周××

主要工作：年会策划、流程安排、现场协调、现场资讯采集、突发事件处理。

3. 后勤：霍××、周××、王××、郑×

主要工作：酒店预订，物资采购，奖券制作、分发及收集，车辆安排，人员接待，菜式预订。

4. 礼仪2人：谭××（BSC人事行政部）、韦××（CPT）

主要工作：配合抽奖嘉宾拿取抽奖箱、中奖人员记录。

5. 摄像：孔×、严×

主要工作：晚会现场摄像。

6. 会场布置：周××、王××、郑×、余××、严×、孔×、刘××

主要工作：背景墙导入及调试，桌次编号，引导入席，酒水、干果、零食分配。

7. 活动主持：曹××（BSC人事行政部）、柴××（CPT）

主要工作：根据活动流程进行活动主持。

五、年会流程

（1）下午5点左右接送车辆到位，停放在厂区内，部门组织人员登车，清点人数，确定无遗漏后出发至酒店。

（2）全体参会人员到达年会指定地点，引导人员指引年会具体地点，参会人员按指定座位就位，各部门清点本部门到场人数，等待年会开始。

（3）主持上台：尊敬的各位领导，各位同事，大家晚上好，很荣幸能够站在这里和同仁分享成功的喜悦，畅想未来的辉煌，在过去的一年里，公司的每一天都在变化，都在前进。公司的发展离不开领导层的英明决策和领导，也是大家齐心协力换来的丰硕的成果。新的一年开始，我们要更加齐心协力，携手共进，再创辉煌。现在我们有请徐总上台发言。

（4）总经理讲话完毕，携公司副总及以上高管向全体员工敬酒。

（5）晚宴进行到15分钟后，主持人宣布开始摸奖（六等奖）。

（6）晚宴进行到30分钟后，主持人宣布开始摸奖（五等奖）。

（7）晚宴进行到45分钟后，主持人宣布开始摸奖（四等奖）。

（8）晚宴进行到60分钟后，主持人宣布开始摸奖（三等奖）。

（9）晚宴进行到75分钟后，主持人宣布开始摸奖（二等奖）。

(10) 晚宴进行到90分钟后，主持人宣布开始摸奖（一等奖）。

(11) 晚宴进行到105分钟后，主持人宣布开始摸奖（特等奖）。

(12) 主持人宣布晚宴结束，团聚的日子特别让人感动，快乐的时光总是那么短暂，那么难忘，那么就让我们用歌声表达我们此刻的心情（全体员工合唱《难忘今宵》）。

(13) 各部门主管及行政工作人员引导返回公司人员登车。

 1. 结合以上资料，思考企业年会一般包含哪些重要环节？
2. 结合所学知识，思考企业举办企业年会的目的和意义。

【知识拓展】

见面基本礼仪

（1）握手　通常年长（尊）者先伸手后，另一方及时呼应。来访时、主人先伸手以表示欢迎。告辞时，待客人先伸手后，主人再相握。握手的力度以不握疼对方的手为限度。初次见面时，时间一般控制在3秒钟内。

（2）介绍　介绍时应把身份、地位较为低的一方介绍给相对而言身份、地位较为尊贵的一方。介绍时陈述的时间宜短不宜长，内容宜简不宜繁。同时避免给任何一方厚此薄彼的感觉。

（3）名片礼　初次相识，往往要互呈名片。呈名片可在交流前或交流结束、临别之际，可视具体情况而定。递接名片时最好用双手，名片的正面应朝着对方；接过对方的名片后应致谢。一般不要伸手向别人讨名片，必须讨名片时应以请求的口气，如"您方便的话，请给我一张名片，以便日后联系"。

项目二 会议活动策划流程

会议策划不是简单的PPT的堆砌,而必须是根据会议的目的借助一定的科学方法和艺术,为决策、计划而构思会议策划设计和制作策划方案,从而达到最终的会议效果,好的会议策划,一定是对具体的执行方案有深入的思考,具有可行性;一定是在某些方面有突破、有新意、有创意才行。

任务1 会议申办

获得会议的举办权或主办方的会议运作委托是会议策划管理的第一步。申办会议主要有两种渠道,一个是竞标,另一个是公关营销。通常超大型的,尤其是国际性的会议,多数需要竞标。一般的会议或企业集团内部的会议则可通过公关营销获得。

超大型的会议一般是以国家或地区政府的身份先获得举办权,再通过竞标或委托的方式交给会议公司运作。

一、竞标

竞标主要分成两个部分:拟定竞标企划书和接受审核评比。

拟定竞标企划书,就是要把申办证据书面化,宏观展示其作为举办方的优势,主要包括:政府等机构的支持信函、专业会议筹办机构的推荐信函、当地会议软硬件设施及举办同类会议的成功案例、当地吃住行游购娱的资源等。

接受审核评比,通常是要接待评审人员的实地考察,目的是要让他们亲身体验当地举办该会议的优势,可通过安排简报展示、官方会面、观光游览、赠送纪念品等方式来实现。再经过评审人员的讨论或投票表决,即可确定最终的举办方。

二、公关营销

公关营销主要围绕媒体广告宣传和客户关系管理两方面展开。

媒体广告宣传属于传统的宣传方式,通常就是印发宣传资料、刊登平面或立体广告、直邮或电子邮件等。对于申办会议来说,这种宣传方式的针对性不是特别强。

而在过往实践中，不少中小型会议的举办权是通过深挖老客户的需求或通过老客户的介绍结识新客户而获得的。这当中，客户关系管理就起到了相当重要的作用，随着互联网和电子商务的发展，会议公司纷纷建立起客户关系管理系统CRM（Customer Relationship Management）。CRM是客户信息数据库，记载有客户的基本资料及其办会相关资料，如办会的要求、偏好、频率、规模、投入支出、与会者、合作方等。CRM对数据进行统计归类后，还能根据客户办会记录进行预测，会议公司可按此提前为客户量身打造会议策划方案，增加合作成功的可能性。

【案例分析2】

中国化学会国内学术会议管理条例

学术会议是学会的主要任务之一，其目标在于开展学术交流，活跃学术思想，促进化学的进步与发展，同时有利于培养和发现化学人才。为了进一步提高我会的学术会议质量，规范会议管理，特制订以下条例。

一、学术会议的申报

凡属中国化学会主办的下列学术会议须提请申报：

（1）由学科/专业委员会组织的系列性学术会议，或与其他学会联合举办的学术会议；

（2）由理事或学科/专业委员会提出，自行或委托学术单位、企业承办的学术会议；

（3）由团体会员单位或有关科研单位、院校提出承办的学术会议；

（4）地方横向联系召开的地方性、区域性学术会议（如华北、华南区化学会议）。

上述第（1）（2）项所承办的会议，须经学科或专业委员会审定同意后，由委员会主任签署意见，并加盖本委员会公章（尚未刻制的除外），于每年9月30日前将次年计划举办的学术会议，填写"国内学术会议申报表"集中报送中国化学会秘书处。

上述第（3）项，须直接向中国化学会提出申请并填写"国内学术会议申请表"；第（4）项，需由牵头承办的地方学会提交"国内学术会议申请表"加盖公章后，于9月30日以前报送中国化学会。

在学术会议申报的规定时间内由中国化学会办公室汇总并提交本会秘书长工作会议讨论通过，经常务理事会审定、报中国科协备案后，列入本会次年主办的学术会议计划（若会议安排在上半年，请提前三个月申请）。

凡由本会主办的学术会议，须统一采用"中国化学会××××会议"名称，由本会向承办单位发出学术会议委托函。凡未列入计划以及未申报的学术会议，不得以本会名义举办。因各种原因，延期举办的会议，请说明理由，并重新填表申报。

国内学术会议主要包括：

（1）学科、专业的学术会议；

（2）学术发展前瞻性的研讨会和论坛；

（3）其他全国性的学术活动。包括搭建产、学、研交流平台所组织的各类学术会议。

二、学术会议的筹备

（1）会议需要设立组委会，并组成会议筹备组。

（2）会议筹备组负责组织与实施大会组委会决定的各项决策与方案，落实会议筹备工作。包括：草拟与寄送会议征文通知（在刊物上刊登或发送有关单位及个人）；对应征论文组织专家进行评选，寄发录取论文通知并收集论文稿件；会议经费的预算与筹划；论文集的汇编和印刷；以及确定会议的具体时间、地点与日程等。

（3）会议筹备组须随时将会议的进展情况包括会议的各轮通知（电子版），通过电子邮件向化学会秘书处通报，分别供网页和刊物宣传。

（4）国内学术会议有外籍学者参加时，须在会议申办同时报送外宾来访项目专文，如情况特殊至少应在六个月前申报，过期不再补办。请同时填写接待来华项目的申请表，该表可以在以下网页中下载，网址：http://www.cast.org.cn/n435777/n435792/n435855/n435955/。

（5）对于"国内会议暨国际会议"（如：第四届全国化学生物学学术会议暨国际化学与生物/医学交叉研讨会），必须按国内和国际会议的申报要求分别申报。

（6）如发现会议不具备召开条件，会议筹备负责人应及时向学会书面报告，说明延迟或取消的原因，并尽早发出推迟召开或停开会议的通知。无特殊情况一般不宜取消。

思考 1. 结合以上资料，思考学术会议与其他会议有什么异同？
2. 结合所学知识和以上内容，简单说说学术会议的申办大致有哪些步骤？

任务2 会议策划

一、会议策划基本要素

会议策划概括起来就是要明确会议的5W1H，即Why（为什么），Who（谁），What（什么），When（什么时间），Where（什么地点）和How（怎么样）。

1. Why（为什么）：会议目标

会议策划要解决的首要问题是要明确会议目标，然后才能围绕目标展开一系列的部署与安排，以达到预期效果。

2. Who（谁）：与会者

确定会议目标后，就要定义与会者，目标与会者必须和会议目标保持一致。与会者的设定包括会议的规模、预期参加会议的人数等，还需考虑陪同人员、特殊贵宾、媒体代表、海外代表等因素。

3. What（什么）：会议类型

按照项目一中提到的，按不同标准，可以分成不同会议的类型和特点。

4. When（什么时间）：会议时间

包括会议召开日期、持续时间、日程安排等。通常要考虑的因素有：会议筹备所需时间，与会者的日常工作时间与其所在行业的特点，拟邀嘉宾的工作时间，会议前后相关活动对参会人数的影响，是否在节假日，甚至与会者的宗教或文化倾向等。

5. Where（什么地点）：会议地点

会议活动选址需要进行大量考察，要考虑的包括：交通、食宿、旅游资源、会议场馆以及办会经验，选址能否突出会议主题，以及能否营造良好的会议气氛等。表3-1从各个维度列举出选址所要考虑的因素。

表3-1 选址列表

类别	考虑因素
地点	会议地点离与会者所在地多远？ 会议地点与会议前后的旅行有何关系？ 会议期间，会议地点的气候将怎样？ 会议地点的各酒店和会场之间的距离怎样？
历史	你以前是否在这个地点举办过会议？ 主办者以前是否在这个地点举办过会议？ 你是否知道其他人以前在这个地点举办过会议？ 该会议地点是不是连锁机构中的一个？
服务设施	会议地点是否有汽车租赁服务？ 会议地点可以提供哪些娱乐活动？ 会议地点是否与附近的娱乐场所有联系？ 会议地点使用娱乐设施是否收费？ 会议地点是否有商店？
住宿	某个特定会议能够使用的房间总数是多少？ 会议地点是否有为贵宾准备的房间？ 是否所有的卧室都有媒体设备？ 是否定期向每个客房发放报纸？ 房间管理水平是否能够接受？ 房间的条件如何？是否有客房服务？ 是否有些卧室禁止吸烟？ 这些客户最早可以何时入住？ 何时退房？会议地点是否可以快速退房？
会议地点的工作人员	会议地点的工作人员是否需要特殊指导？ 侍者是否着装得体，侍应殷勤？ 前台服务人员是否礼貌周到、服务高效？ 看门人员是否能够帮助来宾？ 会议地点的工作人员是否成立了工会，若有，当前的工会条例是什么？
公共区域及设施	是否有足够多的电梯供与会者使用？ 会议地点是否设有欢迎与会者的标志？ 会议地点是否为行为障碍者提供了方便？ 走廊和公共区域是否干净整洁？ 是否有足够多的公开卫生间，这些地方是否干净而且设施齐备？ 是否有专门的衣帽存放处，而且有专人管理？

续表

类别	考虑因素
费用	会议地点的收费情况怎样？ 会议地点是否提供免费的使用房间？ 会议地点的收费是否有淡季折扣？ 工作日和周末的收费标准是否有所不同？ 是否需要交纳押金？ 会议地点对迟到的客人有何处置方法？ 会议地点接受哪些货币？ 是否可以使用信用卡消费？ 会议地点是否提供预订服务？ 会议地点对取消预订有什么规定？ 该会议地点是否已经预订过多？ 会议地点是否要求保险？ 谁将对财产损失负责？ 会议地点是否对某些设施进行特别收费，尤其是在会议的前一天和后一天？ 会议地点对附加收费有哪些规定？ 哪些费用可以延期支付？ 会议地点是否能够保证客房价格？ 会议地点可能还有哪些附加收费？
景点	当地的景点是否在会议地点附近？ 与会者是否会对这些景点感兴趣？ 会议地点的管理部门是否与附近的景点有互惠合作？
安全	会议地点的工作人员是否具有安全意识？ 是否每个房间都设置了烟雾警报器／喷淋装置？ 会议地点是否设置了可用的火灾警报系统？ 酒店是否公开了撤退程序？ 是否每一个门的出口都做了明显的标记？ 是否使用房间钥匙？ 会议地点是否在合适的地方配备了保险箱？ 会议地点是否有常驻医生？ 会议地点是否有一支保安队伍？ 会议地点距离最近的急救中心有多远？ 会议地点的工作人员是否接受过心肺复苏（CPR）的训练？
其他	会议地点是否提供到目的地参观的来往交通？ 会议地点是否正在建设或改造？ 会议地点是否有内部通信工具？ 会议地点还预定了哪些其他活动？

6. How（怎么样）：具体会议策划

具体会议策划应能体现出会议目标及与会者的特点，并应根据会议召开的形式、内容、期限等安排会议的设施、组织服务与工作，特别要注意细节问题的处理。

【知识拓展】

2018ICCA国际会议数据分析报告——会议场地分析

在会议地点的选择方面，也是可以体现出会议的消费能力。从数据分析来看，26.1%的国际会议是在会议酒店举行，20.3%的国际会议是在大学院校举行，9.8%的会议是在专业的会议会展中心举行，而只有0.7%的国际会议是在特色场所举行。

（1）北京：北京举办的国际会议行业类别主要以卫生和社会工作类会议、科学研究和技术服务业类会议、信息传输软件和信息技术服务业类会议为主，分别举办了17场、11场和6场；从会期来看，在北京举办的国际会议多集中在3天、4天、5天，分别有30场、25场和17场，总共占据了北京国际会议总数的77.4%；在月份分布方面，2018年在北京举办的国际会议更愿意选择在9月、10月、5月、8月，分别举办了19场、15场、12场和12场，而在1月、4月分别只举办了1场；在时间分布上也显示出国际会议选择北京作为会议目的地的特点，比如选择在北京较为凉爽的月份举行会议；而从举办的场地方面来看，有将近32.3%的会议选择在会议会展中心举行，有25.8%的会议在大学院校举行，有19.4%的会议在会议酒店举行，根据目前统计的数据来看，并没有在特色场所举办的国际会议。

（2）上海：2018年，上海接待的国际会议主要以卫生和社会工作类会议、医药制造业类会议、化学制品制造业类会议、文化体育和娱乐业类会议为主，这四类会议分别举办了8场、6场、6场和5场，这四类会议的数量占到了总数的30.5%；而举办会议的会期以3天、4天和5天为主，分别为28场、18场和16场，占到了总数的75.6%；在举办时间方面，由多到少排列为10月、6月、11月、7月，分别占到了14场、13场、10场和8场，表明在2018年上海的10月、6月、11月更受欢迎，而且从总体来看，除去1月、12月之外，其他月份举办的国际会议数量均超过5个，可见上海全年举办国际会议的数量还是相对来说比较平均；而在场馆分布方面，会议酒店和大学院校仍然是国际会议的首选，分别占到了28.0%和26.8%，会议会展中心举办国际会议的数量只占到了8.5%。

（3）杭州：杭州2018年举办的国际会议行业主要集中在科学研究和技术服务业类会议、信息传输软件和信息技术服务业类会议、卫生和社会工作类会议、文化体育和娱乐业类会议、公共管理社会保障和社会组织类会议，分别举办了6场、3场、3场、3场、3场，这五类会议占到总数的64.3%；会期方面，在杭州举办的国际会议主要以4天和3天的会议为主，分别举办了10场和8场，占到总数的64.3%，值得注意的是在杭州没有超过6天以上的国际会议，也没有低于2天的国际会议；选择在杭州举办国际会议的月份主要集中在10月、11月和5月，分别举办了6场、5场和4场，和国内的会议旺季较为相似，也可能在场馆应用和会议酒店应用方面会有比较紧张的局面，其他月份举办的国际会议都低于3场；2018年在杭州举办国际会议的场地选择集中在会议酒店和大学院校，未看到有在会议会展中心举办的数据，这与统计数据的原素材相关，也体现出未来杭州在会议会展中心举行国际会议的市场机遇仍有待于开发。

（4）西安：2018年，西安举办的国际会议行业分类方面，主要集中在科学研究和技术服务业类会议，举办了9场，其他行业举办的国际会议数量均不超过2场，这也与西安科学研究发展的趋势相似；会期方面，会议时间超过3天的会议共有24场，占到总数的88.9%，这充分反映出在西安举办的国际会议时间较为适中，多集中在5天、4天和3天；在月份分布上，10月、9月、5月、6月为举办会议场次最多的四个月，分别举办了8场、5场、4场和4场，集中在春末夏初、初秋的时节；举办国际会议的场地选择还是以会议酒店和大学院校为主，其他场地信息统计不明。

（5）南京：南京举办国际会议的行业分类比较平均，农、林、牧、渔业类会议，信息传输、软件和信息技术服务业类会议，学术研究和技术服务业类会议，水利、环境和公共设施管理业类会议均举办了3场，占到总数的60%；而在2018年举办的国际会议中，会期集中在4天和5天，分别举办了7场、6场，占总数的65%；在月份分布方面，8月是最受欢迎的月份，举办了5场会议，而5月、6月和10月都举办了3场会议；在场馆选择方面，会议酒店和大学院校仍然是首选，分别举办了7场和2场，还有1场会议选择在特色场所举行。

总体来看，2018年在中国举办的国际社团会议呈现不同程度的增长和减少，不同的目的地拥有不同的淡旺季节，同时会议持续时间也呈现出较为相同的原则，多集中在3~5天，而上海和北京还出现了超过5天的会议，以及会期为1天的会议，这也值得目的地管理机构注意；在月份分布方面，可以看出几乎每个城市举办国际会议最多的月份都不太相同，甚至一些城市将近有5个月没有国际会议的举行，这也显示出不同目的地的不同特色。希望通过分析，可以为不同目的地在未来推广营销、产业发展方面提供更好的参考，为城市发展梳理更好的数据依据。

【知识拓展】

2019高交会"一带一路"创新合作论坛（深圳）

一年一度的高交会"一带一路"创新合作论坛旨在促进"一带一路"合作项目信息交流、推进项目务实合作、为国际合作项目提供政策咨询，及一站式落地解决方案为国际工商界精英搭建深层次合作对话平台。本届论坛重点围绕"共建活力湾区，携手开放创新"的主题，促进"一带一路"湾区经济创新发展。论坛会议形式包括主题发言、项目推介、签约仪式，以及产品展览区。

会议的主要议题：

1. 我们将在当前全球经济发展和"一带一路"倡议的背景下审视国际高新技术领域合作的前景和探讨湾区经济发展的方向

湾区经济作为重要的滨海经济形态，是当今国际经济版图的突出亮点。开放的经济结构、高效的资源配置能力、强大的集聚外溢功能和发达的国际交往网络，使湾区经济成为带动全球经济发展增长和引领技术变革的领头羊。我们应该如何紧抓区域协同发展这个新机遇？

2. 银行业、证券市场、保险业——宏观经济环境

金融、银行和保险业的纷争，电子商务的快速发展既为全球提出了挑战，同时也提供

了机遇。地缘政治和全球经济局势，尤其是世贸组织改革、贸易战略对贸易、投资、资本和金融市场具有巨大的影响。我们身处何处？我们何去何从？中国作为生产型、创新型、出口型国家，前景在哪里？

3. "一带一路"倡议——物流和基础设施

"一带一路"倡议是一项倡议各国共同努力推动建立现代全球化基础设施的战略。这项战略对沿线国家的投资、互联、物流、顺畅沟通以及在第三方国家的共同合作项目，都提出了哪些要求？

4. 未来生产-自动化-机器人

高科技和数字化正在彻底改变制造业，因此德国和中国都制定了本国的工业现代化发展战略："工业4.0"和"中国制造2025"。两个战略在哪些地方能产生协同作用？存在哪些合作可能性？民营经济和公有经济体现在哪些方面，例如在第三国的资源、能源效率、可持续经济等领域哪些方面是相互竞争关系，哪些方面是互补关系？

5. 现代化城市和移动性

未来城市是数字化且密集网络化的，同时，未来城市应该是绿色环保的，且能够可持续发展的。汽车和新的移动理念在这方面都发挥了哪些作用？在大数据和人工智能等现代科技的帮助下，"一带一路"沿线国家如何共同努力使城市环境更宜居？

6. 职业教育，健康医疗，农业等项目介绍

会议为各国经济、企业和政府间合作项目提供展示的机会，例如医疗健康养老、农业、职业教育领域项目。

会议日程

时间	内容
09:30	高层会面交流时段
10:00	开幕环节
10:05	欢迎致词：深圳市领导致欢迎词
10:10	深圳市南山区领导致词
10:15	主题发言：现代城市与交通——布鲁塞尔，欧洲中心的智能交通 （比利时布鲁塞尔首都大区政府城市主义和遗产，欧洲和国际关系，对外贸易和消防及紧急医疗救助国务秘书）
10:20	主旨演讲："一带一路"对接粤港澳大湾区：机遇与挑战 （刘倩 北京师范大学一带一路研究院副院长，经济学副教授）
11:00	签约仪式"香港中小企业促进会和华亚中心""香港大学，粤港澳产业联盟"
11:15	主题发言：一带一路的创新合作机会：以西班牙为例 （西班牙驻广州总领事馆首席经济与商务领事） 主题发言：一个新的水时代：通过"一带一路"协作彻底改变饮用水的获取 （海能达通信股份有限公司代表发言） （亚洲地平线集团首席执行官发言）

续表

时间	内容
12：00	论坛结束

二、会议策划的主要内容

会议策划多种多样，但通常都是围绕会议策划的基本要素展开，涉及以下主要内容。

确定会议目标、确定会议议题、定义与会人群、确定会议规模、进行会议选址、确定会议时间、安排会议日程、设计会议发言、策划相关活动。

会议策划的内容需要进一步书面化，常见的工具主要有：会议策划指南、会议策划方案以及会议日程安排等，其中，会议日程安排是会议策划中的重头戏，因为整个会议将根据会议日程而展开。下面将从这三个方面，分别用案例进行展示。

（一）会议策划指南

某酒店的会议策划指南（含会议期间的展览策划）

1. 出席人数

会议预计出席总人数。

2. 日期

团队到会日期；团队离会日期；最后订客数目确定期限。

3. 住宿

免费设施与套房。

4. 会议接待

会议接待室价格；酒吧、小吃部的开放时间及日期。

5. 宾客

邀请贵宾并收到回函；随邀请函赠送入场券；安排发言者及贵宾的交通往返；提醒每位发言人做好发言准备；安排迎接贵宾入场。

6. 设备设施

贵宾席上的专用便笺；酒店提供的设备名单和使用价格；登记处、会议接待室、接待处的标志；照明设备；黑板、白板、法兰绒板；图表架及板架；扩音设备：麦克风数量；幻灯设备、灯光控制及操作人员；特殊花卉与植物；打印服务；停车及修车设施；通信设备；摄影师、速记员等；实况转播及操作费用。

7. 会议服务

（1）会议前检查　提供会议平面示意图；每次会议的正确日期和时间；每一会议的会议室及租金数额；会务筹委会总部；每次会议的座位总数、座次安排以及演讲桌；错开会议的时间安排，以保证交通包括电梯服务的通畅；演讲台的大小；每次会议所需的设备设施；其他特殊要求。

（2）会议前核对　会议室已开放并配备了工作人员；座位已按要求摆放；会场座位充足；制冷、加热设备正常运转；扩音设备正常运转；录音设备正常运转；麦克风输入、类型齐备；演讲台就绪，照明设备良好；讲台上用水、水瓶、水杯；参会者用水、水瓶、水杯；入口处警卫执勤；烟灰缸、衣架、火柴、投影仪、屏幕、支架就绪，放映员待命；演讲提示机正常运转；铅笔、笔记本、纸张；图表支架、板架、黑板及相关设施；标记、横幅、特殊花卉及植物齐备；指向标记齐备；速记员、摄影师到会。会议结束后移走主办单位设施；检查是否有被遗忘的财物并妥善处理。

8. 展览信息

展览的平面示意图；展览开放时间；开展日期；闭展日期；展览地点；参展商名称；日租金；指向标记；劳务收费；电工及木工服务；电力、能源、蒸汽；供水、排污一条龙服务；托运货箱的存放；保安措施。

9. 报到

报到时间；登记表的内容和份数；登记桌的数量和大小；坐椅、烟灰缸等；工作人员——饭店或会务机构人员；便笺、钢笔、铅笔及其他文具；文件柜、收银柜、保险柜等设备。

10. 音乐准备

招待会、宴会或特别活动：播放录音或现场演奏；表演者和乐团的预演。

11. 新闻宣传

新闻中心、打字机、通信设备；建立宣传委员会；准备有新闻价值的出版物；为主办机构安排摄影，并为公共宣传做准备；预先印制发言稿。

(二) 会议策划方案

某专业协会主办的会议

该五日会议的策划方案是专业协会主办会议的典型代表。该会为协会一年一度举办的年会，会议选在一个附近有酒店的会议中心举行，预计的与会者人数多达2000人，其中大多数都已事先注册过。表3-2是与会者日程安排的策划方案。

表3-2　五日会议的策划方案

事件序号	周日	事件序号	周一	事件序号	周二	事件序号	周三	事件序号	周四
		6	全体大会	13	全体大会	20	特殊兴趣小组活动：实地旅游	26	并行会议
		7	休息	14	休息			27	休息
1	登记注册（上午10:00至下午5:30）	8	并行会议：分散会议	15	并行会议			28	全体大会闭幕式
		9	自由活动	16	展览开幕式和午餐	21	展览和午餐		
2	协会会议	10	并行会议	17	并行会议	22	并行会议		
3	会议介绍			18	展览	23	展览		
4	开幕式：全体大会	11	特殊兴趣小组活动：电影节	19	电影节：发布会	24	自由活动时间		
5	地方会议	12	聊天会			25	宴会和表彰晚会		

（三）会议日程安排

会议议程是为使会议顺利召开所做的内容和程序工作，是会议需要遵循的程序。它包括两层含义，一是指会议的议事程序，二是指列入会议的各项议题，如表3-3所示。

表3-3　2019浙江乌镇第六届世界互联网大会会议日程时间表

日期	时间		会议或活动内容	地点
10月18日	09:30~10:00		"互联网之光"博览会开幕式	"互联网之光"博览中心
10月19日	全天		嘉宾注册报到	
10月20日		上午	第六届世界互联网大会开幕式及全体会议	乌镇互联网国际会展中心乌镇厅
10月20日	下午分论坛	13:30~16:30	乌镇论道：乌镇论道——"互联之美"	西栅景区枕水酒店宫音厅
10月20日	下午分论坛	13:30~16:30	中外部长高峰论坛：智慧社会与可持续发展	西栅景区枕水酒店华美宫
10月20日	下午分论坛	13:30~16:30	企业家高峰论坛：推动数字经济创新，共享全球发展机遇	西栅景区枕水酒店龙凤厅
10月20日	下午分论坛	13:30~16:30	金融科技论坛：金融科技——深度融合·多向赋能	乌镇互联网国际会展中心枕水厅
10月20日	下午分论坛	13:30~16:30	资本市场助力数字经济创新发展论坛：科技创新·资本引领	乌镇互联网国际会展中心安渡厅
10月20日	下午分论坛	13:30~16:30	网络空间数据法律保护论坛：安全与发展——数据治理的法治化	乌镇互联网国际会展中心景行厅
10月20日	下午分论坛	13:30~16:30	网上未成年人保护与生态治理论坛：网上未成年人保护与生态治理	乌镇互联网国际会展中心通安厅
10月20日	下午分论坛	14:00~16:30	海峡两岸暨香港、澳门互联网发展论坛：传承·共享·繁荣	乌镇互联网国际会展中心雨读厅
10月20日		17:00~18:45	世界互联网领先科技成果发布	乌镇互联网国际会展中心乌镇厅
10月20日		19:00	"乌镇之夜"欢迎晚宴（凭请柬）	云舟宾客中心乌镇厅
10月21日	上午分论坛	09:00~12:00	工业互联网论坛：工业互联网的创新与突破——产业数字化引领制造业高质量发展	乌镇互联网国际会展中心乌镇厅
10月21日	上午分论坛	09:00~12:00	产业数字化论坛：产业数字化——新动能开拓融合发展新空间	西栅景区枕水酒店华美宫
10月21日	上午分论坛	09:00~12:00	"一带一路"互联网国际合作论坛：开放合作，共建共享	乌镇互联网国际会展中心安渡厅
10月21日	上午分论坛	09:00~12:00	网络安全技术发展和国际合作论坛：携手前行	乌镇互联网国际会展中心通安厅
10月21日	上午分论坛	09:00~12:00	"网络文化与青年"论坛：网络文化交流创新——互联网时代青年的使命与责任	乌镇互联网国际会展中心枕水厅

续表

日期	时间		会议或活动内容	地点
10月21日	上午分论坛	08:30~12:30	互联网公益慈善论坛：互联网公益慈善——包容普惠、共同发展	乌镇互联网国际会展中心垄行厅
			媒体融合论坛：融合·守正·创新	西栅景区枕水酒店龙凤厅
	下午分论坛	13:30~17:00	人工智能论坛：人工智能——开启智能经济新时代	乌镇互联网国际会展中心枕水厅
		14:20~19:00	5G论坛：5G，开创数字经济新时代	西栅景区枕水酒店龙凤厅
		13:30~18:30	开源芯片论坛：芯态开源——驱动计算架构黄金时代	乌镇互联网国际会展中心垄行厅
		14:00~17:40	网络空间国际规则论坛：网络空间国际规则——实践与探索	乌镇互联网国际会展中心安渡厅
		14:00~18:00	互联网国际高端智库论坛：信息时代的文明交融与智库责任	乌镇互联网国际会展中心通安厅
10月22日	上午	09:00~11:40	"直通乌镇"全球互联网大赛总决赛及颁奖	西栅景区枕水酒店华美宫
	下午	15:00	"互联网之光"博览会闭幕	"互联网之光"博览中心

任务3 会议准备

会议策划后，需作进一步的准备工作，如会议通知、会场预定、证件制作、人员安排等，使策划方案落到实处，其中比较重要的有会议材料准备以及会议经费预算，并最终借助会议筹备清单来总结会议筹备工作以及引导之后的会议邀请工作和会议接待工作，以下将通过表格的方式分别系统列明所需准备的项目。

一、会议材料准备

会议材料可分为重点材料和一般材料。其涵盖内容如下。

1. 会议重点材料

会议重点材料包括会议通知、会议开幕词与闭幕词、会议主题报告、领导人讲话稿、会议决议。

2. 会议一般材料

会议一般材料包括代表证、选举证、选票、工作人员胸卡及其他证件；会议登记表、与会人员签到表和来宾词簿；会议日程表和大会议程表；会议须知及有关会议活动注意事项；会议讨论分组名单与分组讨论地点；会议座位分区表、主席台或会场座次表；会议主持人主持串词。

重点材料是构成会议的主体内容、支撑会议主要议题、对会议的质量和效果具有直接的重大影响的书面材料和其他多媒体材料，由领导人或专门的写作班子撰写。参照国家标准（GB/T 30520-2014）的规定，会议重点材料采用国际GB/T148中规定的A4纸打印，正文用3号仿宋体字，一般每面排22行，每行排28个字。

重点材料以外的其他材料，均可列为一般材料，通常可以从市场购入、请专业公司制作、网络下载或会务人员自己撰写。

相关材料可在会议期间发放资料袋给与会人员，一般资料袋中提供的包括会议活动安排表、各类票证、会议内容摘要、发言人的个人介绍、组委会情况、出席者名单、会议室位置图、会议所在地风景介绍、附近餐饮购物介绍等，根据需要还可以有文件夹、文具、记录纸，甚至公文箱。

二、会议经费预算

会议筹备需对经费有个预算，主要是会议室与会务费用，以及与会人员食宿、交通、旅游等接待费用两大部分，具体见表3-4。

表3-4　会议经费预算表

序号	费用项目	具体费用分类
1	交通费用	出发地至会务地的交通费用
		会议期间交通费用，主要是会务地交通费用
		欢送交通及返程交通费用
2	会议室费用	会议场地租金
		会议设施租赁费用
		会场布置费用
		其他支持费用，如广告及印刷、礼仪、仓储、媒介、公关等
3	住宿费用	除与酒店星级标准有关，还与服务项目有关
4	餐饮费用	早餐，通常是自助餐
		午餐
		酒水及服务费
		会场茶歇
		联谊酒会、舞会
5	旅游费用	会议结束安排的当地特色旅游活动
6	设备视听费用	通常在室外

续表

序号	费用项目	具体费用分类
7	宴请及演出费用	与观众人数正相关，或包场
8	预计外支出	临时安排所产生的费用，包括各类文秘、礼仪、翻译、司仪、勤杂、临时采购、运输及装卸、纪念品、临时道具、传真及其他通信、快递服务、临时商务用车、汇兑、会议用点心、水果等

三、会议筹备清单

会议筹备阶段需要借助清单来帮助整理所需完成的各项目，一方面检验会议筹备工作的进展，另一方面可为会议接待工作提供指引和提醒，如表3-5所示。

表3-5　会议筹备清单

序号	项目	完成情况
1	会议资料的准备，会议材料目录包括：总封面、会议通知及回执、会议议程安排表、会议议案及目录、表决书、授权委托书、会议决议初稿	
2	寄发会议通知，收齐会议回执	
3	开会日期、时间、地点及天数	
4	总人数（查回函）、预算（住宿、餐费、电话费等）	
5	会议日程安排表及会议作息时间安排表制作	
6	住宿安排表制作（与会人员住宿、领导住宿、工作人员住宿），预订房间、妥善分配房间	
7	会场的预订（大会议室、小会议室），选择桌子（圆桌、方桌）	
8	用餐安排（参会人员用餐、领导用餐、工作人员用餐等）、用餐形式（餐桌入座式、自助餐等）	
9	交通工具（飞机、火车、轿车等）安排返程车票	
10	会议电脑及投影设备、拍照摄影的准备	
11	会议横幅、看板、标示板（欢迎看板、方向标示），座位牌准备（按参会人员一一核对）	
12	主席台布置及座次安排、台下座位安排，摆好座位牌、会议横幅的悬挂	
13	会议用桌椅准备、灯光、温度、音响扩音设备的准备	
14	分发资料、记录本、记录用笔及茶水、烟灰缸准备	
15	做好会议现场绿化布置，力求整齐、美观，台面插花要卫生清洁、色彩鲜艳、造型端庄	
16	会议需备物品：签字夹、座位牌、打印机、接线板、A4打印纸、文件头纸、笔记本、水笔、资料袋、装订机及装订机钉子	

【项目训练】

学生为2021年中国500强企业高峰论坛进行选址分析并完成会议策划方案。

项目三　会议活动营销策划

作为会展业的重要组成部分，大型会议特别是国际性会议在提升城市形象、促进市政建设、创造经济效益等方面具有特殊的作用，如众所周知的博鳌亚洲论坛等。

 会议宣传

会议的宣传是会议取得成功的重要保证。通过宣传，可以及时传递会议信息，吸引与会者参加会议，提高主办单位与会议的知名度，创立会议品牌，并争取社会各方面的支持。

一、会议宣传的主要内容

会议宣传主要突出以下几个方面。

（1）主办单位、承办单位、协办单位、支持单位、顾问单位等，以强大的阵容来吸引眼球，显示会议组织方的实力。

（2）回顾历届会议的亮点与成果。

（3）重点介绍本届会议的宗旨、主题、特色、规模、范围、时间、地点、相关配套活动、参会条件等。

（4）提供各项服务的清单与报价供与会者选择。

二、会议宣传的三个层面

具体来说，会议宣传包括宣传、推广与公关三个层面。

（一）宣传

宣传是将会议及相关活动信息传递给大众。宣传的方式反映了会议主办单位的形象，根据各种不同主办单位以及会议活动的定位，可选用不同的宣传方式，常用的如印刷宣传小册子、邮寄会议邀请或通告、张贴海报、刊登广告、制作专门的网页或网络专题报道、刊登新闻稿，甚至是召开新闻发布会或媒体见面会等。

（二）推广

推广是根据一定的策略，持续有效地把会议及活动内容宣传推广出去，使目标受众产生兴

趣，甚至影响其他人一起出席会议及活动。推广的方式一般是邮寄宣传资料及邀请函，也可以是电话、传真或其他媒体，随着互联网的发展，现在越来越多使用电子邮件及网络媒体。

（三）公关

公关是通过公共关系手段，将主办单位以及会议相关人员的形象传达给公众，其目的除了要推销会议，吸引更多与会者，还要在与会者乃至公众的心目中树立主办单位的良好形象，从而增强与会者的品牌忠诚度，获取社会各界的支持与赞助。公关方式包括有对外进行媒体沟通、行业内交流、气氛渲染、对内进行宣传推广等。

三、会议邀请函

（一）会议邀请函的主要内容

（1）会议名称和主题。
（2）会议举行的日期和地点。
（3）会议的相关组织信息：主办单位、承办单位、协办单位、赞助单位、支持单位等。
（4）主要议程以及其他相关活动安排。
（5）费用与支付方式。
（6）会议回执。

（二）会议邀请函样板

2018中国经济高峰论坛暨第十六届中国经济人物年会邀请函

尊敬的×××同志：

您好！非常荣幸地邀请您拨冗出席将于2018年12月28日至29日在北京举行的"2018中国经济高峰论坛暨第十六届中国经济人物年会"。

此次活动由新华网、《环球时报》社和中国亚洲经济发展协会联合主办，旨在深入学习贯彻党的十九大精神和习近平新时代中国特色社会主义思想，发掘在中国经济发展进程中涌现出的领军人物和先进典型，更好地推进中国经济进入质量时代。

中国经济高峰论坛是凝聚海内外专家学者，弘扬中国企业家精神、树立中国经济榜样人物的年度盛会。经过15年的发展与创新，已成为中国经济领域颇具影响力的品牌活动。

鉴于您为中国经济发展做出的努力和突出贡献，以及专业媒体机构、行业主管部门的推荐，活动组委会经严格审核，您入围"新时代中国经济优秀人物"荣誉称号，贵司入围"新时代中国经济创新企业"荣誉称号。特邀请您出席本届活动，并可申报活动的相关其他奖项。

接到邀请函后，请与组委会秘书处联系，按要求报送相关参评资料。详情可登录中国经济人物网www.chinaepo.com。

特此通知。

注：请各位嘉宾于2018年12月28日前与组委会确认出席，以便安排活动接待！

任务2 会议营销

会议营销围绕"营销计划"展开,"营销计划"是管理会议的一个重要工具,主要由背景分析、战略决策、目标结果评估三个部分组成。

一、背景分析

可从3C入手,即Customer(顾客)、Competitor(竞争对手)、Company competitive advantage(公司竞争优势)进行全面分析。

顾客分析,也就是市场分析,要能回答以下问题。

谁是消费者?

消费市场有多大?成长速度如何?

顾客有什么特点?

消费需求、消费动机、消费时间、消费地点与消费习惯分别是什么?

如何进行市场细分?

各细分市场的规模、背景特点、消费过程是什么?

未来市场有何发展趋势?

竞争对手分析,要首先了解在会展行业内,哪些企业、品牌或者具体活动是自己的竞争对手?其中最主要的对手是谁?然后分析其市场定位、规模、资源、顾客以及营销计划等。

公司竞争优势分析,目前更常用的是SWOT分析,即从Strength(优势)、Weakness(劣势)、Opportunity(机会)、Thread(威胁)四个维度与竞争对手进行对照,从而找出自己的竞争优势。

二、战略决策

确定了自身的市场定位与竞争优势后,则可进入四大营销组合策略的研究,也就是人们常说的4P策略:产品(Product)、价格(Price)、渠道(Place)、促销(Promotion)。经过多年的深化与发展,学者们提出了各种新的策略描述,但不可否认的是,4P策略至今仍是我们制定营销战略计划时的一个基本框架。整个营销战略是否成功,不能单看某一个因素的策略,而是要看这四个因素的组合策略的整体效果。

产品,是4P中的一个基础,直接影响和决定其他三个因素的决策。在会议营销当中,我们的产品就是一个会议及其相关的活动和服务。"营销计划"需要我们详细描述该会议及相关活动,并能强调其亮点以及所能带来的附加价值。

价格,是4P中最关键、最活跃、最具艺术性的因素,它随市场变化而上下波动,协调买卖双方的利益关系。会议的收入主要有观众和赞助商两个来源,因此会议营销的定价,是针对会议观众所收取的参会费用,以及赞助商提供的赞助费用。价格的制定一般可参考的因素包括：会议及活动的成本、观众的心理价位、同类会议的定价、潜在赞助商的认同程度等。

渠道，传统意义上代表企业为使其产品进入和达到目标市场所组织、实施的各种活动，包括途径、环节、场所、仓储和运输等。而在会议营销中，更多的专指要借助何种手段来增加观众参会及赞助收入，可选择的媒介是谁，如何激励他们为自己服务等。另外，由于会议营销的"产品"不是一般的实体，所以尤其可以发挥网络营销这种直营手法的长处，让会议观众直接在网站上注册缴费即可。

促销，我们可以广泛地理解为所有利用各种信息载体与目标市场进行沟通的传播活动，包括广告、人员推销、营业推广与公共关系等。在营销计划中，我们要定义该会议活动的促销目标、促销对象以及手段。

三、目标结果评估

对照营销目标，从营销活动和营销结果两个方面来进行陈述和评估。营销活动是各种吸引与会者的行为，而营销结果包括达到某种程度的知名度、市场占有率、收入等。通过对照，可以量化营销目标与结果，加上时间、预算、人员配置等条件限制，从而实现有效的追踪与监督营销计划的执行情况。

任务3 赞助方案

赞助方案给客户的时候也可称为宣传方案，可以是单独的关于赞助与回报的方案，也可以是包含会议基本信息、会议目的与价值、会议日程等内容的全面的会议宣传方案；通常有文字描述式和列表式两种，下面以"全球竞争力高峰论坛"为例进行分析。

一、文字描述式

钻石赞助：RMB400000元。

赞助权益包括：

（1）冠名"全球竞争力高峰论坛战略合作伙伴"。

（2）获赠赴美参会名额2名。

（3）知名财经管理类媒体专访1次，彩色内页广告1页。

（4）优先安排贵公司领导与行业专家、参会嘉宾会面交流的机会。

（5）峰会合作媒体活动广告以"钻石赞助"身份特别显示。

（6）新浪网活动专题整体宣传。

（7）活动网站首页、背板上以"钻石赞助"身份特别显示。

（8）论坛现场定制媒体采访。

（9）论坛现场显著位置可摆放企业易拉宝位2个。
（10）论坛现场资料包，可发放企业资料1份。
（11）提供活动官方网站首页广告位1个，有效期6个月。
（12）建立贵公司的网站与本活动官方网站之间的超级链接。

二、列表式

级别回报		钻石	白金	黄金
宣传费用（RMB）		800000.00	300000.00	150000.00
序号	权益回报（√即包含）			
1	"全球竞争力高峰论坛战略合作伙伴"	√		
2	知名电视媒体采访报道	√	√	
3	CCTV财经或其他频道知名访谈节目主嘉宾（不少于30分钟）	√		
4	SINA高端访谈1次	√		
5	知名财经管理类媒体专访1次	√		
6	"全球竞争力高峰论坛"中的"竞争力研讨会"对话嘉宾1位	√	√	√
7	News letter发送	√	√	√
8	新浪网活动专题整体宣传	√	√	√
9	各类知名媒体系列相关报道	√	√	√
10	赴美国参加论坛名额1~2名，主办方协助办理签证	2	1	1
11	获得《全球竞争力高峰论坛》主题演讲机会1场	√	√	√
12	提供官方网站首页广告位1个	√	√	√
13	贵公司领导享有嘉宾礼遇，包括入座嘉宾席、佩戴胸花等	√	√	√
14	建立贵公司的网站与本活动官方网站之间的超级链接	√	√	√

【项目训练】

请以班级为单位，分工合作，模拟策划一个重要的商务洽谈会议。需撰写完整的会议策划方案、会议工作安排表，并进行实景演练。

项目四　会议接待

会议接待是指围绕与会者的迎送、参会和吃住行游购娱等方面所做的安排,是会议会务工作的重要组成部分。

 会议接待设计

一、会议接待设计的原则

由于与会者来自五湖四海,对会议场地不了解,故会议接待工作需提前进行设计,考虑到交通、食宿、票务、迎送等各个细节,让与会者有宾至如归的感觉。会议接待设计主要有以下三个原则。

（一）确定接待规格

以对等为原则,首先体现在会议主办单位所指派的负责迎送接待的代表人员。另外,接待规格还与会议食宿标准、会场设施条件、会议日程安排、期间相关活动、接待人员级别和素养等密切相关。

（二）把握接待重点

接待重点可能是某个来宾或参会代表,也可能是会议期间的某个议程或活动。把握接待重点需结合考虑到会议的性质、类型、内容、与会者相关背景等。

（三）形成接待特色

但凡是服务,要想形成竞争优势,都需要富有特色,如热情、细腻、精致、尊重、新颖、人性化等。

二、会议接待方案基本内容

会议接待设计落到书面,就是会议接待方案,其基本内容如下。

（一）接待对象和接待目的

其中,接待对象可以是:上级领导、政府官员、协办支持单位、特邀嘉宾、会议成员、客商、媒体记者、普通观众等。

（二）接待方针

接待方针也就是会议接待工作的总原则和指导思想,根据接待目的以及领导机构的要求

而定。

（三）接待规格
接待规格主要指迎送、宴请、陪同时所安排的接待人员的身份级别，以及会议期间的食宿标准等。

（四）接待内容
接待内容包括接站、食宿安排、欢迎仪式、宴请、看望、文艺招待、参观游览、娱乐、翻译、票务、送别等环节。

（五）接待日程
接待日程中需列明具体的日程安排。

三、会议接待方案

以700人四天会议接待方案（草案）为例进行介绍。

（一）会议接站和报到

1. 接站

（1）了解代表基本情况，包括单位、姓名、性别、民族、来程交通方式、车次（车厢）、航班号、到达时间地点、随行人数以及返程计划等。

（2）7月30~31日在火车站、机场、汽车站设立固定接站点，专人专车接待前往各酒店报到；10座面包车400元/天/辆；33座金龙车600~700元/天/辆。

工作计划：接站车辆的落实（大小、辆数）、接站人员安排、接站标志制作。

2. 报到

每个酒店均成立报到小组：由宾馆提供专业的人员作为接待人员，在宾馆大厅设立报到点，为代表提供签到、领取会议资料、旅游咨询、办理相关入住手续等服务。酒店需设有会议专用指示牌、提示行程牌等。

工作计划：接待人员落实、资料准备、酒店标志制作。

（二）返程交通登记

报到的同时，专业票务人员现场代定返程各类票务，编写《返程交通一览表》，注明姓名、单位、职务、联系方式、返程车次/航班/汽车、出发时间、随行人数等。

订票费：10~35元/张。

工作计划：票务人员、造表、财务收票面定金。

（三）会议食宿安排（700人）

××宾馆：用房60~70间，客房预订会留有余地，可入住_____人，中餐自助40元/人。

××酒店：用房70~80间，客房预订要留有余地，可入住_____人，中餐自助40元/人。

××大酒店：用房130间，客房预订会留有余地，可入住_____人，中餐自助40元/人。

××山庄：用房50间，客房预订要留有余地，可入住_____人，中餐自助40元/人；价格不会低于220元/间（含早），需要提前交定金。

落实用餐方式（桌餐、自助餐）、用餐地点（各自住宿酒店）、开餐时间。如安排桌餐，应留有余地，按X桌+1方式安排，并尽可能打印就餐分桌表，避免就餐时场面混乱。

少数民族代表或来宾，要在报到时说明，根据其民族习俗可安排特殊餐饮。

根据会议时间提供叫早服务。

（四）会场安排

（1）地点：××大戏院，剧院阶梯式，可容纳800人。

（2）时间：

8月1日上午8:00~11:30，下午：2:30~5:30，联场：6:00~8:00。

8月2日上午8:00~11:30，下午：2:30~5:30，晚会：8:00~10:00。

（3）租金：4000元/场（含场地、茶水、中央空调等），5场合计20000元；晚会另计。

（4）会场布置、配置。

（5）按要求对会场进行布置，如会标等。

会场内外盆景及花卉布置500元（会议期间租用）。

横幅、升空氦气球、彩虹门费用另计。

（6）会议服务：

礼仪小姐4~6名，负责现场迎宾、派发资料、引导入场及主席台的茶水服务等。

摄像摄影：提供摄像服务，并制作光盘费用另计。

（7）会议设备：可提供各类会议设备租用，需投影仪费用另计。

（五）车辆安排

（1）车队：方队长220人，7台33座；刘队长150人，4台；平队长90人，3台；总460人。

（2）统一标识牌制作，车辆编号。

（3）会议接送服务：分酒店接待组接送，编印代表乘车表提前分送至每位代表（或在会议指南中一并编印）。2天会场到酒店接送，33座车14元/人天，45~49座车18元/人天；

（4）旅游服务：费用见旅游协议。

（六）团体照安排

（1）公司及联系人：××公司　王×× 139×××× 8079。

（2）架子、场地和协调：由照相公司安排。

（3）规格和报价由会务组自己谈：15.2厘米×50厘米30元，15厘米×50厘米60元；

（七）8月2日晚会筹备

（1）地点：××大戏院，20:00~22:00，节目时长1.5小时，中间穿插颁奖及抽奖活动。

（2）节目单：委托××市演出公司安排落实，周二出来可进行节目的删减。

（3）价格：2万元或3万元标准，由会务组定夺。

（4）主题：欢快明畅，有现代感和地方特色。

（八）8月3日至4日旅游安排

（1）准备工作：导游旗20面（统一制作），旅游帽750顶，2.8元/顶。

（2）编制旅游接待计划，准确了解各景点之间的距离和行车时间，确定出发时间、行程安排、到达时间、导游联系方式；同时应确定分组方案及乘车计划。

（3）落实导游人员18人左右并成立接待组，召开说明会。

（4）落实各景点准备工作，现场讲解员、欢迎条幅等。

（5）接待基本方案。

A：以住宿酒店命名成立接待小组，配备车辆调度长、导游接待长；负责全部旅游接待；

B：为避免接待拥堵情况，采用大团化小、错开接待的办法，首先是两个酒店接待组3日游×山，两个酒店接待组3日游山下景点；其次再将其中一个酒店接待组先去西递×村，另一个酒店接待组先去×山牌坊群，这样中餐的地方也错开了，只要接待175人就可以了。

（九）会议保障

（1）制定全局性的总体策划方案，并编制"会议时间进度表"。

（2）按照接待方案，落实接待人员及车辆，接待人员必须详细分工，保障讲解、接洽、交通、安全、保健、食宿等方面到位。

（3）安排医护人员，了解掌握代表、来宾健康状况，准备常用药品。

（4）确保通信畅通，工作人员之间与各衔接点之间应保持联系，随时报告会议和旅游情况。

（5）明确落实保卫人员，做好接待活动的安全保卫工作。

 会议接待的工作流程

一、迎送

首先要确定迎送的规格，通常安排主要迎送人员与主宾身份对等。所安排的迎送相关人员，都应是主办单位的"形象大使"，仪表举止都应大方得体，并保持微笑。

其次是要准确掌握来宾的到达时间，提前到达迎接地点做好准备。若是重要来宾，还可安排献花。

图3-1为贵宾接机的一般流程。

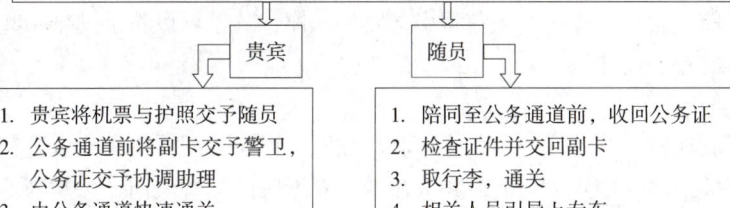

图3-1　贵宾接机流程

二、住宿安排

住宿安排一般应遵循以下原则。
（1）住宿安排相对集中，以方便会务联系与信息沟通。
（2）尽可能减少住宿地与会场的距离。
（3）规格适中，根据与会者的身份级别制定相应的住宿标准。
（4）尽量满足与会者的特殊需求，为其多留一点自由选择的空间，注意照顾老弱病残人士。

三、餐饮安排

餐饮安排有以下几个环节。
（1）统计就餐人数。
（2）确定就餐标准，具体到早、午、晚餐的具体成本。
（3）确定就餐形式，常见的分自助餐或围桌餐两种。自助餐由于自由灵活，越来越受欢迎；围桌餐更多用于宴会。
（4）确定餐厅及菜谱，根据餐饮标准及预算选定。
（5）用餐凭证发放，一是印发专门的就餐券，二是凭会议证件就餐。

四、相关活动安排

在参会者业余时间，可根据参会人员的喜好，选择不同的休闲方式，甚至可设计专门的旅游线路，相关的活动如下。

（一）交谊会

交谊会指的是专用来促进人们之间交流的活动，给彼此不相识的陌生人创造机会进行交谈和接触，例如在峰会前夕举办高尔夫联谊赛。

（二）宴会

举办宴会通常是为了引导或者延伸会议精神，向与会者作出增进友谊的一个姿态。

举办宴会前首先要确定宴会的性质，然后根据性质来安排座次。

宴会当天需提前候席，并安排专人负责引导宾客入座，甚至可以特别安排一些服务生，负责观察并满足宾客的特殊需要。

（三）文化活动及旅游观光

文化活动包括看戏剧、芭蕾舞演出、音乐会、歌剧，以及参观博物馆和展览等，会议期间通常可举办一些相关活动，如到附近名胜参观旅游，观看民间歌舞表演，参观当地手工艺品作坊。旅游观光是会议接待安排必不可少的一部分，一方面，它能帮助与会者放松身心，另一方面，它提供了一个社交的机会。在设计旅游观光时，要结合与会者的参与能力、文化背景、兴趣爱好、风俗习惯等因素来考虑，例如，在斯坦福参加企业竞争力论坛期间，安排到思科等著名企业实地考察。

活动安排应配合会议主题，突出当地的民族特色和传统文化，若安排旅游观光活动，需提前把旅游时间、线路、食宿等安排告知与会者并作好报名登记，具体旅游事宜可委托旅行社实施。

五、会场布置

（一）会场布置形式

会场布置可以是标准化的，也可以是个性化的。常见的会场布置形式有以下几种。

1. 剧院式

剧院式也称礼堂式，其摆放方式与电影院基本相同，正前方是主席台，面向主席台前方依次摆放一排排座椅，中间留有较宽的过道。剧院式的布置适合于例会和大型代表会等不需要书写和记录的会议类型。

2. 课堂式

课堂式与剧院式相似，不同的是课堂式的座位前方会摆放桌子以方便与会者书写。房间内将桌椅安排端正摆放或成"V"型摆放，按课堂式布置房间时根据桌子的大小而有所不同。会议主办方可以事先在桌子上摆放相关的会议资料，方便与会者阅读。课堂式的布置适合用于专业学术机构举办的、具有培训性质的会议。

3. 弦月式

弦月式也称研讨式，房间内放置一些圆形或椭圆形桌子，椅子只放在桌子的一面，以便所有观众都面向屋子的前方。这样开会的方式比较轻松一些，利于彼此间的交流互动，特别适合做一些培训类的会议。

4. 回字形式

回字形式也称方形中空式，桌子摆成方形中空，不留缺口，椅子摆在桌子外围。适于有多个发言者、与会人数不多的会议，便于交流。

5. U形，即马蹄形

会议桌摆设成一面开口的U字形状，椅子放置在U字形办公桌周围；如需投影，投影机可以放在U形的开口处。一般适合小型的、讨论型的会议。

6. 宴会式

由大圆桌组成，每个圆桌可坐5～12人。宴会式布置一般用于中餐宴会和培训会议。在培训性会议中，每个圆桌只安排6人左右就座，这样利于同桌人的互动和交流。

7. 鸡尾酒式

一般不安排或仅安排少量座位，大家拿取食物后可自由走动交流。鸡尾酒式场地布置所能容纳的人数仅次于剧院式。

除了以上常见的会场布置类型外，还会出现如T形、E形、多U形等。不管采用何种形式，会议室布置的目的都是为会议服务的，或方便进出，或增强沟通，或传递信息，在布置前一定要与会议策划者详细探讨。

（二）座位编排

在会场布置中还有一个重要的内容需要考虑，那就是座位的编排。

在一个严肃的会议上，座位是身份和地位的象征，不可随意乱坐。按国际惯例：右手边为上为主为大，左手边为下为次为小；距离主位越近，其席次和席位就越高；距离主位越远，其席次和席位就越低。常见的座位安排有以下几种。

1. 环绕式的座位安排

在会场中不设立主席台，把座椅、沙发、茶几摆放在会场的四周，不明确座次的具体尊卑，听任与会者在入场后自由就坐。这样的座次安排，比较人性化，没有明显的地位区分，大家也能够畅所欲言、不致过分拘谨。这与茶话会的主题最相符，也最流行，但不适合一些主题严谨的会议。

2. 散座式的座位安排

散座式安排，大多适合在户外举行的联欢会或是联谊会，座椅、沙发自由地安放组合，甚至可由与会者根据个人要求而随意安置，这样就容易创造出一种宽松、惬意的社交环境，适合私下的沟通和交流，只适合主题轻松的会议。

3. 圆桌式的座位安排

在会场上摆放有一张圆桌，请与会者在周围自由就坐。在圆桌会议中，可以不用拘泥诸多的礼节，主要记住以门作为基准点，靠里面的位置是主座。面门为上、以里为尊，这就是圆桌式座位安排的基本原则。

4. 方桌式座位安排

方桌会议中，特别要注意座次的安排。若只有一位领导，那么他一般坐在长方形桌子的短边，或者是比较靠里的位置。以会议室的门为基准点，在里侧是主宾的位置。如果是由主客双方来参加的会议，一般分两侧来就坐，主人坐在会议桌的右边，而客人坐在会议桌的左边。

5. 主席台式座位安排

在会场上，主持人、主人和主宾被有意识地安排在一起就坐，这个在安排座位时有明确的规则。首先主席台必须排座次、放座次牌，以便领导同志对号入座，避免上台之后互相谦让。主席台座次的排列，领导为单数时，主要领导居中，2号领导在1号领导左手位置，3号领导在1号领导右手位置；领导为偶数时，1号、2号领导同时居中，2号领导依然在1号领导左手位置，3号领导依然在1号领导右手位置。

六、相关设备及物品

（一）会议设备

讲台、演讲台、屏幕、无线广播系统；声像设备、投影仪、幻灯机、闭路电视、等离子屏幕、大屏幕同时放映；备份加长线、灯泡、转换插座、遥控器、麦克风；多声道同传设备；录音机、照相机、摄像机。

（二）会议需备物品

绿化布置、植物、花卉等；会议横幅、看板、标示板（欢迎看板、方向标示）；文具：签字夹、座位牌、打印机、接线板、A4打印纸、文件头纸、笔记本、水笔、资料袋、装订机及装订机钉子；茶水、烟灰缸、水果、点心等；药箱（备常用药品）。

七、会议注册、签到

（一）注册

会议现场的首要工作就是会议注册，是参会人员感受到会议气氛的第一个环节，因而应由经过培训的工作人员进行服务，在会前就规划好，以有效减少与会者的等待时间。其中要注意的有以下几个方面。

会议登记注册处应布置在较宽敞的地方，便于与会者有次序进入，又不影响他人。指示标志要特别明显，有效指引注册登记流程，登记台设专人提供信息和答疑。

提前准备好参会人员的注册表，信息包括姓名、单位、职位、联系方式等，对于临时决定来参会的人员，引导其自行登记信息。

按参会人员身份的不同制作不同的注册表、予以分类登记，一般分为：嘉宾、赞助人、一般与会人员和新闻记者等，对于嘉宾、赞助人应在注册后由专人引领至贵宾室。

（二）签到

有些会议在登记时需履行签到手续。常见的签到形式有：簿式签到、证卡签到、会议工作人员代为签到、座次表签到以及电脑签到。目前大型会议常用证卡签到、座次表签到和电脑签到。

证卡签到是工作人员将印好会议名称、日期等信息的签到证事先发给与会者，与会者写好姓名，进入会场的时候交给工作人员以示到会。

座次表签到是工作人员按照会议模型事先制好座次表，与会者到会时进行销号以示出席。

电脑签到只要与会者把特制的卡片放到签到机内几秒钟即可完成。

簿式签到分为签到登记簿和宣册签到簿两种。签到登记簿是会议组织者专门印刷的，填写内容包括与会者的姓名、性别、年龄、职务和工作单位等。宣册签到簿是一种宣纸制作的装帧精美的簿册，古色古香，签到时用毛笔签署姓名，具有收藏价值，只适用于小型会议或大型会议的特邀嘉宾。

注册签到的同时，可发放事前准备好的会议资料袋。

八、会场注意事项及突发事件应对

（一）注意事项

执行会议接待工作时有以下事项需要特别注意。

设置迎宾区和来宾休息区，落实重点接待对象；

安排专人负责记录到会的领导人，领导人的信息一定要记录准确，为此，应该在事先尽可能地掌握可能到会的领导人的背景资料；

必要时要为主持会议的人员配备专人作为助手；

将要作大会讲话的领导人和将要作大会发言的与会代表，要有专人负责提醒其做好准备，必要时应安排他们在指定座位就坐。

（二）保密管理

会议保密管理是要确保会议期间各项秘密的安全，主要涉及：内部会议的内容不能外传，涉及经济、军事方面的数字和人事问题；重要会议召开的时间地点和出席人员等。

要做好会议保密工作应注意做到：

严格执行保密法规，严格执行保密纪律，制定一整套的保密措施，如会议的文件要准确划分保密等级，必要时可以规定只能在会场内阅读；

注意检查会场上扩录音设备及通信线路，防止泄密；

对与会者尤其是现场服务人员严格控制，加强保密纪律和保密观念教育；

复印机、印刷机等印废的会议文件和底稿应妥善保存，在会后由指定专人销毁。

【案例分析3】

笔记本电脑突然不见了

某项会议的签到表显示出这个会议相当受欢迎,代表们积极主动,不停有人登记,全然不顾"人员已满"的警告。得知要将会议从专题讨论会议室转移到大礼堂,演讲者高兴得不得了,很是飘飘然。

会务组毫不慌乱,很快行动起来,启动了在突发事件计划会议室深思熟虑果的会议室转移程序。原会议室和新会议室都安排了服务员,会议室的门上和会议通知牌上都已张贴了通知。为避免不必要的延迟,一些晚到的人被留守的服务员亲自送到新会议室。

只间隔三四分钟,50多名与会代表被成功引领到大楼另一端的大礼堂,没有人被拒绝参加会议,所有代表都安置好了,演讲者和与会者都很高兴。5分钟后,IT租用公司的技术人员告诉会议经理,在原会议室价值2000英镑(1英镑=8.9人民币)的笔记本电脑不见了。

思考 1. 结合以上资料,思考"笔记本电脑不见"是由于哪个环节的疏漏,要如何避免?
2. 如果你是本次会议的会议经理,对于"笔记本电脑突然不见了"这一情况,你会怎么处理?

(三)突发事件应对

突发事件能否妥善应对使得接待顺利进行,很大程度还是取决于事前准备的情况,只有出现意想不到的问题才会惊慌失措。

根据经验,突发事件主要有以下几种情况。

1. 主要发言人因为各种各样的原因缺席

应对发言人无法完成指定任务的情况,可有两种方法。若发言不太重要,可安排休息;若发言十分重要,就考虑安排替代发言或是取消。

2. 登记代表数量不足

一般初次举办某个会议,若没有十分把握之前,不要过早考虑细节,如签订会场租赁合同等。假如已签订相关合同,那对于一些规模较小的如专家研讨会等活动,坚持召开会比直接取消损失要小。

3. 发言人或某与会代表言行不当

这种情况有的可以私下解决,有的则要采取强制性措施。需要注意的是该处理对其他与会代表的影响,让他们觉得处理方式既严肃又不过分。

4. 会议召开前夕出现意外问题

会议召开前夕若不幸出现火灾、装修工程延期等,要立刻转移到一个短时间内可以布置好的备用会场。

5. 重大健康事故

这要求在会议过程中保持与专业健康专家的紧密联系,在出现饮食方面的疾病或传染病时可以及时求救。

6. 交通问题

主要是指影响与会者到会和离会的主要交通问题,比如天气等问题也有可能影响到与会者无法到场，对此最好提前购买针对性的保险。

7. IT系统或设备出现问题

这有必要在会前核实当地最快能租到设备的渠道和途径。案例中的笔记本电脑丢失，也属于设备出现问题，但不单纯是设备自身的问题，还有涉及工作人员看守防盗的问题。针对盗窃问题，应以防范为主，加强员工教育、内部管理和配备安全设施。

九、后续工作

（一）会议评估

会议评估主要是收集有关会议目标实现情况的过程，通过会议评估，可以检验会议目标是否得到实现，落实与会者参与的满意度，评估会议的成功与不足，为会议的总结报告准备材料与基础，通过总结分析获取经验教训，从而进行有针对性地培训和提高，确保日后会议质量的提升。

国际会议的会后评估工作包括：会议主题同与会者的关联程度；会议内容是否多元；会议结构；与会者参与度；会议设备的使用情况；会议整体议程结构的安排；会议取得了多少实质性进展；同预期效果相比，存在哪些差距；其他与会者的反应。

（二）致谢

一方面，要感谢各方面人员及单位的支持与帮助，包括会议嘉宾、主持人、发言人的参与，感谢政府、相关行业协会商会、其他部门以及相关人员的支持，还要感谢协办单位、支持单位和赞助单位的支持与协助，可通过感谢函、会议礼品、回访等方式表达。

另一方面，要对所有会议工作人员表示感谢，他们从会议申办、筹备、会议举行到结束的后续工作整个过程付出了大量的劳动和心血，可通过召开庆功宴会、发放会议补贴、赠送会议礼品等方式表达。

（三）会议总结工作

一般会议结束后，需通过一份会议总结报告对会议的各方面进行总结，会议总结报告的基础和主要内容就是会议评估的结果，另外，还要对会议的筹备策划、宣传营销、会议接待的管理工作进行总结。

会议总结工作非常重要，在及时总结本届会议得失的同时，展望下一届会议的筹备工作，起到承上启下的作用。具体包括：

要对为本次会议的成功举办做出贡献的单位和个人给予表彰；

秘书处对财务收支情况汇报陈述；

对会议所取得的成绩进行通报和新闻发布；

对下次会议进行必要的部署和预先报道。

【知识拓展】

会议接待流程

1. 会议资料准备

（1）会议资料：由主办单位提供；文字资料，由承办单位按会务组要求根据参会人数印刷。

（2）领导发言稿（主办单位提供）。
（3）《报到册》《会议指南》《会议日程》、参会者到达消息。
（4）项目执行情况资料（主办单位提供）。
（5）展板所属图片（主办单位提供）。
（6）广告牌设计稿。
（7）欢迎布标、会议室布标。
（8）会议礼品（按参会人数准备）。
（9）会议代表证。
（10）会议用餐券。

2. 设备及设施准备

（1）投影仪、多媒体电脑1台。
（2）广告牌按设计稿制作好，根据要求准备。
（3）会议室1间（根据入会人数）。
（4）车辆准备。
（5）麦克风3只。
（6）订制领导座次牌（名单由主办单位提供）。
（7）会议形式：座谈及课桌形式。
（8）照相机1台。
（9）摄影机1台，由专业人员操作。

3. 会前准备工作程序

（1）根据会务组要求，代表报到前两天，会议室会场布置（或分组讨论），会标、广告牌、灯光、音响、多媒体、投影仪、电源、桌椅、茶杯及服务员安排按部落实到位。

（2）据酒店提供的房况表，报到前两天与先到达的会务组人员协商确定会务组房间，选定领导、专家及主要代表入住的楼层、房间类型、房号、需要放置的水果种类及特殊安全保卫工作。

（3）提前两天检查餐厅环境卫生，桌椅摆设、餐具的完好程度，再次落实菜单及服务到位情况。

（4）提前两天完成会议所需的代表证、发放的资料、签到表、就餐卡、广告牌、商家展板及宣传设备的摆设位置，检查电源、灯光亮度、通道畅通等情况，会间摄影、摄像设备，人员的准备。

（5）与酒店保安部组成会议安全组，会议期间加强门卫、楼层行查，杜绝安全隐患的发生。

（6）成立生活服务组，帮助身体不适的个别代表联系就诊。

（7）在大堂、楼层、餐厅、会议室、电梯等处贴上会议指示箭头。

4. 会议其他费用开支预算

（1）代表证：2元/张。
（2）广告牌：万通板，1米×2米板，××元/块；会议室主席台背景1.9米×5.7米，需用万通板6板；徽标、刻字按字数、尺寸、颜色收费、制作费约××元。

（3）展板：根据主办方要求，由我方代办，费用按时结算。

（4）临时用车：别克商务车（××元/天），瑞风商务车（××元/天），桑塔纳（××元/天），11座金杯车（××元/天）。

（5）宴会标准（由贵公司订标准）。

（6）水果。

（7）纪念品。

（8）资料打印、复印。

（9）照相、摄像。

（10）其他。

5. 会场布置

（1）布标。

（2）按会议规定的摆放形式及要求布置好会场。

（3）设立会务人员发放会议用品及文件。

（4）确定会场摄影点和时间。

6. 人员安排

（1）根据会议人数需求安排会务接待小组，如住房登记员、财务人员、票务、考察咨询、引导人员（至房间、餐厅、电梯、会议室）。

（2）会议全程督导人员，负责落实会议室布置、茶水供应及服务。

（3）摄影组：根据会议需求安排摄影人员。

（4）车辆小组：根据会议实到人数，落实车况好、驾驶技术好的配套车辆。此小组负责会议临时接待服务工作。如专家、领导临时出行，就餐、会见等活动的车辆。

（5）旅游接待小组：根据参加考察人数每车安排一位优秀导游，负责代表的服务。

（6）生活小组：此小组负责会议用餐的时间、人数及相关的一些服务，确保代表会议期间的生活服务。

7. 发票的开具

在会议前通知上注明由我方承办，会议期间我方根据代表需要，开具正式发票及酒店的住宿发票。

8. 会议接站

（1）会议报到当天，安排全天候接站，机场设立两块醒目接站牌，一块设在正门出站口，一块设在提取行李出口处。火车站设一块醒目接站牌。

（2）人员及车辆安排如下。

人员：机场设1~2人（领导、专家除外）。

接站车辆：根据会务组要求派车。领导、专家由会务组统一安排，根据航班、车次，派专人专车接送，需要送花、护照的提前安排，保证准安全接待。

9. 会议报到

（1）在酒店大堂设"报到处""收费处""考察咨询处""票务处"。

（2）报到登记时，填写姓名、单位、职务、身份证号码、通信地址、电话、收费金额、入住金额、入住天数、房间号、考察线路等。

（3）提醒代表贵重品免费寄存总台、保管好个人财物，耐心、细致地解说会议报到须知及有关事宜，及时妥善处理好代表要求。

（4）根据会务组要求传达通知、指示，准确发放会议资料、纪念品、餐券、考察乘车券。

（5）代表报到后，由行李员引导入住，同时办理行李寄存。

（6）当天打印会议通讯录并与会务老师校对，及时发给代表。

（7）会务组24小时有专职会议，随时接待安排参会代表。

10. 会议期间

（1）要求酒店落实叫早服务。

（2）准确统计用餐人数并安排代表用餐，及时解决会议期间临时发生的问题，确保会议正常进行。

（3）会议室布置情况落实。

（4）安排好旅游路线，落实返程机、车票的登记。

（5）及时统计票务预订情况、考察人数、行程，立即同旅行社计调反馈。

（6）与酒店公司财务人员协调好票据的开取。

（7）准备统计返程的人数、时间、日期，确定代表返程。

11. 会议考察

代表的安全问题如下。

（1）考察期间为每位代表办理10万元的人身保险。

（2）考察的整个行程中，我方派人员全程陪同，确保考察顺利进行。

（3）要求每个环节的接待人员做到严格的保密制度，确保代表的人身安全。

（4）我中心承诺确保代表返程机、车票并根据返程时间及方向分批送行，确保顺利返程。

12. 会议结束工作

（1）会议结算 我方向会务给出书面报告，交会务组审核。并列《会议结算清单》，包括此会议的实际人数、天数、实际用餐人数、用餐标准、考察人数及会议期间其他费用开支，我方承诺快捷、准确无误地向会务组提供所需发票，返还会务组附加的会议利润。

我方本着多年的办公经验，为会务组在各项费用开支中，争取最大的利益。

（2）会议返程 我方根据代表返程机、车票时间及方向，分批送站，我方承诺确保代表顺利返程。

我方可根据会务组需要派专人、专车、提供满意的送站服务，并向会务组赠送特色精美礼品。

我方向代表全面征求意见，了解此会议的满意程度，并向会务组反馈。

思考 结合所学内容，试分析该会议接待流程的优点和不足，并作出补充。

【模块小结】

本模块主要讲述了会议活动策划与管理的整体流程，详细分析了会议策划、会议营销、会议接待三个环节的具体事项；并给出了相关案例思考和项目训练，让学生进一步熟悉会展活动策划与管理的实际运用。

学生在学习本模块后应进行项目实践训练并进行自我总结，由教师与企业共同完成评价。

演出活动策划与管理

P152 项目一
演出活动概述

P165 项目二
演出活动流程与组织策划

P173 项目三
演出活动内容策划与管理

【教学目标】

能力目标	知识目标	素质目标
1. 掌握演出活动策划的技能。 2. 掌握演出活动过程中的动态管理技能。	1. 掌握演出活动及演出活动策划的具体概念性知识。 2. 熟悉演出活动策划具体流程。 3. 掌握演出活动策划方案的撰写方法，并能制订出方案提纲。	1. 具备演出活动策划与管理能力。 2. 团队合作精神好、协调性高、管理能力强，具备较高的写作与策划能力。 3. 具备主动学习的精神、积极参与课堂教学活动，按要求完成教学准备。 4. 具备严谨、勤奋、求实创新的学习精神。

【重点与难点】

本模块内容学习的重点在于掌握写作大型演出活动的策划方案以及大型演出活动管理工作的要求。难点在于确定演出策划方案的框架与内容和完成各项管理工作的细节。

【项目引入】

×××演唱会策划书

一、活动背景

×××被许多人认为是香港流行音乐新时代的指标人物之一，他也被多数人认为是香港流行音乐泰山级人物之一。他曾在多个亚太地区获得多个奖项和提名，包括香港地区的"叱咤乐坛男歌手金奖""叱咤乐坛我最喜爱的男歌手奖""十大劲歌金曲最受欢迎男歌星奖""十大劲歌金曲亚太区最受欢迎香港男歌星奖""四台联颁音乐大奖—传媒大奖"；日本"2008年MTV日本音乐录像带大奖台湾地区最佳BuzzAsia奖"。该明星在影坛方面也取得佳绩，曾在"美涛·领衔2009腾讯网星光大典"中凭电影《金钱帝国》获得港台年度电影男演员荣誉。其专辑《U87》被《时代杂志》评为2005年亚洲五张最值得购买的专辑，而《Special Thanks To...》和《不想放手》曾获得"金曲奖流行音乐类最佳国语专辑奖"。

2010年，他突破个人演唱会场数的纪录，于3月20日至4月6日在香港红馆举行一连18场《DUO 某明星2010演唱会》。为配合"DUO 双面"主题，在歌曲和造型上大玩 crossover——他穿上半黑半白的造型出场，在齿轮为背景的舞台上大唱出《今天等我来》。选曲上也有所突破，近40首歌曲中，几乎唱了三分之一其他歌手的名作，如《好歌献给你》《喜帖街》《约定》《寂寞夜晚》《破晓》等，歌者再把他自己的歌曲配上意境和故事，同时以《Time files》的造型现身，重新诠释和连接"DUO"的演唱会概念。

"DUO"源于拉丁语，即"双面"之意。"我真的可以有时候很顽皮，有时候又很正经"，对本次演唱会的主题，其本人是这样诠释的，并表示要带给观众新鲜感，"还是同一个人，但会有不同的感觉"。

他2012年的演唱会将继续以"DUO"为主题陆续进行。作为香港流行音乐新一代歌神，走到哪里都会带来非同凡响的效应，"DUO"巡回演唱会自开唱以来，一路火爆，所到城市立即刮起抢购风潮，各地歌迷直呼他的票实在是太"抢手"。最新一轮"DUO"2012巡回演唱会已正式启动，9月8日他将携DUO演唱会席卷南京奥体中心，为南京的文化演出市场投下今年最震撼的"文艺炸弹"。

二、演唱会方案

（一）演唱会主题、时间、地点

1. 主题：南京某演唱会
2. 时间：××年××月××日19:30
3. 地点：南京奥体中心体育场

（二）组织结构及运作模式

主办方负责：辅助及配合承办方的一切合理宣传活动。

协办方负责：配合本活动组委会进行渠道开发及协调。

承办方负责：

（1）协助主办方运营本次演唱会，通过招商方式让更多单位参与进来，以减免部分费用。

（2）承办本次演出，负责文化报批，协助公安、消防及其他报批工作。

（3）提交宣传推广方案、宣传设计方案、招商方案。

（4）按主办方要求执行相应项目。

（5）其他落地执行事宜。

（三）现场布置平面和效果图

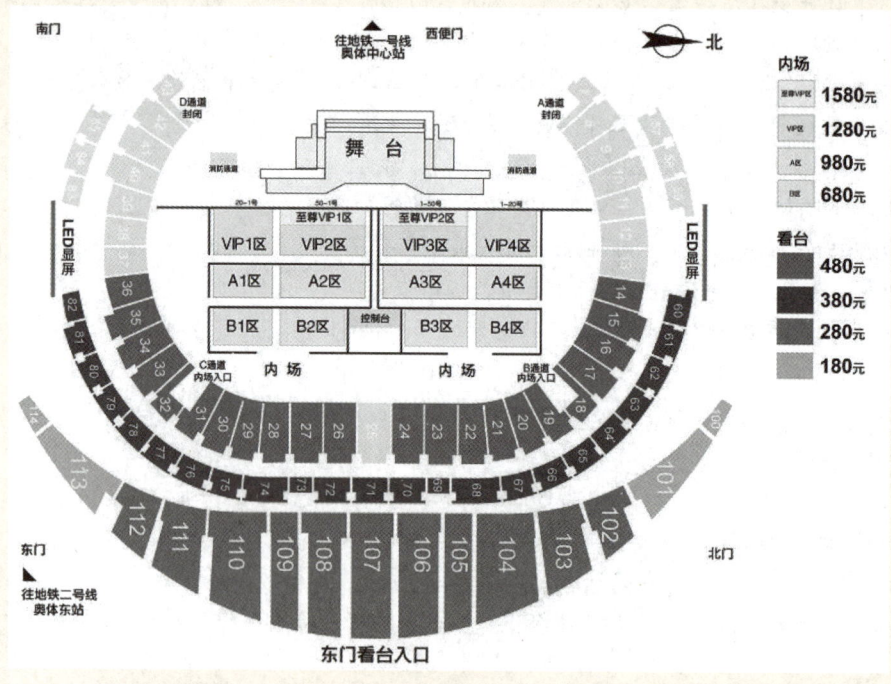

附演唱会票价（如上图所示）：

内场：至尊VIP区：1580元、VIP区：1280元、A区：980元、B区：680元。

看台：由内到外分别是480元、380元、280元、180元。

（四）演唱会工作组及职责

为保证活动的顺利开展，需设置活动工作小组（组委会），同时工作小组下设事务组、活动策划组、联络接待组、安全保卫组、后勤组、突发事件处理组六个小组。

1. 工作小组（组委会）

（1）全面负责活动的组织、准备、实施，确保活动的圆满完成；

（2）全面负责会场执行的各项准备、现场操作、后期整理；

（3）负责各实施板块的总体指挥与协调。

2. 事务组

（1）贯彻执行领导小组的活动须知；

（2）负责对接待人员服装礼仪、形象要求进行检查；

（3）各项道具文字资料的准备、制作、核查，以清单的形式登记，制作出布置程控表，配以文字资料，交代工程部执行组的各项安装事宜；

（4）现场主要来宾、演员、保安人员的安排；

（5）活动主要关键礼仪小物料（如签到用具、胸花等）的看管等。

3. 活动策划组

（1）负责活动的媒体宣传广告的选择和媒介人员的邀请；

（2）负责宣传资料编辑、印刷的配合跟踪工作；

（3）与会人员的讲话撰稿等；

（4）具体负责活动策划方案（执行计划）的拟订、组织及实施；

（5）拟订活动实施细则方案并在该方案中明确各部门及成员个人的工作职责；

（6）理出各类布置道具的情况，在准备工作中有机进行。

4. 联络接待组

（1）负责对外信函的发放、礼品的接存和分发；

（2）负责嘉宾的迎接、餐饮安排；

（3）负责与演艺活动公司各项工作的衔接等；

（4）负责与领导嘉宾的联系和落实日程安排。

5. 安全保卫组

（1）负责活动的现场秩序维护和消防安全检查；

（2）负责现场车辆指挥及安全疏导工作。

6. 后勤组

（1）饮料、茶水、宣传资料的配备；

（2）会场所需桌椅的配置；

（3）会场布置所需电源、场地以及停车场的落实等；

（4）具体负责会场及周边地区全部会场布置的准备、实施及清理；

（5）按照布置道具清单逐一细致检查准备物料的情况，并以报告的形式向组委会汇报、核查，细致入微；

（6）在布置过程中对物料进行按序布置；

（7）在活动实施过程中随时维护、检查会场布置的相关情况。

7. 突发事件处理组（由各组负责人组成）

（1）预见、拟订突发事件处理办法，以便临场调节；

（2）与相关工作小组时刻保持联系，详细完善现场的每一个细节；

（3）协助安全保卫组作好现场秩序维护；

（4）现场出现意外的突发事件时，保持清醒的头脑，如能处理当机立断，如不能处理需及时上报组委会。

（五）工作排期

◆ 8月11日~8月17日

（1）审定活动有关项目内容。

（2）确定出席贵宾名单。

（3）宣传资料准备工作、媒体的确定。

（4）媒体宣传计划内容的审定。

（5）门票发放管理办法制定。

◆ 8月18日~8月24日

（1）由主办单位写请柬交领导办盖章。

（2）与演艺活动公司研究具体布置及落实情况。

（3）宣传物料、礼品的印刷制作等。

（4）人员培训。

◆ 8月25日~8月31日

（1）检查工作进度，落实日程安排。

（2）现场用水、电及保卫、消防、卫生等工作落实。

（3）现场的整理。

◆ 9月1日~9月7日

（1）由各工作小组与演艺活动公司联系，开始进场搭建舞台等布置周边环境，直到落实办妥。

（2）落实接待工作、现场茶水、演员休息处、停车场。

（3）9月7日，会场布置结束，各项准备到位，领导进行检查。

◆ 9月8日当天

14:00~16:00 各工作人员到位

（1）检查确认电源及备用发电机情况，舞台区域电源线再检查，准备好各媒介的接待工作。

（2）检查确认会场布置及停车场，检查确认现场车辆的到位情况，并按指定位置排放好。

（3）检查宣传资料，与外协人员一起作好迎宾的准备。

（4）安排好现场执行的各个环节，礼仪小姐、主要礼仪人员衔接，召开全体工作动员大会。

16:00~17:30 演出人员到位

（1）与演艺活动公司、各工作人员一起再次明确迎宾准备。

（2）各工作员入场站位，工作人员站位：停车场、临时休息区、主舞台。

（3）主持人熟悉完善文稿。

（4）衔接音控师、灯光师、音乐播放等。

（5）摄像师到场，选择取景地点，全程采写，直到演唱会结束。

18:00～18:30 暖场

演唱会前奏暖场表演，音控师播放宣传音乐。

18:00～19:00 迎宾

（1）负责接待媒介记者，并向记者介绍会场安排情况，明确摄影、摄像及采访区域。

（2）负责安排设置警戒线和维持秩序。

（3）负责媒介记者的签到及标识发放。

（4）各接待人员负责应邀嘉宾的接待工作等。

（5）警卫指挥区分贵宾、嘉宾及其他车辆到指定地点停放整齐。

19:30 主持人上台宣布演唱会正式开始

三、费用预算

出场费：450万（包括艺人唱酬、乐队、节目设计、制作及执行）。

场租：65万（演出场地租赁及相关费用等，共8天）。

硬体费：80万（灯光、音响、舞台、视频、特效）。

批文费：6万（演出当地文化主管部门管理费用）。

宣传费：50万（包括新闻发布会以及相关的设计印刷费用）。

其他相关费用：

公安、保安、安检门、风险评估报告、电检、阻燃等约16万。

演职人员当地交通安排费用及餐饮费用约10万。

演职人员机票（4张头等舱、40张经济舱）约30万。

演职人员四星以上酒店（3间套间、6间单间、20间标间）约8万。

60名民工及架子工（5天）约7万。

演唱会相关杂费（盒饭、水等）约8万。

总成本约730万。

四、应急方案

为确保演唱会活动的有序、安全、稳定和圆满，特制定本工作预案。

（一）组织机构

1. 成立应急领导小组

   统一指挥、上下联动。

2. 应急领导小组职责

（1）负责本次活动安全保卫工作的指导与指挥、协调；

（2）负责指挥、决策活动的安全应急工作；

（3）负责对活动期间出现的突发事件进行决策、处理；

（4）宣传启动和停止实施应急预案的唯一部门；

（5）确定现场指挥人员名单，并下达派出指令；

（6）统一协调应急资源。

3. 工作要求

（1）主要领导和成员及相关工作人员在晚会活动期间保持通信畅通；

（2）各成员要服从指挥、统一部署、动作迅速。
4. 应急领导小组办公室职责
（1）协助应急领导小组落实应急预案及应急措施；
（2）负责与地方政府、公安机关及相关部门的协调联系；
（3）负责向地方相关部门应急领导机构的信息报送。
5. 信息报告
（1）突发事件报送以相关责任人为主渠道；
（2）遇有紧急突发情况时，中心职工群众应当迅速向应急办公室报告；
（3）发生突发性事件，应急机构在接报后应及时将有关情况报局和地方相关部门。
6. 报告的内容
（1）事件的种类，发生的时间、地点、范围、程度；
（2）人员伤亡情况，设备设施受损情况；
（3）采取的措施，请求帮助救援情况等。
7. 报告的方式
以电话、书信、电子邮件和派人报告等一切迅速有效的方法报送单位行政管理系统、地方政府相关部门。

（二）安全防范措施
1. 演唱会现场的安全防范
（1）组成活动现场检查组，提前对演唱会的舞台、用电设备等进行全面的安全检查，并预备有消防灭火器材。
（2）保卫科组织人员引导观众有序入场、退场，重点注意防止拥挤、堵塞、踩伤、碰伤及各种意外人身伤害的发生。
（3）保安队员统一着装配带整齐，由保安队长带队，根据现场实际分配好人员，负责维护好现场秩序和安保警戒工作。
2. 现场外的安全防范
（1）要求门卫值班人员坚守岗位，认真履行职责，严把大门关。严禁外来车辆进入，乱停乱放，造成道路堵塞。
（2）治安巡防人员，着装整齐，分两人一组在场外巡逻防范，预防盗窃或其他治安案件的发生。

（三）现场指挥和应急准备
在活动过程中，如果有突发事件发生，应急领导小组应立即到现场，清查情况，成立现场指挥部，统一指挥、疏散人员。在做好前期全力自救的同时，必要时可向地方有关部门求援，应急办公室可根据应急处置的实际需要成立以下工作组。
1. 抢险救援组
（1）抢险救援组应现场组织人员抢险救援，与地方部门联系，求得地方相关配合。
（2）确定本部门派往现场人员并待命。
2. 后勤保障组
（1）负责基地中心处置事件所需资金、物资和其他用品的应急供给，以及伤员的救治工作。
（2）并有专人负责突发事件应急交通运输保障。
（3）确定本部门派往现场人员并待命。

3. 治安警卫组

（1）负责突发事件善后的治安防范工作，确保抢险期间人员的生命财产安全。

（2）并设专人负责与地方公安机关及相关部门的协调联系。

（3）负责配合公安机关及相关部门现场取证工作。

（4）确定本部门派往现场的人员并待命。

各小组组长将根据实际情况和需要由应急领导小组统一指派和确定相关负责人。

（四）应急结束

现场指挥部确认突发事件得到有效控制，危害已经消除以后，由应急办公室发布指令解除预警和应急措施，转入正常工作。

> **思考** 一场演出活动的成功举办，离不开前期详尽完备的准备工作，包括演出主题的确定、活动流程和组织架构的策划、合理的工作部署、人员安排和时间规划等。

项目一　演出活动概述

演出，是演出单位或个人在特定的时间、特定的环境下所举办的文艺表演活动。筹划和实施一场演出活动是一个系统完整的过程，中间环节繁杂且具有一定的规律性。为更好掌握基本流程和更好策划和开展演出活动，必须牢牢掌握演出活动的含义、分类等。

任务 1　掌握演出活动的含义

演出，指演出单位或个人在特定的时间、特定的环境下所举办的文艺表演活动，把戏曲、舞蹈、曲艺、杂技等才艺在观众面前表演出来。详细地说就是演员通过某种艺术表演形式和服装道具、舞美、灯光、音响的特殊艺术效果，现场把舞台艺术品展现给观众的过程。演出包括了演员、观众、演出场所、服装、道具、布景、舞美、灯光、音响等基本要素。从性质上可分为营业性演出和公益性演出两大类。

演出是非物质形态的艺术品、是现场表演的舞台艺术、表演者艺术生产过程，也是观众消费观赏的过程，具有演出自身的时效性和消费群体的有限性、生产经营者和消费者都无法得到所有权等主要特征。

演员通过一定的演技，把戏曲、舞蹈、音乐、曲艺、杂技等表演给观众欣赏，演出通常会以"晚会""联欢会""汇演""音乐会"等形式出现。一场精美的演出活动不仅能便于观众触摸时代主题，增强认识理解社会的能力，启迪人生思考，而且能够使人们愉悦身心，得到美的享受，文艺演出大大丰富了人们的精神生活。要把一场主题鲜明、内容丰富、表演精湛的演出奉献给观众，使演出达到预期的目的，收到良好的效果，满足广大观众精神生活的需要，离不开演出活动完美的策划和组织。

演出活动大多作为休闲活动的助兴、热场节目，对整个活动起到画龙点睛的作用。因此，所谓的演出主要是以非专业性、非商业性的演出活动为主，包括群众性、文体性、民俗性的演出活动，例如开幕式前的舞龙、舞狮、军乐队、腰鼓队、时装秀、模特秀等热场活动，都可以按照"演出活动"来策划。对于活动策划者而言，演出活动是休闲娱乐活动的配套项目，重点是休闲娱乐主体活动和休闲辅助活动之间的组织、衔接、协调问题，目的是要把休闲活动的环境和气氛营造出来。当然一台气氛热烈、明星阵容强大、舞美灯光一流、演员服装华丽的正规演出，本身也是大家十分向往和热爱的休闲活动。策划组织得好可以起到先声夺人、事半功倍的效果。除了休闲活动配套演出策划以外，诸如文艺汇演、喜剧表演、明星演出、歌舞晚会等专业性、商业性演出，一般可以委托专业演出公司或演出团体进行，活动主办方主要是做好组织、配合与协调工作。

任务2 掌握演出活动的类型

一、按照演出内容分类

（一）综合演出

所谓综合演出，指的是包括各式各样演出节目的演出，例如中央电视台的春节联欢晚会等。综合演出内容丰富多样，多种形式的节目按照顺序轮流交替上演，演员上场、下场频繁，导演临阵指挥，大型综合演出出场顺序（包括灯光、音乐等）完全实行电脑控制，要求演出时间准确到秒，以保证演出效果的连贯性。

由于演出经过长期的发展与各地的差异，目前主要包括电影展演、音乐剧、实景演出、演唱会、音乐会、话剧、歌舞剧、戏曲、综艺、魔术、马戏、舞蹈、民间戏剧、民俗文化等种类。在综合演出中，各种艺术形式受演出时间的限制不可能全部一一展开，哪怕是明星也只能演出某一种文艺形式的精华部分，比如春节联欢晚会的内容，其实都是浓缩的"精华"部分。"浓缩"和"精华"必须根据演出的宗旨和主题，按时间比例和内容交叉组合，最终成为综合演出，其中戏剧可分为戏曲和话剧两部分。

1. 戏曲

戏曲是中国传统的戏剧形式，是包含文学、音乐、舞蹈、美术、武术、杂技以及各种表演艺术因素综合而成的。它的起源历史悠久，早在原始社会歌舞已有萌芽，在漫长发展的过程中，经过八百多年不断地丰富、更新与发展，才逐渐形成比较完整的戏曲艺术体系。京剧、越剧、黄梅戏、评剧、豫剧是中国五大戏曲剧种。

我国各民族地区的戏曲剧种，有三百六十多种，传统剧目数以万计。中华人民共和国成立后又出现许多改编的传统剧目，新编历史剧和表现现代生活题材的现代戏，都受广大观众热烈欢迎。比较流行著名的剧种有：秦腔、京剧、越剧、黄梅戏、评剧、豫剧、越调、曲剧、昆曲、粤剧、川剧、淮剧、晋剧、汉剧、湘剧、潮剧、闽剧、祁剧、莆仙戏、河北梆子、湖南花鼓、吕剧、花鼓戏、徽剧、沪剧、绍剧等六十多个剧种。但无论是哪种剧种，参加综合演出都必须以短小精悍的一场戏（文戏和武戏）或一段唱（清唱和彩唱）等形式出场。

2. 舞蹈

舞蹈是八大艺术之一，是于三度空间中以身体为语言作"心智交流"现象之人体的运动表达艺术，一般有音乐伴奏，以有节奏的动作为主要表现手段的艺术形式。它一般借助音乐，也借助其他的道具。舞蹈本身有多元的社会意义及作用，包括运动、社交、求偶、祭祀、礼仪等，是通过演员的形体动作表现主题。从舞蹈的源流和地域上讲，可以是来自外域的芭蕾舞、宫廷舞、交谊舞等，也可以是本民族的各种舞蹈；从表现舞蹈的人数来讲，可以是集体舞、双人舞或独舞；从舞蹈产生的时代来讲，可以是传统舞、现代舞。

3. 音乐

音乐与人的生活情趣、审美情趣、言语、行为、人际关系等，有一定的关联，故高洁的音乐与低价的音乐对人们的影响是大不相同的。音乐是人们抒发感情、表现感情、寄托感情的艺术，不论是唱、奏或听，都包含着关联人们千丝万缕情感的因素。为什么音乐能表达人们的感情呢？因为音与音之间联接或重叠，就产生了高低、疏密、强弱、浓淡、明暗、刚柔、起伏、断连等，它与人的脉搏律动和感情起伏等有一定的关联。特别对人的心理，会起着不能用言语所能形容的影响作用。

广义地讲，音乐就是任何一种艺术的、令人愉快的、神圣的或其他什么方式排列起来的声音。而对音乐的定义仍存在着激烈的争议，但通常可以解释为一系列对于有声、无声具有时间性的组织，并含有不同音阶的节奏、旋律及和声。或是，简单说就是好听的"杂音"。

音乐包括声乐和器乐。声乐从表演人数上来讲可以是大小合唱，也可以是二重唱或独唱；从演唱方法上可以是美声、民族和通俗唱法。器乐在演出中主要是指器乐演奏。器乐演奏从乐器的源流和地域来看可以分为西洋乐器的演奏和民族乐器的演奏；从演奏的人数和声部的多少来看，演奏可以是大合奏、小合奏，也可以是二重奏和独奏。

在综合演出中常有曲艺节目。曲艺包括相声、小品、快板、双簧、大鼓、评弹、哑剧等多种曲艺形式。杂技也是综合演出经常涉猎的内容，包括魔术、马戏、车技、口技、走钢丝、空中飞人等内容，以新、奇、难、险为观众称道。

综合演出一般以歌舞、小品、相声为主要节目内容，中央电视台的春节联欢晚会、公安部文艺晚会、中秋文艺晚会、元旦晚会等演出活动中，歌舞、小品、相声等都是重要的担纲节目。

（二）专场演出

专场演出是指在一场演出中专门演出同一类型的若干节目，如话剧演出、越剧演出、歌剧演出、小品相声晚会、专场音乐会等，或者在同一场演出安排不同类型的专场演出。例如在新年音乐会里面安排民族乐器演奏、西洋乐器演奏；春节京剧晚会安排外国戏剧专场；曲艺晚会安排小品、相声、杂技专场等。专场演出虽然节目内容比较单一，但却能使某一种艺术形式的节目得到较为充分的展示，使观众或对全部的情节有较完整的把握，或对某人的作品及演唱有多角度的认识，在众多节目中观赏自己最喜欢的一种艺术形式。

【案例分析1】

音乐剧《妈妈咪呀！》中文版巡演冠名招商方案

《妈妈咪呀！》是21世纪百老汇艺术风范的音乐剧作品代表，享誉全球。《妈妈咪呀！》中文版作为全球第十四个语言版本，由原创团队全程参与中文版本土化创作过程，国际品质保证。作为首部改编为中文版的世界经典音乐剧，无论是在国内还是国外，都有着里程碑意义，是中国和世界文化产业的大事件。中文版创作历时长达一年之久，耗资四千万，国内首轮巡演选择上海、北京、广州等一线城市，并以辐射状深刻影响华东、华北及华南经济圈，将在中国产生其他文艺活动所不具备的强势影响力，引发一场席卷都市的欢乐风潮。

（一）价值分析

音乐剧作为城市休闲娱乐的最新方式，被广大中高收入知识阶层普遍认同。被引进中国后，每次演出都造成了长期的讨论热潮。《猫》《妈妈咪呀！》便是其中的翘楚，所到之处，均成为城市娱乐的风向标。观众以家庭、情侣、企事业单位等组合形式前来观看，具有良好的传播口碑。

1. 中秋演出搭建企业文化交流平台，长效助力品牌价值提升收获品牌忠诚度

中秋节作为家人团圆的一大象征，备受国人推崇。加之传统文人诗词不捐，使它更具一种高雅、温情的气质。选在中秋佳节演出《妈妈咪呀！》这样一出极具欢乐、圆满的国际知名音乐剧，十分契合中秋节的主题。众多企业品牌也纷纷携手《妈妈咪呀！》指向性更强的提升企业软实力。

2. 植入全球经典演出扩大品牌知名度，强势媒介整合有效覆盖全省

项目正式演出期为9月中，整个宣传推广周期将长达4个月之久，为保障整个演出活动的票房运营，主办方将全面整合省内最富传播力的全媒体资源互动推广，确保演出项目在全省范围内的知晓度，并借助有效的媒体专题报道与深度报道结合的形式，培养目标受众期待感与观演机会的稀缺感，覆盖面可达3000万人次。连续8场演出每场1200名观众，通过数万名观影人士的现场体验对其周边人群进行病毒性口碑传播，点对点精准宣传可达20万人，为赞助植入品牌创造最佳传播效果。

3. 支持高端文化导入提升品牌美誉度，媒体主动传播优于硬广效果

因《妈妈咪呀！》在全球范围内的知名度与品牌印象，同时作为文化演艺界的头牌剧目，无论作为高端文化项目的引入还是作为商业巡演的运作，它必将成为项目执行期内，甚至是项目执行完成之后，一个很长时间段里的文化现象与话题。必将成为主流媒体主动追逐的文化事件。对植入品牌的宣传效果将大大优于传统硬广告投放。

（二）商务合作模式

1. 总冠名赞助250万

通过冠名本次音乐剧演出活动获得本次音乐剧独家总冠名商权益，演出的所有新闻报道、广告营销、地面推广活动、新闻发布会等相关宣传中均以"××××××"音乐剧《妈妈咪呀！》中文版形式出现。

回报明细

硬广推广				
项目	推介	载体	内容	投放
音乐剧《妈妈咪呀！》中文版	电视	贵州2、3、4套栏目群	音乐剧相关新闻 音乐剧宣传片 音乐剧票务信息	超过12次专题新闻报道 超过60天宣传片播放
	广播	95.2MHz 102.7MHz 91.6MHz	音乐剧相关信息 音乐剧票务信息 音乐剧宣传音频	超过12次专题新闻口播报道 超过60天宣传音频播放

续表

硬广推广				
项目	推介	载体	内容	投放
音乐剧《妈妈咪呀！》中文版	平面	《贵州都市报》《贵阳晚报》《新报》《黔中早报》等 《城市档案》《新目标》	音乐剧票务信息 主体海报	超过15期
	户外	累林庵LED大屏 T2航站楼高清广告机 分众楼宇广告 战略合作伙伴消费终端	音乐剧宣传片 音乐剧票务信息 主体海报	超过60天
	网络	腾讯宣传资源 新浪宣传资源 贵州各门户网站	音乐剧宣传片 音乐剧票务信息 主体海报	超过60天
价值≥2400万				

软文推广				
项目	推介	载体	内容	投放
音乐剧《妈妈咪呀！》中文版	平面	《贵州都市报》 《贵阳晚报》 《新报》 《黔中早报》 《城市档案》 《新目标》 《贵州广播影视周刊》	音乐剧相关信息	15次以上软文宣传 超过10次报纸专题报道 至少4期杂志深度报道
	网络	腾讯宣传资源 新浪宣传资源 贵州各门户网站		超过10次专题推广 全程追踪新闻报道
价值≥300万				

其他推广				
项目	推介	载体	内容	投放
音乐剧《妈妈咪呀！》中文版	PF（公共关系活动策划）	演出现场	现场内围挡广告位 现场外围挡广告位 现场展架易拉宝摆放	全程
		演出公共活动	现场设置横幅，体现冠名企业名称，具体尺寸待定 现场区内主要入口处摆放产品展位，作为产品展示 现场电子屏幕等其他可提供广告资源 现场工作人员统一穿着印有企业LOGO的服装 音乐剧相关活动结合企业营销	
	POSM（辅助销售材料）	门票	所有门票植入冠名企业名称及LOGO	
		易拉宝	赠送价值20万元的音乐剧门票 上百家餐厅、书店、咖啡厅明信片广告及易拉宝展示	
价值≥100万				

2. 指定行业唯一赞助

投入指定行业约定赞助额度的现金及相关产品服务,即可获得指定行业唯一赞助商权益及"音乐剧及与之配套活动的广告和媒体资源回馈"。且赞助企业作为本次活动的协办单位与贵州省天马传媒有限公司一起出现在相应的宣传报道中。

注：赞助不限于以下行业,企业的赞助金额可根据实际情况另行确定。

指定行业	指定金额	提供产品或者服务	提供时间
指定用车	10万元	52座大巴车两辆,办公车、行李车各一辆（含驾驶员）	11天
指定保险	5万元	95名音乐剧工作人员医疗保险RMB20万,意外伤亡保险RMB50万,公共责任险保额RMB2.5万/人,累计最高赔偿限额为RMB1000万	演出前10天提供保单及相关文件给演出负责人
指定餐饮	15万元	餐券150000元整	
指定酒店	25万元	挂牌四星级酒店65间房住宿	11天
指定摄影造型机构	10万元		
指定用水	5万元	矿泉水500箱（规格400毫升/瓶,24瓶/箱）	

 1. 如何策划一场专场演出？
2. 为了保证演出活动的经济效益,该如何制订招商方案以吸引赞助商？

二、按照演出性质分类

（一）营业性演出

根据文化部《营业性演出管理条例实施细则》的规定,营业性演出是指以营利为目的、通过下列方式为公众举办的演出活动：售票或者包场的；支付演出单位或者个人报酬的；以演出为媒介进行广告宣传或者产品促销的；有赞助或者捐助的；以其他营利方式组织演出的。

以营利为目的的演出,是演出公司和主办方按照市场化运作的一种经营性行为,一般通过公开售票、企业赞助、明星代言、广告发布等多种形式赚取演出收入,所得款项由演出主办方、演出场馆方、演出团体和演职人员根据事先达成的协议按比例分配。

【案例分析2】

2015年宁波纽扣音乐节策划方案

一、前言

中国摇滚开始于1986年"西北风"开始进入刚刚萌芽的青年文化,中国最早的摇滚歌曲大概是现在大家所推崇的"中国摇滚之父"崔健的《一无所有》。1986年的《一无所有》开启中国摇滚时代。1990年代初,摇滚乐在中国大陆达到流行高潮,此后中国摇滚几近瓦解,但没有消亡。近几年,中国摇滚出现复苏迹象,摇滚乐队异常活跃,在各种大小型演出中都可看到摇滚乐队的身影。喜欢摇滚的青年越来越多,所以各地的音乐节都悄然开展。

在中国,比较有名的音乐节有迷笛音乐节、草莓音乐节、张北草原音乐节等。宁波虽然也办过几次音乐节,但是规模都很小,而且流行歌手与摇滚歌手、民谣歌手混杂在一起,所以这次的纽扣音乐节就是一个比较专业的音乐节,邀请的都是中国比较有名的摇滚歌手和民谣歌手。

二、立项概要

(一)活动概况

名称:2015年宁波纽扣音乐节
主题:只有音乐才是我的解药
时间:2015年7月4日~7月6日
地点:宁波黄贤森林公园
主办:宁波纽扣音乐文化传播公司
承办:宁波奉化市政府
协办:宁波市音乐家协会

(二)活动意义

音乐对于人们的影响越来越大,越来越多的人开始喜爱和热衷于摇滚音乐。我们可以借助这次的音乐节来传播一些关于宁波的文化,让全国各地的人们更加了解宁波这个美丽的城市。同时也可以推动宁波的经济发展。

三、市场分析

(一)优势

本次音乐节选择7月份举行,主要是因为这个时候江浙沪基本上没有音乐节举行。迷笛音乐节和草莓音乐节大都在每年的5月份和10月份举行,这个时候的其他音乐节基本在北方举行。本次音乐节弥补了江浙沪夏天鲜有音乐节的遗憾,也能让更多的乐迷有时间来参加。

(二)劣势

迷笛、草莓、张北音乐节等在中国举办的时间较长,已经有一定的地位,近几年来形形色色的音乐节也如雨后春笋般成长起来,质量不一,宁波纽扣音乐节才是第一届,影响力不大,面临的困难重重。

(三)机遇

热爱摇滚的青年越来越多,音乐节已经深入年轻人的内心,更多的年轻人愿意来音乐节放松自己、释放自己。

(四)挑战

7月份天气较热,不少乐迷可能会因为天气的原因而减少热情,天气炎热可能也会导致现场发生未知的状况。

四、项目运作

（一）演出嘉宾邀请

本次音乐节为了打造成为宁波乃至全浙江省最专业的摇滚音乐节，大力邀请中国最顶尖的乐队来为全国各地的摇滚乐迷带来听觉和视觉的盛宴。

（二）宣传工作

1. 前期宣传

（1）新闻媒体宣传　在宁波各大电视台、浙江卫视和各地的音乐节目上播放宣传片，播放音乐节的举办地点、举办时间和邀请的歌手。请一部分的歌手录一个VCR为本次音乐节宣传造势。在宁波的各大广播电台也播放相关的宣传广告。

（2）网络宣传　豆瓣、虾米、网易、乐视、优酷、土豆、爱奇艺、腾讯、搜狐等网络平台张贴本次音乐节的相关海报或播放宣传片。在新浪微博注册一个名为《宁波纽扣音乐节》的微博，发布实时的动态，与乐迷做互动，乐迷转发音乐节的微博还将有机会得到免费的门票。

（3）报纸杂志宣传　《宁波晚报》《宁波早报》《宁波现代今报》《宁波东南商报》《钱江晚报》《都市快报》《杭州日报》《中国音乐报》。

（4）其他宣传　在各地的地铁站、公车站等张贴海报，在地铁和公车的移动电视上播放宣传片。

2. 中期宣传

（1）购买门票的乐迷除了收到门票之外还有一本音乐节小手册，里面有音乐节详细的演出时间表和各个乐队的相关介绍，方便歌迷能够在音乐节期间准确地看到自己喜欢的乐队。购买三天套票的乐迷能在现场凭票领取一个音乐节的纪念礼包。

（2）在音乐节现场各个舞台的大屏幕定期播放音乐节的宣传片和乐队的VCR。

（3）音乐节现场将会开辟出一定的场地卖一些乐队的周边，比如CD、衣服、勋章等。

（4）音乐节开展期间有专门的工作人员在微博上发布实时的图文动态。

3. 后期宣传

在微博、乐视、腾讯、优酷等视频网站上传音乐节的演出视频。

 1. 如何策划一场成功的营业性演出？
　　　2. 营业性演出如何进行有效的营销推广？

（二）公益性演出

1. 义演

义演又称"公益性演出"，指的是通过演出的形式参与到公益中来，不以营利为目的，即不以追求利润的最大化作为根本目标。现代的公益，是人人参与的公益，不管是个人还是集体，人们通过各种公益活动、公益基金、公益网站等途径，通过直接参与、捐赠、公益广告、公益歌曲等方式参与到公益中来。在中国古代，倡导日行一善，就是每天做一些我们力所能及的事情，帮助更多的人，让社会更加美好和谐。

义务演出，是艺人不以营利为目的，从事的具有人道主义性质的义务演出，是为个人或某一事业筹款而进行的演出活动，一般是为公益事业（如赈灾）而举行的筹款性演出。

按照义演的性质，又可以分为演职人员有报酬（适当领取劳务费）的义演和演职人员没有报酬的义演。但无论是演职人员有没有领取报酬，这类演出都是以筹款为目的，筹款的来源包括门票、企业赞助、个人捐助等，只不过是把这些收入用在了公益事业或慈善事业上，因此，义务演出并不是无偿演出，本质上还是属于有偿演出。尤其是对演职人员没有任何报酬的义演也不能认为是"无偿演出"，只不过是演职人员把自己或多或少或无的报酬都捐给了慈善公益事业，真正体现了演职人员无私高尚的品格。

"义演"有两层含义，一层是人道主义性质，也就是说义演必须出于纯粹的公益目的，如赈灾、扶贫、助学等，不能有营业性收入，更不能以义演为名从事营业性演出活动。另一层含义是演出具有义务性，一方面，义演具有演出团体和演职人员演出义务性，参加义演者不享有因演出行为而获取任何对价的权利；另一方面，义演又具有社会义务性，必须接受社会监督，尤其是遇到灾害或者灾难时，艺人必须承担通过文艺演出来实施社会救助的义务，因此，从义演的含义来看，演艺机构或者文化人从事文化艺术行为具有获取报酬取得收入的权利，同时还要具有关注社会、关爱他人、救助生命的义务。

"零成本"义演，是指参加演出的各方，包括音响灯光，舞台工程和策划、导演、演员以及具体工作人员均不拿任何报酬，是一场群星云集、规模空前的慈善活动，众多知名演员、导演、歌手演出的所有收入和捐款都通过中国红十字总会送往受灾地区。中央电视台名牌栏目"同一首歌"往往也会配合有关部门开展赈灾义演，鉴于"同一首歌"栏目的知名度，多名歌手都会纷纷响应，多数新人更是以能参加"同一首歌"的义演为荣。同样的例子从中央电视台的春节联欢晚会也可以看出，从演出的性质来看，中央电视台的春节联欢晚会是全国最大规模的义演（演员只领取少量劳务费），不过，中央电视台通过成功的商业运作（如企业赞助、植入广告等），把春节联欢晚会打造成了一台中国最赚钱的文艺演出——赚取的利润靠的不是演出而是广告收入，这是中央电视台利用自身媒体优势，通过商业化运作成功策划的大型演出活动，一方面推动了我国广播电视事业的发展，另一方面众多著名的演员甘愿义演，性质上仍然属于公益事业筹款演出的范畴。

"义演"虽然也以营利为目的，但与"商演"的本质区别是：把门票等演出收入用来捐赠某项事业或是救济社会灾难，如："5·12"汶川大地震义演、东南亚海啸赈灾义演等。义演一般具有良好的社会效益，能够得到社会和公众的普遍赞扬和认可，还能拉到数额较大的企业赞助和广告费，因而同样具有显著的经济效益。

【案例分析3】

炸裂！这场世界顶级演唱会如期而至，筹款数也很惊人

美国当地时间4月18日晚，6+2小时的《同一个世界：团结在家》线上特别慈善音乐会如期而至。整个"One World: Together at Home"（《同一个世界：团结在家》）发起的初衷，旨在向抗击新冠肺炎第一线的工作人员致敬，并为全球新冠肺炎抗疫行动筹集善款（如帮助购买诊断试剂盒、医务工作者的防护用品和支持研发等），由Lady Gaga、克里

斯·马丁（酷玩乐队主唱）等几位一线大咖发起。

截至发稿时，主办方"全球公民"已为世界卫生组织筹得1.279亿美元用于抗击新冠肺炎疫情。

19日凌晨2点至上午8点，是"One World：Together at Home"的第一轮表演时段，大家关注的几位中国艺人，都已先后亮相。平日里舞台上光鲜的艺人们，好像一下子都变成了亲切的隔壁邻居。比如陈奕迅，就在女儿的钢琴房里，完成了两首歌曲的演唱。一顶黄色鸭舌帽，一件白T恤，陈奕迅先是吉他自弹自唱了一首粤语歌曲《我什么都没有》。演唱前，陈奕迅还用普通话表示，"借这个机会要感谢所有的医护人员，你们的无私、你们的爱、你们的努力，好好加油！"而另一位歌手张学友，直播地点则放在了自家的书房里，穿着蓝白条纹衫的张学友说："如果留在家没事做，就来唱唱歌吧，可能疫情就会过去了。"张学友选唱的歌曲，同样很有意义，是自己的一首英文作品《Touch of Love》。张学友在演唱时只有背景伴奏，网友们纷纷评价"行走的CD"。郎朗则在最后表演了一首《The Prayer》。这首歌也被不少中国网友笑称，中文版的《难忘今宵》。

大咖云集+顶级流量。

很多国际大咖加入了这次演唱会。泰勒·斯威夫特、"碧梨"Billie Eliish、滚石乐队、Jseeie J……当顶级流量们卸下明星光环，褪下华丽的服装和精致的妆容，穿上家居服素面朝天时，网友们关注的亮点就不太一样了，有网友发微博称，看到世界大咖们也如此随意，心里顿时舒坦了。但不管怎么说，召集以难弄著称的明星们，把他们准确嵌入这场史无前例的线上音乐会，是一桩里程碑的壮举。八小时的音乐长跑所展示的团结全球的美好愿望，关爱不同族群的善意，社交网络留言区快速滚动的不同语言，共同形成促进世界多元化发展浪潮中的一块切片。其中有时代气息，技术革新，也有音乐跨越不同洞见的永远魅力。

全球明星抗疫义演，联合国秘书长致辞。4月18日，联合国秘书长古特雷斯为"同一世界：团结在家"慈善音乐会发表致辞，向全球奋战在抗疫第一线的医护人员及所有坚守工作岗位的人致敬，呼吁各国团结应对危机。

> **思考** 如何策划一场兼具社会效益和经济效益的公益性演出？

2. 出资演出

出资演出简称"出演"，是由单位或个人出资为某一行业或特殊团体进行的演出，一般以丰富本单位或团体职工业余文化生活为目的，或者为开展某项重大纪念活动而进行的演出活动，例如企业的周年庆、厂商的新产品发布会、农村为庆祝老寿星邀请戏班子演出等。出资演出多数是出资方邀请专业演出团体到本单位或者指定场所演出，演出一般以发（赠）票或组织观众免费入场的方式进行。出演的显著特征是演出费用有人买单，观众或其他参与者无须支付任何费用。显然出资演出的目的是为了获取人们和社会公众对自己的认同，实质上是单位或个人面向社会公众或特定人群的一项公共关系活动。

3. 无偿演出

无偿演出是指道义上不索取任何报酬的演出，包括送戏下乡、慰问演出、友情演出和本行业、本系统、本单位组织的演出。

（1）慰问演出

慰问演出是指为生活和工作在艰苦环境做出重大贡献、突出成绩的行业、团体而进行的演出。如：为边防战士的慰问演出，对老少边穷地区人民的慰问演出，为抗洪、抗震做出突出贡献的解放军、救援团体的慰问演出等。随着公益活动的开展，近年来一些影视明星也开始到孤儿院、敬老院、儿童福利院等地进行演出，真正体现了真情的回归。

（2）送戏下乡

送戏下乡是以建设社会主义新农村为宗旨，丰富农村业余文化生活为目的，围绕社会主义精神文明而开展的"倡导文明新风尚、共建和谐新家园"主题活动。相对于城市来说，农村文化生活比较贫乏，农村居民的精神文化生活需要更多地给予关怀，在这种形势下，党中央、国务院提出了"文化下乡""送戏下乡""家电下乡"等活动，各级人民政府和文化艺术团体积极组织、踊跃参加，在全国各地掀起了一股"送戏下乡"的热潮。

"送戏下乡"一般在农闲时间和节假日进行，演出团体组织优秀演员，自带演出器材、生活用品下乡公益性演出，不收取任何报酬，演出经费主要由演出团体自行解决，或申请政府一定的文艺演出经费资助解决。还有演出团体去社区、厂矿、部队等演出。凡是下基层演出并且是无偿的，我们都可以称之为"送戏下乡"。

【案例分析4】

广灵县文体广电新闻出版局
关于实施"送戏下乡"工程的管理办法

为深入贯彻落实《中共中央办公厅、国务院办公厅关于进一步加强农村文化建设的意见》精神，按照省、市、县委关于文化强县相关精神的要求，我们将从2013年起实施"送戏下乡工程"。为保证此项活动能深入扎实地开展，丰富农村群众文化生活，促进和谐社会和社会主义新农村建设，特制订本管理办法。

（1）"送戏下乡工程"是开展农村文化活动的重要内容和主要形式，是基层文化工作的重要组成部分，是新农村文化建设的重要载体。

（2）"送戏下乡工程"对于丰富农民精神文化生活，传播先进科学文化知识，宣传党和国家的方针政策，培养健康文明的生活方式，提高广大农民群众的整体科学文化素质，抵制愚昧落后、封建迷信和腐朽思想的蔓延，促进和谐社会建设，构建乡风文明的新农村具有重要意义。

（3）实施"送戏下乡工程"是省、市、县各级政府明确规定的公益文化活动，由县文体广电新闻出版局负责组织实施，县秧歌传习中心负责具体实施。

（4）"送戏下乡工程"采取政府购买文化服务的形式，向县秧歌传习中心购买雅俗共赏、健康向上、喜闻乐见的演出，送给全县农村老百姓免费观看。同时也能进一步增加县秧歌传习中心收入，缓解其创收难等问题，从而达到双赢的目的。

（5）县文体广电新闻出版局负责审核演出节目的质量，确保演出能强化新形势下乡镇文化工作，培育农村文化市场，丰富和活跃农民精神文化生活，不断满足人民群众日益增长的多层次、多方面的精神文化需要。

（6）县秧歌传习中心要制订详细的演出方案，并结合当地的天气、季节等实际原因切实实施好"送戏下乡"工程，确保送戏下乡常年化、制度化，从而实现全县每村每年至少送戏演出一场的目标。

（7）县秧歌传习中心要负责聘请有一定演艺水平的文艺表演演员及团体演出。每次演出人员规模要在20人左右，时间为2个小时左右。

（8）每送戏演出一场，县文广新局补贴1500元。

（9）每送戏演出一场，由演出地的村委会负责人填写《"送戏下乡工程"活动回执表》并签字盖章。

（10）县文体广电新闻出版局定期对"送戏下乡"活动进行检查考核，考核合格后按半年一次拨付专项资金。在检查过程中，发现一次弄虚作假行为的，则取消当年所有送戏的专项补助资金。

思考 组织一场演出活动需要多少部门之间的通力合作？各自承担什么角色？

4. 友情演出

友情演出，简单来讲，就是不"拿钱"，不收片酬的，受朋友邀请的演出扮演角色。演出团体或演出团体中的演员与某单位团体建立起了长期的合作关系，或因某事建立起真挚的友谊，遇到某一单位或团体举办重大活动时，演出团体或演出团体中的演员到有长期合作或建立友谊关系的单位或社团进行演出。友情演出分两种情况，一种是演出团体为单位或某团体组织一整场演出；另一种是演出单位的演员参加该单位和团体自己组织的演出，为其增光添彩。本行业、本单位、本系统的文艺骨干以丰富业余文化生活，展现本行业、本系统精神风貌进行的演出，不仅没有报酬，还有可能倒贴或牺牲大量业余时间，对这样的演出，我们统称为"友情演出"。

按照不同的分类标准，演出活动可以划分为不同的类型（图4-1）。但无论是哪种演出活动，举办之前都必须经过严格的策划与周密的考量。做到未雨绸缪，方有可能成功。

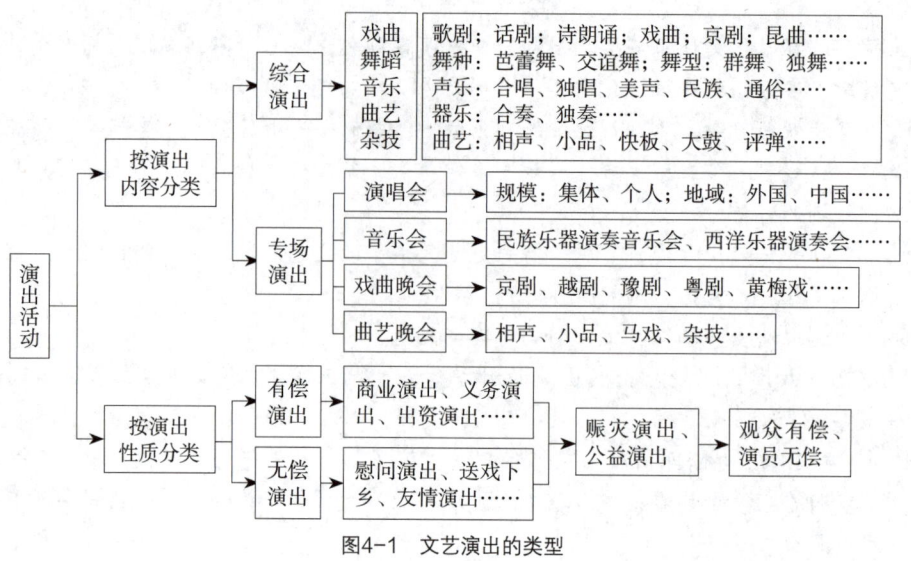

图4-1 文艺演出的类型

【项目训练】

学生以小组的方式,选定一种类型的大型演出活动为研究对象,探讨其策划流程。

项目二　演出活动流程与组织策划

一场演出活动从筹划到实施直至结束，是一个完整的过程，中间环节繁杂且具有一定的规律性。我们在操作一场演出活动时，首先可按照大型活动的基本策划流程，对市场进行分析与定位，再根据具体的对象进行具体分析。就演出的整体框架结构而言，大致流程包括了确定演出的名称、演出主题、演出时间与地点、演出宣传口号、主办单位、协办单位、承办单位、赞助单位、组委会成员、演出节目安排、阵容组织、演出形式、观众构成、演出性质、经费预算与经费来源、电视转播等环节。我们在掌握了基本流程的基础上，开展演出活动的具体组织及内容的策划与管理工作。

任务 1　掌握演出活动流程关键要素

一、演出活动名称确定

演出名称是演出的"代号"，要合乎规范，符合演出名称构成的基本要素，同时要方便观众记忆、传播。在演出名称确立之前可以提出多种方案，然后在若干个备选方案中选出最佳名称。任何一场演出都有一个名称，并以各种形式在演出中得到体现。演出名称一般高度概括演出的宗旨和演出内容。有的演出名称直接体现演出的内容和宗旨。如"希望工程全国百场巡回义演"等。也有些演出名称间接体现演出宗旨和内容，如"同一首歌""难忘今宵"等。演出名称多数由演出主办者确定，宜高度概括、短小精悍，切忌名字太长，否则不仅群众难以记住，在具体的演出中也难体现出来。

一般而言，演出活动的名称由基本部分、限定部分、补充部分三部分组成。基本部分表明演出活动的性质，限定部分表明演出活动的规模和范围，补充部分表明演出活动的时间、地点。例如：2008年汶川"5·12"大地震关爱行动募捐晚会的基本部分、限定部分、补充部分内容如图4-2所示。

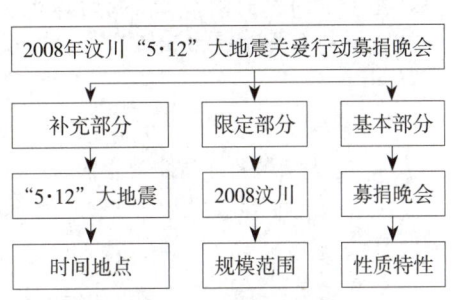

图4-2　文艺演出名称的组成

二、演出活动主题的确定

演出主题要求鲜明突出，使之成为统帅演出内容与形式的灵魂。成功的演出都是演出主题与演出内容和形式的完美结合。

主题是演出活动的核心与关键，是演出活动的灵魂。演出主题体现演出目的和意图。任何演出都有其主观目的和意图，演出的宗旨和主题都应该是积极健康的，以弘扬社会主义新风尚为主旋律，有利于社会的繁荣与稳定、改革与发展，而不能与国家社会安全背道而驰。

演出主题的确定，应反映社会新气象，揭示时代主旋律，弘扬时代新精神，丰富人民新生活。特别是与活动相配套的演出，在强调大众化、通俗化的同时，要注意不能庸俗、低俗，甚至恶俗，坚决贯彻中央关于反对"三俗"的精神。文艺演出要符合绝大多数人的审美观、价值观和道德情操，演出内容要以丰富人民群众业余文化生活为目的，为社会主义精神文明建设做出新贡献。

【案例分析5】

世博主题演出连演184天 从城市之窗看见未来

每一届世博会都会有一场吸引人眼球的主题表演。日本爱知世博会以"自然的睿智"为主题推出了167场的"鲤鱼池晚会"；西班牙萨拉戈萨世博会期间，最大的夜间主题表演《冰山》成为93天世博会期间的保留节目。

本次上海世博会，由台北艺术推广协会和上海广播电视台、上海东方传媒有限公司联合制作的主题多媒体秀《城市之窗》，将在184天中演绎"爱、关怀和感动"的故事。

短短40分钟里，观众体验了一场穿越时空、体验城市历史变迁与现代城市文化多元交会的奇幻之旅——一片浩瀚的"星空"中，被蒙着纱幔的舞台中，显现出了城市中高楼的轮廓，天使带着小女孩降落人间，通过她的眼睛展现城市的变迁。随着城市的发展，人们的"家园"也在逐渐扩大，在舞蹈的演绎下，随着多媒体影像上打出的航班所到城市，伦敦、巴黎、悉尼、大阪、巴塞罗那等曾经举办过世博会的城市轮番"登台"。在浏览了世界各地的美景后，《城市之窗》中的天使又带着女孩回到了上海，这颗闪耀着光辉的"东方明珠"……

负责演出舞蹈设计的黄豆豆表示："怎样展现我们生活着的这座城市，那些形形色色、体态不一的人们，除了专业的舞蹈演员，我们还从上海各大院校招了很多业余舞者，虽然他们的舞技可能不够专业，但是他们的精神和活力却能带给观众一种震撼，展现都市色彩。"

《城市之窗》给观众展现了一段奇幻的"城市之旅"，不论是浩瀚星空中的点点"星光"，还是立体的城市街景中演员们悬空"信步"走在雨中街头，都给人带来全新的观感。这也是曾在北京奥运会开幕式上带来过精彩威亚演出的团队，再度带来的"世博秀"。在《城市之窗》中的结尾处，观众将看到世博会开幕演出中的"心手相连"的"复刻版"，35名演员在空中搭起了"心手相连"的"蛛网"，寓意沟通与和谐。

主题秀凝聚了沪台两地及国际最耀眼的文艺创作团队的集体智慧。其中，编剧为台北艺术推广协会艺术总监陈琪和台湾影舞集创始人陈瑶；导演是来自西班牙拉夫拉剧团的艺术总监卡洛斯·帕德历沙和艾力克斯·欧雷,他们是1992年巴塞罗那奥运会开幕演出《地中海战役》的总导演;舞蹈设计则为上海歌舞团艺术总监黄豆豆……主办方工作人员表示,"《城市之窗》带领观众穿越古今时空,见证人类一路以来的文明进程,周游世界各地美丽城市的风光,铺陈一段跨越时空、看见未来的不凡旅程。"

思考 如何成功策划有创意的演出活动主题?

三、演出活动时间安排

演出时间是指演出的时间点、时间段,是时间范围的概念,而不仅仅是指什么时间开始演出。从广义上讲,演出时间包括演出活动的筹备、开始、介绍、后续时间,在会展活动策划中统称为时间进度计划,尤其是演出时间要求准确到"秒",演出音响、灯光、动画、特效、场景等要求电脑合成、自动控制。

时间安排进度计划要根据演出准备情况、演出场地日程安排等进行具体准确设定,一般应有年、月、日、时、分、秒的时间进度安排。演出时间进度计划一旦确定,一般情况下不能更改,尤其是演出时间开始到结束的时间不能改变,防止演出冷场、爆场,以免给群众带来不必要的麻烦和损失。演出预告一经新闻报道、广告宣传或者搜票活动开始,并明确演出内容、时间,就不能更改,除非不可抗力的影响,但也必须及时向观众说明原因,争取观众的谅解和支持,并做好退票补偿处理。

确定演出时间尤其是重大演出时间时,还需把彩排时间计算在内。彩排是正式演出前的必要演习,是对演出前各项准备工作的全面检查,因而彩排时间的确定也很重要。而且为了有时间解决彩排中的问题,最好彩排时间与正式演出时间之间有一定的间隔。对于巡回演出应确定总体准备时间,前面的演出要求确定到日,后面的演出时间要求可以确定到年、月。演出时间具有很强的时效性,如:奥林匹克运动会的开幕式和闭幕式,都要在相应的时间开演,春节联欢晚会也要在准确的时间开演播出,时间过了就没有意义了。

四、演出活动地点安排

演出场地的确定是根据演出的规模、节目类型、演出预算安排、演出物质条件和设施情况以及演出的预期效果等因素进行比较后确定的。一般可设在影剧院、音乐厅、体育馆、体育场、大会堂、露天广场等地进行。演出场地的选择要考虑音响、灯光、场景、道具、舞美效果,无论在什么地方演出都需要专业的音响。夜晚的演出还需要舞台灯光和照明设计,利用舞台灯光的效果更加能够表现演出艺术和手法。舞台搭建、演出道具、观众看台一定要考虑安全,尤其是对其承重要留有余地。例如:《赵氏孤儿》开机大典2010年在山西藏山风景区举行时,现场云集了百余家媒体记者和数千围观群众,而当天由于当地缺乏举办大型活动的经验,围观群众任意冲到记者们的拍摄台上,导致临时搭建的媒体工作台突然坍塌。台上百余位记者连同拍摄设备全部摔倒,四位记者被送院治疗,而大典后的新闻发布会也成为主创和主办方的道歉会。

任务2 掌握演出活动组织策划

一、演出活动宣传口号

一场大型的演出活动,其宣传口号一定要响亮、好记,并且能直观生动地反映出演出的主题。合适的宣传口号,能起到强化观众视听,使观众印象深刻,演出主题深入人心的作用。一般而言,演出活动的主题口号可以直接作为演出的宣传口号。如:2008年的北京奥运会的主题口号是"同一个世界,同一个梦想",这也是2008年北京奥运会开幕式的宣传口号。

【知识拓展】

"同一个世界 同一个梦想"(One World One Dream)

"同一个世界 同一个梦想"(One World One Dream),集中体现了奥林匹克精神的实质和普遍价值观——团结、友谊、进步、和谐、参与和梦想,表达了全世界在奥林匹克精神的感召下,追求人类美好未来的共同愿望。尽管人类肤色不同、语言不同、种族不同,但我们共同分享奥林匹克的魅力与欢乐,共同追求着人类和平的理想,我们同属一个世界,我们拥有同样的希望和梦想。

精炼的口号,凝聚了人类追求美好未来的共同愿望。

"同一个世界 同一个梦想"(One World One Dream),深刻反映了北京奥运会的核心理念,体现了作为"绿色奥运、科技奥运、人文奥运"三大理念的核心和灵魂的人文奥运所蕴含的和谐的价值观。建设和谐社会、实现和谐发展是我们的梦想和追求。"天人合一""和为贵"是中国人民自古以来对人与自然,人与人和谐关系的理想与追求。我们相信,和平进步、和谐发展、和睦相处、合作共赢、和美生活是全世界的共同理想。

"同一个世界 同一个梦想"(One World One Dream),文简意深,既是中国的,也是世界的。口号表达了中国人民与世界各国人民共有美好家园,同享文明成果,携手共创未来的崇高理想;表达了一个拥有五千年文明,正在大步走向现代化的伟大民族致力于和平发展、社会和谐、人民幸福的坚定信念;表达了13亿中国人民为建立一个和平而更美好的世界做出贡献的心声。

中文口号"同一个世界 同一个梦想"中将英文口号"One"用"同一"表达,使"全人类同属一个世界,全人类共同追求美好梦想"的主题更加突出。

> 英文口号"One World One Dream"句法结构具有鲜明特色。两个"One"形成优美的排比,"World"和"Dream"前后呼应,整句口号简洁、响亮,寓意深远,东西方文化熔铸的空间,让我们驰骋美丽的想像,语言简明,意味深长,最简单的往往是最好的,让我们铭记,让我们永远不忘!

二、演出活动举办单位

主办单位是演出的主要发起者、领导者和组织者。多数由具有广泛影响和良好信誉的政府机关(如文化部、文化局等)、文艺团体、新闻机构(如电台、电视台、报社、杂志社等)、群众团体或企业作为主办者。主办单位一般应具有较强的社会号召力,并具有较为雄厚的人力、物力和财力条件,为演出的成功举办提供可靠而有效的保证。主办单位可以是独家主办,也可以是多家联合主办,以壮大声势,扩大影响。

协办单位是指协助主办单位完成演出的单位。协办单位一般应在人、财、物方面给主办单位以部分支持或承担部分演出任务,并能借助演出提高单位的社会知名度。演出可以是一家协办,也可以是多家协办。

承办单位是指承接、承担或承包主办单位的演出任务,对演出进行具体筹划和组织实施的单位。承办单位应具有比较充分的演出承办条件,并接受主办单位和演出组委会的领导、监督和指导,并向主办单位和组委会负责,演出可以是独家承办,也可以是多家承办。

赞助单位是指以实物、资金、义卖、义工等形式资助演出的单位。赞助单位多为经济实体型,具有雄厚的资金基础,赞助的目的是为了更多的回报。赞助回报的方式主要是由冠名赞助、合作单位、指定产品、指定代理等,根据不同的赞助金额给予不同的回报政策。赞助单位也可以作为协办单位或支持单位名义出现。

赞助者一般以资助的方式赞助演出,一方面表明赞助者对演出的关心与支持,追求社会效益;另一方面以资助为条件,要求演出为其产品或商品做广告,或请单位负责人或产品在演出中与观众见面,从而提高单位或产品的知名度,追求经济效益。赞助单位有时也参与演出的组织实施,具有一定的决策权。演出可以是独家赞助,也可以是多家赞助。

在演出中,主办单位是必不可少的角色,而协办单位、承办单位、赞助单位的有无可根据演出的实际需要而定。演出如不出现承办单位,则演出的具体筹划和组织实施可由主办单位筹建项目班子具体落实。

三、演出活动组织机构

(一)演出活动组织机构的设立

演出组织机构根据演出规模成立演出组委会或演出领导小组,对演出总体负责、总体计划、把握整个演出原则与主题。具体执行工作由演出组委会办公室或演出领导小组办公室负责,有些演出或活动需要申办,前期工作由演出活动申办领导小组和办公室完成,申办成功后组织机构身份及时转换为演出组委会或演出领导小组以及负责具体工作的办公室,这是目前国内活动组织机构的普遍做法。健全完善得力的组织机构是演出成功的保证。一般一些大型的综合文艺演出,一般都应设组委会(如2010年广州亚运会期间的亚组委的设立),并在组委会下设若干职能机构,分工合作,协同作战,使整个演出活动有组织、有计划、有步骤进行。

演出的组织机构因演出需要而设,是一个临时性非常设机构,机构成立多由与演出密切相关的单位,如上级主管部门、主办、协办、承办、赞助单位、专业团体等单位临时抽调领导、骨干人员组成,在演出期间完成演出的各项任务。

(二)演出活动组织结构设立的原则

演出组织机构的设立要遵循以下原则:演出组委会或领导小组的主任应由主要领导担任,可以是上级主管部门领导也可以是主办单位领导。这是为了加强对演出工作的全面领导,提高演出的社会知名度,使演出所涉及的单位和个人团结协作、密切配合。如果有需要还可以设立名誉主任,聘请更上级领导或社会知名人士担任,如邀请演出组委会主任的上级领导或著名艺术家担任。副主任由与演出相关的单位负责人担任,委员由组委会主任、副主任、职能部门负责人及著名演艺界人士组成。演出组委会或领导小组分管副主任可以兼任办公室主任,参与组委会的决策并且是组委会决策意见的具体执行者、协调者,是演出的直接主要负责人,需要具备组织能力强、业务水平高、协调能力强、精明能干等基本素质。各职能部门负责人需由具有负责本部门工作经验、具有协作精神和开拓精神的人士担任。

(三)演出组织委员会

组委会是专门为演出而设立的组织领导机构,规模盛大的演出一般成立组委会。演出组委会成员单位多数是与演出活动紧密相关的单位或部门,组委会委员则由成员单位的主要负责人组成。规模较小的演出可以设立演出领导小组或不设。组委会的主要职责是:负责直接领导、指导或监督演出的全过程,负责演出总体计划的编制,确定演出活动的宗旨、主题和原则。

演出组委会是演出的指挥机构和决策者,是演出组织的核心,组委会的正确领导,各部门的密切配合和勤奋工作是演出取得成功的前提和保障。组委会下设办公室,作为演出活动的协调和执行机构,负责演出的具体工作。根据演出策划工作需要,组委会下可以设立公关部、会务部、节目部、安全部等机构。

1. 办公室职责

在组委会的领导下,全面负责演出活动的实施;统筹、协调组委会各部门工作;负责与演出相关的一切法律事务;负责演出的一切财务工作;负责演出有关文件的起草、文书档案的管理,并及时向组委会汇报演出的各项工作进程。

2. 公关部职责

负责演出的视觉形象的设计;负责演出总体宣传计划的制定和实施;负责演出全部宣传品、纪念品的设计制作;负责全部赞助条例、赞助者权益的计划和实施;负责演出现场的环境氛围设计;负责演出新闻报道和媒体记者的邀请;负责演出节目单的设计和制作。

3. 会务部职责

负责演出总体计划安排,落实演出所需场所;负责演出坐席、资料发放等全部后勤工作;负责重要嘉宾的邀请和有关领导、演职人员和其他人员的接待工作。

4. 节目部职责

提出演出的总体构想;负责演职人员人选的确定和联系;负责节目的排练及演出;负责节目的舞美、灯光、音响设计及实施;负责电视转播的具体安排。

5. 安全部职责

负责演出活动期间的安全事务；负责观众入场、退场正常次序；提出应急计划防止意外事件发生。

> 【知识拓展】
>
> ### 2010年广州亚组委
>
> 第16届亚运会组委会（简称组委会）是经国务院批准成立的独立事业法人单位，主要职能如下。
>
> （1）负责亚运会筹办组织工作。
> （2）研究决定亚运组织工作中的重要事项。
> （3）安排部署各阶段筹备工作。
> （4）监督考核各项筹备工作的进度和质量。
> （5）对组委会内设工作部门的人事进行任免和管理。
> （6）协调与亚奥理事会、国际单项体育联合会和亚洲单项体育联合会的关系，按期向亚奥理事会提交筹备工作进展报告。
> （7）定期向国务院汇报和向国家体育总局、广东省政府、广州市政府通报工作进展情况。

四、演出节目内容编排与阵容的安排与组织

节目内容是演出的核心部分，是演出主题的直接体现。节目内容质量的高低直接影响演出水平和效果。节目内容需要组织者依据演出主题、演出风格及特点、演出场地条件进行认真、严格的选择，并按照一定次序编排后依次演出。另外，节目内容容量的大小决定演出时限的长短，演出时限应根据观众看演出时间的承受能力。不宜过长也不宜过短，一般应以两小时左右为宜。

演出阵容是节目内容的表演者的集合，包括演出团体、专业演员、业余演员和主持人等共同组成。大型的综合演出，演员阵容强大完整，演出团体多为国家或世界水平的团体，演员多为演艺界的明星大腕，所演节目也多是拿手或保留的节目。中小型演出演员相对较弱，甚至可以是以业余文艺团体或业余演员为主，但中间可以穿插一些著名演员的助兴节目，保证演出高潮迭起，取得很好的演出效果。专场演出阵容与综合演出阵容组织思路基本相似。

主持人既是演出阵容的重要组成部分，又是演出阵容的核心人物，导演一般是在幕后，演出节目和演员台前的衔接和组合主要靠主持人。主持人的主要工作是向观众报告演出开始、按顺序演出、演出结束、通过主持词即兴发挥，介绍主要来宾、演出内容和演员，在演出中间串接演出节目，以调动、调整观众的现场情绪。主持人可以说是演出场内的灵魂。此外，演出的形式与风格对于一场演出的成功与否也至关重要，如大型舞蹈史诗《东方红》就是主持人以诗歌朗诵的形式连缀历史画面，使演出具有史诗般的风格。

五、演出观众的构成、演出性质与经费的预算

观看演出的观众一般来说由特殊观众和普通观众构成。特殊观众主要指各级领导、重要来宾和劳模英雄等特殊人物。普通观众又可以分为自由观众和团体观众等。邀请特殊观众，即邀请领导、来宾和劳模来观看演出可以起到引起社会各界重视，得到领导和社会各界大力支持的效果，同时也可以扩大演出影响，渲染演出气氛，制造强烈的新闻效果。来宾主要指贵宾和嘉宾。贵宾主要指外国官员和重要领导人，嘉宾主要是指国内各行各业知名学者、艺术家、民主人士，以及为演出提供赞助的单位负责人或代表，主办、协办单位等友好协作单位代表等。领导和来宾观看演出主要是通过发放请柬的方式邀请，以示尊重。

普通观众的构成分为自由购票和组织团体观众两种情况。一般来说，大型商业性演出多以售票方式组织观众。售票有预定团体票和预售散票两种方式。行业或单位团体的内部演出多以组织固定观众和赠票的形式出现。组织固定观众是通过行政管理单位组织人员观看演出，具有一定的强制性，观众人数、现场次序较易得到保障。赠票是向单位或个人赠送演出票，观众数量不易保障，而且持票者不一定是所赠之人。要严格限制赠票的数量，同时预防倒票事件的发生。商业演出一般没有赠票，一般也不进行现场直播等，必要时还会禁止现场录像，以防知识产权侵权事件的发生。总之，观众是演出的重要组成部分，观众数量的多少、素质的高低，是决定演出效果的重要因素。

演出的性质主要是指营利性的还是非营利性的。无论是哪种演出都要发生费用，所不同的是营利性演出会有演出收入填补，演出结果可能出现亏本、保本和营利三种；非营利性演出并不是不营利，主要是指不是以营利为目的，但是在财务预算的时候经费投入更要预算到位，同时也要考虑演出投入的弥补途径，例如是申请政府拨款还是通过企业赞助？是通过部门摊派还是进行商业运作？事先都要经过周密的计划。运作得好，非营利性的演出照样可以赚钱。公益性演出的经费来源一般有三种：政府拨款、社会集资或企业赞助、广告招商补偿。商业性演出主要靠门票收入、冠名收入、广告收入。

【项目训练】

学生在网上搜索历届亚运会开幕式的盛况，比较分析其开幕式演出主题、内容、形式、地点等方面的创新点。

项目三　演出活动内容策划与管理

演出策划是对演出活动的总体谋划与构想，成功的演出需要精心、周密、新颖的统筹计划。演出统筹与计划完成后还需形成演出可行性方案或者总体框架方案对内容进行管理，接着便是按照演出方案进行紧锣密鼓的筹备。演出策划包括演出组织机构的成立，演出主题的确立，演出内容与形式的策划，演出宣传与推广的策划，演职人员的邀请与排练，演出时间地点的确定，演出舞台、场景、道具、服装、灯光、音响、氛围等一切物质条件的准备，演出节目的编排与演出流程实际操作等内容。在熟悉了演出活动的基本流程及组织过程后，我们要对演出活动的内容进行掌握。

任务 1　掌握演出内容及形式的策划与管理

演出内容主要是指演出的节目内容，是高雅艺术还是通俗歌曲，歌舞剧还是相声小品，戏曲汇演还是联欢活动。演出内容的策划与管理主要体现在对节目内容的选择和编排上。演出形式主要是指演出的方式与风格，是室内演出还是露天表演？是夜晚演出还是白天演出？是否利用灯光演出效果是完全不一样的。

一、演出节目内容的选择

在选择演出节目内容时，应该体现以下原则：紧紧围绕主题选择节目；节目质量要高，精益求精；各类节目按比例搭配；形式与风格内容相统一；在时间、场地、设备条件允许的范围内编排节目。

（一）专场演出节目内容的选择

戏剧、小品专场演出应以其多反映的内容生活为参照选择节目，针砭时弊，发人深省，但不能以取笑社会弱势群体为乐。戏曲专场演出，如果是综合剧种专场演出应重点考虑各个剧种在演出中的比例。如果是单一剧种专场演出应重考虑不同风格的流派。音乐会的节目选择，在形式上要考虑合奏、重奏、独奏的比例，从曲目上要考虑其大小和长短、名曲和新曲、古典与现代的结合。

（二）综合性演出的节目内容选择

考虑到不同的节目内容适合不同的年龄阶段、不同层次观众的需要，使得各种类型在演出中均占有一定的比例。各类节目如歌舞、相声、小品、戏曲等，可以在演出中平均分配，也可以根据需要突出某一类节目。在选择节目内容的时候，还要考虑到各类节目风格和形式的特点，内容安排跌宕起伏，观看演出高潮迭起，场内气氛严肃凝重与轻松活泼相结合。

二、演出节目的编排与演出风格

演出内容编排应遵循以下原则。

（一）开头

演出的第一个节目要先声夺人，要求精彩、新颖、热烈，使演出一开始便能抓住观众，造成理想的剧场效果。如每一年中央电视台春节联欢晚会的开头都很新颖热烈，或以著名演员率领庞大演出阵容出场达到演出现场欢乐气氛，或以具有浓郁民族特色的大型歌舞剧、歌舞开头，形成欢快祥和、蓬勃向上的热烈场面，从而使观众感受到举国同庆的喜庆节日气氛。

（二）结尾

演出最后压轴节目需将演出推向高潮，给观众留下强烈的深刻印象。一般应选择场面宏大、质量较高、效果较好的著名演员表演的节目，压轴节目的后面通常安排全体演员或演职人员上场谢幕。有时也将压轴节目同表演谢幕合二为一，形成别致新颖的结尾。

（三）连贯

演出节目必须连贯安排，防止冷场。任何演出中的节目内容相对而言都有质量高低、风格差异的区别。因此，在编排节目顺序的时候应按照节目质量高低、风格不同将节目交替安排，从而使得演出避免单调。

（四）交叉

同一类型的节目应交叉安排，不能鱼贯而出。如同一场演出可能出现几个相声或小品，不能把一类节目安排在一起演出，应该同其他类型的节目交叉表演，使演出效果错落有致。

演出的表现形式和风格多种多样，在演出时，节目内容常常借助舞台灯光、音响、布景效果等辅助形式加以表现，升华和拓展演出效果。如舞蹈或伴舞服装华丽，常借助释放干冰烘托歌舞气氛，使演员在表演时如在云雾之中轻歌曼舞。此外，灯光能够制造出各种舞台效果，根据节目内容需要，可以选择各种灯光效果。

同时，演出过程中，离不开一些特效制作的舞台效果。如蓝光可以衬托出场景的阴森和神秘；自然灯光可以制造出旭日东升、春光明媚，也可以制造出日照中天、烈日炎炎等；橘红色灯光可以烘托出喜庆祥和的气氛；吹泡机吹出来的泡泡可以制造如幻的童话世界……演出策划要根据节目需要进行合理细致的灯光、场景设计。布景指在舞台天幕上绘制成投影而成的画面，布景的运用可以使观众有身临其境的真实感，现代激光、动画、三维等技术已经十分发达，通过加大投入，完全可以应用到演出效果中去。舞台效果的运用可以模仿各种自然界的现象，如拨动风车可以制造刮风的效果；扬撒纸屑可以制造大雪纷飞的效果；摇动薄铁板可以模仿惊雷的声音等。

三、邀请演职人员与节目排练

演职人员的邀请与节目的排练由演出组织机构中的节目部具体负责。演员包括在舞台上表演节目的主角和配角、伴奏、伴唱、伴舞、主持人等人员。职员包括导演、副导演、导演助理、舞台监督、灯光师、音响师、效果、舞美、剧务等。

（一）邀请演职人员

1. 根据节目内容邀请相关演员

在确定演出节目内容之后，便可邀请演出节目的演员。有的节目已经演出过，可邀请节目的原班人马参加演出；有的节目尚未排练过，可邀请合适的演员进行排练，准备演出。演出组织者在邀请演员时，一定要以礼相待，并讲明演出主题，尊重演员本人的意愿。邀请集体演出的，应事先与集体演出单位负责人联系，出示组委会邀请函，并需要具体落实参加演出的条件和要求。

2. 根据演员情况决定节目内容

在不违背演出主题的前提下，演出可以根据演员邀请情况决定演出的节目内容。在实际操作中邀请演员可能与设想方案有较大差距，特别是著名演员，演出任务较多，需要与演员具体商量把参加各种演出的档期错开。要两人以上表演的节目，还要考虑到演员是否均能参加。总之，要根据演出或演出单位的实际情况来确定节目内容。

3. 邀请演出职员

首先是导演和导演团队。导演是整个演出的领导者和指挥者，一般在演出组委会成立之后就要立即确定演出的导演团队。

其次是确定演出的主持人。主持人是整场演出的灵魂人物，导演在幕后，主持人在台前，讲究密切配合。演出主持人的确定可以根据演出内容、风格形式的特点，选择不同风格的主持人。如：联欢晚会应选择经验丰富、头脑灵活、应变能力强、诙谐幽默风格的主持人。主持人一般为一男一女，也可根据需要是两人以上或一人独立承担主持任务。节目主持人的服装应与其主持的节目风格相一致，两个人或以上担任主持人时，其服装应相互协调。

再次是邀请舞美、灯光、音响、舞台监督与剧务人员。舞美负责舞台的装潢与设计。如演出会徽的设计、道具的设计制作、布景及舞台整体效果的设计与装饰等。音响是现代演出必要的辅助表现形式之一，演出音响人员负责硬设备的安装与调试。音响师应与导演在演出前共同设计每个演出节目的音响。灯光也是现代演出的重要辅助要素之一。灯光人员负责演出灯光的安装与调试，同时也应与导演在演出前就每个节目的灯光需要达成一致意见。舞台监督是演出职员中必要的角色，主要负责"叫场"，按照节目顺序提醒演员上下场，督促剧务人员按时摆放演出所用道具。舞台监督需在演出活动中与导演密切配合，如导演需要临时调整节目顺序，舞台监督则是具体的执行者。舞台监督要对整场演出做到心中有数，并对每个节目的内容和形式了如指掌。剧务，主要负责演出过程中的各种劳务性工作，如运送并摆放演出道具、摆放话筒、升降序幕、制作效果，配合灯光、音响、舞美工作等。剧务在演出活动中工作较为繁重，需要由多人完成，并分工合作，密切配合。

（二）演出节目的排练

1. 单个节目的排练

演出准备期间，导演要对每个节目提出具体意见与要求，并根据演出构思对节目内容进行排练。现成的节目可以不经排练直接照搬，也可根据具体的节目演出要求进行改编加工；新排练的节目则必须由导演组织创作人员、演员、职员对节目进行具体排练。

2. 按节目内容分组排练

导演安排同一类型的节目集中排练。如把演出活动中的几个小品和几段相声组织在一起排练，分别指导，可以使同一类型节目在演出中表现出此类节目的不同侧面和风格。因时间、场地等客观条件需要可以把不同类型的节目安排在一组进行排练，如将对场地要求较为严格的舞蹈、话剧片段、戏曲等安排在一组训练。

3. 彩排

彩排是演出前的预演,演出组织者在个别排练和分组排练的基础上,把演出的所有节目集中进行整体训练。主要是让演员熟悉场地,感受实地效果,使灯光、音响效果、剧务等与节目相合拍,发现问题及时调整。彩排可根据实际需要进行一次或多次,彩排不仅排练演员及节目,也是对职员的排练,是对整个演出工作的检查。彩排时,演职人员需按正式演出要求把节目按预定顺序预演一遍,即使某些明星不能参加彩排,也应争取让其助理尽可能亲临彩排现场,以便正式演出时协助演员把握出场次序和演出节奏。彩排由导演负责统一指挥,组织机构成员应观看彩排,发现问题并提出修改意见。彩排时根据要求可以充分排练个别节目,也可以只排练个别节目的开头与结尾。彩排可以根据实际情况对演出预案进行调整或改动,彩排是演出准备的必要环节。

任务2 掌握演出活动的宣传与现场管理

一、演出活动的宣传策划

演出无论是组织观众还是公开售票,无论是内部演出还是社会公演,都需要有必要的宣传策划,用来吸引观众、扩大影响。

(一)制订详细周密的演出宣传计划

根据演出活动的主题和实际情况,制订详细周密的演出宣传计划,以保证演出活动宣传效果和现场管理有序。

(二)按照宣传计划设计宣传途径和形式

1. 海报宣传

指用张贴海报的方式宣传演出,招徕观众。商业性演出的海报多张贴在演出场地门前的广告牌上,内部演出海报多张贴在单位内部的公告栏上。海报内容与登报宣传内容应大体相同。

2. 广告媒体宣传

面向社会的演出一般都在报纸、电台、电视台、户外、网络等各种传播媒体上进行广告宣传。广告宣传应包括以下内容:演出名称、演出宗旨、演出主题;主办方、协办方、承办方;演出节目内容、主要演员;演出时间、地点、场次安排;售票点、票价;联系人及其电话等。

3. 演出现场的宣传

在演出现场内的显要位置,张贴演出标语、口号、宣传品、悬挂宣传物品等。

4. 运用纪念品宣传演出

宣传品一般是指为演出而准备的宣传印刷品,如主要演员的肖像、节目单等。印刷演员的肖像可以调动观众的积极性,较为正式的演出都要印刷节目单,正式的节目单可以使观众明确演出主题,了解节目顺序和出场演员,同时还可以拿来留作纪念。正式的节目单要包括以下要素:封面设计、演出宗旨、演出节目顺序、出场演员、主办、协办、承办、赞助单位、演出时间地点等。

演出还可以印刷一些纪念品，馈赠观看演出的领导、来宾、演职人员、工作人员及观众。如：制作一些精美的徽章、手提袋、领带卡、文化衫等。演出还可以提供饮用水、荧光棒、小气球、节目单，露天演出还要提供望远镜、雨披等。

二、演出现场管理

（一）演出现场物质条件的准备

举办一场演出活动，必须准备好相应的物质条件，如：演出人员在演出排练及演出期间的食宿行安全；特邀嘉宾、贵宾的食宿行安排；演出经费的筹集；演出所用灯光、音响、道具的调剂制作准备等。

（二）演出现场管理

实际的演出是按照具体的时间地点的要求进行。导演是演出的总指挥，演职人员必须服从导演的调动和指挥。演出前，所有演职人员必须全部到位，并做好各项准备工作。导演应在演出即将开始之前检查各项准备工作，如演员到位情况；灯光、音响、道具的准备情况；舞台监督、剧务人员的到位情况；主持人的准备情况等。当各项准备工作就绪之后，到达演出时间，导演即可下令演出开始。以主持人初次登场亮相为标志。有的演出开始时不是主持人先登场，而是以序幕的形式拉开序幕。

演出开始后，演职人员应团结协作，密切配合，按预先定好的演出顺序有条不紊地进行。如演出中出现意外情况，如演员或道具未准备好，灯光或音响出现意外故障时，主持人或演员应灵活机智地稳定观众情绪，以免出现尴尬的场面。

演出结束后，在安排演员谢幕时，可以事先安排向演员献花，邀请领导或贵宾上台接见演员并同演员合影留念。

演出中一般应严格按照预先定好的演出程序，但有出现以下情况时可以对预定程序进行变更。如：已到达演出开始时间，但观众到达数量不及一半，或主要领导或贵宾尚未到达，可适当推迟演出开始时间；演员有特殊情况提出先演或后演，或演员因故未到，可对预订节目顺序进行微调或取消该节目；如出现停电、失火等无法抗拒的突发情况时，可立即中断演出，同时做好观众疏散和抢救工作。

【案例分析6】

第十一届中国杭州西湖国际博览会开幕式及文艺晚会介绍

1. 时间安排

2009年10月17日（周六）晚，20:00～21:30，约计90分钟（开幕仪式10分钟，文艺表演80分钟）。

2. 地点安排

主会场：滨江区星光大道作为主会场，在星光大道中心广场搭设舞台。以大气开放的姿态对晚会进行策划、编排，力求与星光大道商业文化街区风格协调，邀请集聚人气的歌星演唱，显现时尚的表演内容，增加与现场观众的互动，营造现代、时尚、热闹特色场景。计划每场安排现场观众包括演职人员在内5000人左右。

在沿星光大卖场周边的道路进行狂欢巡游。拟在晚会开场前1小时，沿江晖路设滚灯表演队、火龙表演队、扇舞表演队、腰鼓表演队以及社区方阵、农民方阵、学生方阵、动漫方阵和彩车表演等持续50分钟的狂欢巡游。在狂欢路段设彩色气球、张灯结彩，营造喜庆祥和的气氛。

主会场安排3个晚上（10月16日、10月17日、10月18日）的演出。

周边道路狂欢安排1个晚上巡游（10月17日）。

分会场：选定滨江射潮广场设立分会场。以区域文化特色为基础，以生活品质之城建设为主线，安排与市民游客互动的各式表演活动，与主会场形成互动同乐的氛围。

在开幕式当天（10月17日）安排分会场表演。

3. 演出安排

连续3个晚上安排主会场演出。

第一场：

2009年10月16日（周五）晚：为滨江区各界代表演出。

第二场：开幕式"人间天堂"文艺晚会

2009年10月17日（周六）晚：邀请有关领导、嘉宾和各界代表在星光大道开幕式主会场观看演出。

在沿星光大卖场周边的道路（江晖路）路段进行狂欢巡游，与老百姓互动。

在滨江区射潮广场设立分会场。分会场以区域文化特色为基础，以生活品质之城建设为主线，安排与市民游客互动的各式表演活动，与主会场形成互动同乐的氛围。

第三场：

2009年10月18日（周日）晚：为杭州市各级代表和特殊群体代表演出。

思考 第十一届中国杭州西湖国际博览会开幕式晚会在演出过程中的注意事项有哪些？如何进行有效的营销推广？

【项目训练】

1. 学生以小组为单位，讨论大型演出活动的策划流程与方案的制订（含框架与内容）。
2. 学生以小组为单位，制订一份大型演出活动的动态管理方案及其营销推广方案。

【模块小结】

本模块主要阐述了演出活动的基本内涵与分类内容；演出活动策划的具体流程要素及内容；演出活动策划的具体方法与实施内容；并详细地从演出活动具体实施的角度出发，针对大型演出活动策划与管理的重要要素进行了具体论述。

学生在学习本模块后应进行项目实践训练，并进行自我总结，由教师与企业共同完成评价。

模块五

节庆活动策划与管理

P184 项目一
节庆活动概述

P197 项目二
节庆活动策划流程

P212 项目三
节庆活动组织管理

【教学目标】

能力目标	知识目标	素质目标
1. 掌握具体的节庆活动策划方案的撰写技能。 2. 掌握节庆活动策划的具体流程技能。 3. 掌握节庆活动管理技能。	1. 掌握节庆活动的概念、性质与分类知识。 2. 掌握节庆活动策划的具体步骤知识。 3. 掌握节庆活动策划方案的撰写知识。 4. 熟悉节庆活动策划过程中的技巧知识。 5. 熟悉节庆活动过程中的组织管理知识。	1. 具备具体节庆活动策划与管理能力。 2. 团队合作精神好、协调性高、管理能力强,具备较高的写作与策划能力。 3. 具备主动学习的精神、积极参与课堂教学活动,按要求完成教学准备。 4. 具备严谨、勤奋、求实创新的学习精神。

【重点与难点】

本模块内容学习的重点在于节庆活动策划方案的撰写与对节庆活动策划的管理要求。难点在于具体某一项节庆活动策划方案的撰写与管理。

【项目引入】

韶关市第二届"中国农民丰收节"暨生态农业博览会策划

一、指导思想

以习近平新时代中国特色社会主义思想为指导,深入学习贯彻习近平总书记关于"三农"工作的重要论述和对广东工作的重要批示精神,以"庆祝丰收、弘扬文化、振兴乡村"为宗旨,对标全面建成小康社会"三农"工作必须完成的硬任务集中攻坚,扎实推动我省实施乡村振兴战略三年取得重大进展,围绕扎实开展"不忘初心、牢记使命"主题教育和迎接中华人民共和国成立70周年、实施乡村振兴战略、打赢脱贫攻坚战等重要任务,以县乡村为活动实施主体,充分发挥农民主体作用,突出地方民俗特色,在广大乡村开展喜闻乐见的活动,弘扬悠久厚重的农耕文化,展示农村改革发展的巨大成就,展示中国农民的伟大创造,激发广大农民的积极性、主动性、创造性,为脱贫攻坚、全面建成小康社会、实施乡村振兴战略、加快推进农业农村现代化提供不竭动力。

二、活动时间和主要安排

(一)活动时间

2019年9月22日至10月7日。

(二)主要安排

1. 总体活动安排

遵照国家层面"中国农民丰收节"节庆日活动安排,各地可按照"1+N"举办今年"中国农民丰收节"活动。"1"即为地市级层面重点组织指导的活动，原则上统一在9月23日丰收节当日举办，"N"主要是县乡村开展的系列活动。

2. 具体活动安排

时间	活动	地点
9月22日 15:00～18:00	"话生态 筑智慧 见未来"韶关生态农业发展大会暨"兰得有你"翁源兰花全球采购商峰会	龙泰酒店
9月23日 10:00～12:30	"兰香韵翁源 粤北悦丰收"2019年中国农民丰收节暨韶关生态农业博览会启动仪式	翁源县兰花产业园
9月23日 全天	美丽乡村闹丰收	江尾镇连溪村 （美丽乡村示范点）
9月23日～10月7日 9:00～18:00	"瓜果飘香·玩味丰收"嘉年华系列活动	翁源县兰花产业园

三、组织机构

主办单位：韶关市人民政府

承办单位：各县（市、区）农业农村局，有关单位

媒体支持：韶关日报、韶关电台等

活动策划方案：

活动策划一："话生态 筑智慧 见未来"韶关生态农业发展大会暨"兰得有你"翁源兰花全球采购商峰会

（一）活动目的

通过峰会探讨新时代背景下韶关市生态农业发展战略与路径，和通过解析生态优先下的特色全产业链构造，为韶关生态农业发展出谋献策，以及探究了韶关翁源（兰花）产业发展之道。

（二）活动意义

打造韶关生态农业特色全产业链，促进当地生态农业的发展。

（三）活动时间

9月22日15:00～18:00。

（四）活动地点

龙泰酒店。

（五）活动经过

（1）与会专家结合我市生态农业发展实际就新时代现代农业发展战略与路径做了主旨演讲，同时通过解析生态优先下的特色全产业链构造，为韶关生态农业发展出谋献策，并与在场的嘉宾、种植户、兰企一同探究了韶关翁源（兰花）产业发展之道。

（2）举行产销平台战略合作签约仪式，与众多采购商和电商达成了合作意向，共有12个项目进行了签约。

（六）组织机构

主办单位：韶关市人民政府。

承办单位：韶关市农业农村局、翁源县政府。

媒体支持：韶关日报、韶关电台等。

活动策划二："兰香韵翁源 粤北悦丰收"2019年中国农民丰收节暨韶关生态农业博览会启动仪式

（一）活动背景

今年，翁源是全国最具特色的70个庆丰收会场之一，也是韶关市主会场。活动以"兰香韵翁源，粤北悦丰收"为主题，以"庆祝丰收、弘扬文化、振兴乡村"为宗旨，采取"1+3+6"多点联动模式，开展丰富多彩的活动，全面展示科技强农新成果、产业发展新成就、乡村振兴新面貌。

（二）活动时间

9月23日10:00~12:30。

（三）活动地点

翁源县兰花产业园。

（四）活动过程

（1）极具民族特色的《舞春牛》，兰韵满满的《梦兰翁源》，富含韶关风情的《茶浓乡情》等歌舞表演将轮番上阵，演绎别样的韶关精彩。

（2）活动现场还将设有不同主题的展示区，供游客游玩观赏，一饱口福。每个展区里大家都可以见识到韶关的传统民俗文化和丰硕的成果。

（3）韶关三区七县的特色美食将在丰收集市上售卖！给你品尝到最地道的乡土美味。

（4）活动当天，各种趣味游戏、土味活动也将相继呈现。游客们可以带着孩子，体验趣味农活，留下难忘的亲子时光！

（五）组织机构

主办单位：韶关市人民政府。

承办单位：韶关市农业农村局、翁源县政府。

媒体支持：韶关市广播电视台。

活动策划三：美丽乡村闹丰收

（一）活动背景

连溪村的莲香楼已经成功申报了国家级3A景区，这只是连溪村产业升级和产业转型的一个开始，相信不久的未来旅游业也将会推动当地经济的发展。

（二）活动时间

9月23日全天。

（三）活动地点

江尾镇连溪村（美丽乡村示范点）。

（四）活动内容

（1）展示舞龙狮、蒸油罩糍、剪米饼、做艾糍、炸油果等民俗活动。

（2）设置农事体验活动，丰收节农产品零花钱拼拼凑、农产品撕名牌、"丰收大富翁"、你画我猜等多个有乡味、够乡村的趣味项目。

（3）展示当地制作特色"肠粉"的全过程，品尝韭菜包、粉蒸肉。

（五）组织机构

主办单位：韶关市人民政府。

承办单位：韶关市农业农村局、翁源县政府。

媒体支持：韶关市广播电视台。

活动策划四："瓜果飘香·玩味丰收"嘉年华系列活动

（一）活动目的

与五谷丰登、万众丰庆的"中国农民丰收节"紧密结合，推进粤菜师傅工程，大力弘扬韶关悠久厚重的农耕文化，充分展现韶关丰富的农旅产品、美食和精品线路。

（二）活动时间

9月23日～10月7日9:00～18:00。

（三）活动地点

翁源县兰花产业园。

（四）活动内容

活动设置"粤菜师傅"——韶州客家菜食材展区、"乡村振兴巾帼行动"巾帼展示园区、青年创业展区、韶关名特优新农产品展区、5G+智慧农业展区共5个特色展区，游客能近距离感受韶关科技农业和现代农业的发展现状。

（五）活动亮点

（1）"粤菜师傅"演绎"舌尖上的韶关"。

（2）丰收市集。

（3）趣味打卡点。

（4）活力热气球。

（5）梦幻田园风车。

（六）组织机构

主办单位：韶关市人民政府。

承办单位：韶关市农业农村局、韶关市文化广电旅游体育局、翁源县政府。

媒体支持：韶关市广播电视台。

思考 节庆活动策划方案的撰写与注意事项是什么？如何策划好一项节庆活动？如何针对策划好的节庆活动在运作过程中做到有效管理？

项目一　节庆活动概述

几千年来,中国的节庆活动数以千计,影响甚大,有传统的、民族的、民间的、宗教的、法定的。尤其是改革开放以来,冰雪节、美食节、登山节、啤酒节等现代节庆活动如雨后春笋般出现在祖国大地上,演绎出中国文化的无穷魅力。而"节日经济"也已成为一朵娇艳的花,开在城市的土壤里,接受经济活动者和消费者的润泽。五彩缤纷的节日庆典,带给人们的是什么样的效果?这将很大程度上取决于节庆活动。

任务 1　掌握节庆活动的内涵与分类

一、节庆的内涵与分类

(一)节庆的内涵

节庆,是"节日庆典"的简称,专指在一定时间内的庆典活动,很长时间内,节庆只是传统和民族节庆的代名词。专指在某地区或城市以其特有的历史、文化、艺术、传统竞技、体育、风情民俗、地理优势、气候优势、遗址、圣地、古迹等为主题,自发而周期性举行的大型庆祝活动。而节庆和庆典可以说在本质上是相同的,主要区别是"节庆"重在"庆",更注重一种节日气氛的营造;"庆典"重在一种典礼,注重仪式和程序的安排。一些教科书还将节庆与事件连在一起,统称为"节事",实质上是将各种赛事也加进去了。无论是节庆活动策划还是节日活动策划,或是庆典活动策划,其基本原理是相通的。

节日与庆典简称为节庆,它是通过特定的主题活动将公众聚集起来,分享和庆祝在社会生活中发生的事件。具体包括音乐节、艺术节、社团节、运动会、游行活动、展示活动、竞技表演、艺术和手工展览、民族节庆、专题节庆等,持续时间从一天到数月不等。节庆已经成为一种文化现象,被称为节庆文化。

当人们提到慕尼黑,就会联想到盛大的啤酒节;提到戛纳,就会联想到电影节的盛典;提到奥斯卡,就会联想起美国的洛杉矶;提到奔牛节,就会联想到西班牙……可见,节庆文化已经与一个国家、一个城市的品牌紧密相连。节庆文化极大地影响和提升一个国家、一个地区的经济发展,成为国家、地区招商引资的重要手段和途径。因而,又被称为节庆产业、节庆经济。

节庆活动有广义和狭义之分,广义的节庆活动的概念等同于节庆,它不仅包括现代旅游节庆,还包括传统节庆、政治节庆、商业庆典等。狭义的节庆活动单指某节庆活动中的单项活动，每一个节庆期间都有很多项的节庆活动，如2018年（第十九届）海南国际旅游岛欢乐节期间，活动分为海口主会场活动、各市县分会场活动和全域旅游欢乐月活动三大板块，其中海口主会场活动由7项开幕式系列活动和5项海口欢乐周活动组成，各市县分会场活动由三亚、儋州、万宁、琼海、陵水5个分会场的19项主体活动组成。包括以上会场的重点活动在内，全域旅游欢乐主题月活动由123项各市县配套活动组成。

（二）节庆的分类

我国传统节庆源远流长，无处不在，蕴含着人类独特的文化记忆。如春节、元宵节、清明节、端午节、中秋节、重阳节等，大多已经有千年或者更长的时间。然而节庆活动的策划出现较晚，是伴随着现代市场经济的逐步发展而发展起来的，最初的节庆策划直接源于对传统节庆的重新包装，或者依靠举办地特有的历史、文化、资源、经济、自然等条件开发举办，其直接目的就是节庆活动的巨大经济、社会、文化效应为举办地带来收益。正因如此，现代节庆活动策划项目比比皆是，文化节、艺术节、科技节、旅游节等层出不穷。节庆活动分类如图5-1所示。

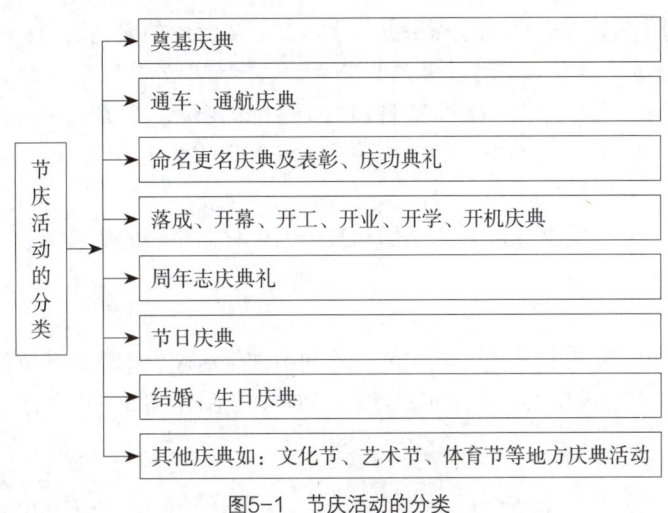

图5-1 节庆活动的分类

1. 奠基庆典

奠基庆典指的是在某一社会组织的建筑、工程项目，如车站、码头、饭店、酒楼、纪念馆等即将开工时举行的一种庆贺性的典礼仪式。奠基典礼一般由专门的公关机构组织策划，由组织的负责人出面主持，邀请政府有关部门的领导、董事会或股东人士、社会各界知名人士以及社会公众来参加，一般邀请来宾中的重要人士挥锹动土为组织的建设或工程项目奠基，借以象征日后根基雄厚。奠基庆典一般要准备奠基石，并将奠基石及奠基工具用红色丝绸缎包扎起来。奠基庆典使得组织在项目开工前就为将要兴建的工程扩大社会影响、提高知名度打下基础，并通过新闻媒介的报道，可以让公众对项目有一个大致了解，为日后成名与成功"奠基"。

2. 通车、通航庆典

通车仪式，大都是在重要的交通建筑完工并验收合格之后，所正式举行的启用仪式。例如，公路、铁路、地铁以及重要的桥梁、隧道等，在正式交付使用之前，均会举行一次以示庆祝的通车仪式。

通航仪式，又称首航仪式。它所指的是飞机或轮船在正式开通某一条新航线之际，所正式举行的庆祝性活动。有时，通车和通航仪式又称开通仪式。一般由组织的负责人出面主持，邀请政府领导、社会名流及社区公众参加。

3. 命名、更名庆典及表彰、庆功典礼

前者指的是在组织或团体进行更名时举行的庆典仪式。后者指在组织受到表彰、取得成功或社会组织为其成员做出的贡献而举行的庆典活动。

4. 落成、开幕、开工、开业、开学、开机庆典

这类庆典是节庆活动中最常见、最普遍的。一般的社会组织在成立之初都会举行这类庆典。这类庆典一般要邀请有关方面的重要人士参加，并提前通知宾客。往往不需要花费过多时间，程序也并不复杂。策划的关键是尽可能扩大影响，给人留下强烈深刻的印象。

5. 周年志庆典礼

这类典礼活动也十分普遍，如厂庆、校庆以及其他社会组织团体的成立周年纪念日庆典。周年庆典不仅有利于提高组织的知名度，沟通组织与社会各界的关系，而且可以增加组织内部员工的凝聚力和归属感。周年志庆的庆典活动持续时间更长一些，活动的内容也较为丰富。

6. 节日庆典

节日庆典是为了庆祝节日的到来而举办的表示欢乐或纪念的典礼活动，是节庆活动中历史最悠久、庆祝活动最丰富、参与者最多的节庆活动。古今中外，每个民族国家都有自己的节日，如春节、圣诞节、情人节等。每当节日到来，各个国家和人民都会举行盛大的活动表示庆祝。节日庆典的组织者可以是政府、国家机关，也可以是各类社会组织团体，还可以是个人。

7. 结婚、生日庆典

结婚、生日庆典指的是为庆祝新人结婚和某个人生日而举行的庆典活动。策划得当，往往取得良好的社会影响。

8. 其他庆典

随着社会生活内容的日益丰富，人们的物质和精神生活极大丰富，节庆活动也突破了原有的内容和形式，空前活跃起来，产生了一些新兴的节庆活动。如一些专题性的文化节、艺术节等。

【案例分析1】

民间艺术类节庆

以广西南宁国际民歌节为例，广西原有的是歌墟、歌会，通常是以一个村镇或是一个集市为主的聚会，活动范围相对较小，通常是自娱自乐。交通工具的发达，使得人们活动的范围扩大了，因此新的娱乐方式就产生了。该艺术节一年举办一次，如今的民歌节不仅吸引了广西全境的各路民歌手的关注，而且还吸引了世界各地越来越多有关人士的目光与参与的热情，使其具有国际性和前所未有的吸引力。2005年11月29日，在2005年度国际节庆协会（IF-EA）行业评选活动中，南宁国际民歌艺术节获最高奖——综合类铜奖，并入选"中国最具国际影响力十大节庆活动"。

文化搭台，经济唱戏。在南宁国际民歌艺术节期间，与民歌节同期举办的经贸洽谈会，自1999年以来已成为一道亮丽的风景线。不少海外国内的企业家，因民歌节认识南宁，了解南宁，热爱南宁，落户南宁。有数据为证，1999年，南宁市生产总值完成274.55

亿元，全年财政收入27.01亿元。2009年，南宁市生产总值1492.38亿元，财政收入231.37亿元。到了2019年南宁市生产总值4506.56亿元，财政收入800.69亿元。2019年南宁完成接待旅游总人14430.56万人次，旅游总消费1607.44亿元，同比增长20%。在民歌节的推动下，南宁创造了山清水秀宜人居的环境下经济健康快速协调发展的举世瞩目的"南宁模式"，发展成一座现代、文明、国际化的魅力城市。

二、节庆活动的产生与发展

节庆是在一定历史条件下形成并发展起来的，每个节庆活动都体现了某一历史时期的文化或精神。它和休闲经济、文化经济、娱乐经济、体验经济和假日经济的发展密切相关。

节庆活动源于原始社会，原始社会已经出现节庆的萌芽，氏族部落每逢节日集会、作物丰收、婚姻喜庆等常常举行集体舞蹈活动以示庆祝。这便是节庆的原始状态。这种原始的节庆活动，完全是一种自发的形式，人们在收获粮食、猎取禽兽之后，或婚姻、祭祀时，或载歌载舞以示欢迎，或通过一定的仪式来表示纪念。同时，由于人们认识和把握物质世界的能力水平较为低下，人们对一些自然现象无法解释，便归功于神的力量，产生神灵膜拜，有些对于神灵的敬祝仪式，稳定下来形成较为稳定的节庆活动。随着人类征服自然力量的强大，人们为自身的胜利举行庆祝形式，有些以节庆的形式固定下来。节庆活动内容不断丰富，形式多样，古代的节庆活动逐渐发展成为一种有一定仪式和程序的运动。

随着人类历史发展，节庆活动范围大大扩大。随着阶级社会的到来，一些政治意义的节庆活动兴起，如帝王登基大典、战争胜利庆典等。现代意义上的节庆活动最早始于上世纪60~70年代。世界各地产生了各种各样的办节模式，取得良好的经济和社会效益。不仅树立了城市的形象，也为城市的发展与转型带来了内在的活力，并逐步创造和固定了一个城市的风格。有些节日成为一种新的经济现象。如格莱美音乐节，如今有全世界175个国家的200多家电视台转播，颁奖晚会有20亿观众观看，光电视转播收入就达32亿美元。

近年来，国内的不少城市也策划了许多独具特色的节庆活动，为自己城市知名度的提高、相关产业的发展、文化品位的提升起到了强有力的助推作用。作为旅游体系中最基本的组成单位——旅游景区，也应有意识地策划和举办一些节庆活动。

而如今，到了现代社会，节庆活动更成为十分普遍的社会活动，它深入到整个社会的方方面面，民族的节庆活动、国家的开国大典及国庆大典、商业庆典活动等，不胜枚举。由此引发的对节庆活动的策划也逐渐兴旺起来。

三、节庆活动的性质与特点

（一）节庆活动的性质

节庆是民俗文化的重要组成部分，每一个节庆活动都展示着特定地区或民族灿烂的文化、悠久的历史。可以说节庆活动从一开始就是文化现象的载体。另外，每次节庆活动的举行，都需要人力、物力、财力的投入，故节庆经济也随之产生。所以说，节庆不仅仅是旅游活动，还是文化、经济活动。

1. 文化活动

节庆活动本质上是一种文化活动。相对传统节庆而言，节庆活动作为一种具有良好群众基础和广泛社区认同的活动，是传承地区风俗习惯的一种重要手段，也是该地区特色文化的重要组成部分。不管节庆活动的举办为举办地带来多大社会、经济、环境影响，文化内核始终都是节庆活动不折不扣的关键因素。缺乏文化底蕴的节庆活动，对内没有内聚力，对外也没有吸引力，失去发展的生命力。所以说在节庆策划活动中，文化体现和文化的传承是其应遵循的首要原则和要求。

2. 经济活动

任何节庆活动的举行，都需要人力、物力、财力的投入，故节庆经济的现象就随之产生。随着人类社会的不断进步，商品经济的不断发展，节庆活动所需的人力、物力、财力等不仅要通过商品交换的形式得以丰富，而且人们开始自发利用节庆活动人多热闹的特点进行直接的商品交易，促进部分经济发展。如中国的春节、德国的啤酒节等，无不渗透着经济内容。由此引发的"节日经济"也逐渐被商家重视，促进当地经济发展。

3. 参与性与娱乐性活动

节庆作为一种文化活动，具有很强的参与性与娱乐性。往往成为举办地文化的浓缩，成为追寻文化真实性的具体目标。节庆活动的参与性以及渲染的节日气氛都满足了人们的体验要求。故而，节庆策划既是举办地特色产品的策划，也是区域、城市形象策划的重要内容和手段。

(二) 节庆活动的特点

节庆活动还具有时间性与周期性、综合性、地方性、变异性的特点。

1. 时间性与周期性

"节"的原意包含周期性，节庆的突出特点就是时间性和周期性，它总是在一定的时间内举办，或者一年一次、或者两年、三年一次，时间不等。也正是节庆的实践性和周期性，打破了人们的正常生活秩序，给民众带来新鲜和刺激。节庆的时间性和周期性是由其主题和载体所决定的，相当一部分的节庆沿用了原来的农时来间隔节庆节令，或在形成中就包括了季节性的因素，如云南罗平的油菜花节、河南洛阳牡丹花节等。有的则与特定时间的神话传说与纪念活动有关，如岳阳的龙舟节与屈原传说等。

2. 综合性

一个地区的节庆活动尤其是大型综合性的节庆活动，能够全面集中地展现区域、自然、民俗、饮食、文化、历史等特色，体现文化的多元性。另外，就一次节庆活动的组织部门而言，也具有综合性。大型节庆活动的举办，涉及交通、卫生、医疗、安全、城管、文化、旅游等诸多部门。而就其功能而言，具有旅游功能、经济功能、文化功能、庆典功能等综合性特征。

3. 地方性

地方性是节庆活动策划的精髓。特别是具有地方垄断地位的自然、经济、文化、历史特色的资源，若能妥善开发，市场潜力巨大。如在北京举办荆楚文化旅游节是不现实的。地方性是节庆活动的魅力所在，能否最大限度地展现地方特色是节庆活动的精髓所在。

4. 变异性

节庆从社会生活中来，又反馈给社会生活，为社会生活所取舍，同时在变异中作为一种文化意识陈陈相因，承袭流传，逐步形成一种文化形态。随着人类社会的发展变化，与社会息息相关的节庆文化也必然因时而动，因需而变。对于每年都重复举办的节庆活动而言，围绕一定主题至关重要，但每年的活动形式和内容的改变同样重要。

此外，节庆活动还具有娱乐性和参与性等特征。也正因节庆活动这些特征的存在，使得节庆策划活动日益火爆起来。

四、我国节庆活动的发展

节庆是一定历史阶段的产物，随着经济的发展逐渐壮大。我国现代意义上的节庆活动策划大概从20世纪七八十年代开始发展至今，已经逐渐走向理性与成熟。以节庆活动中应用较为广泛的旅游节庆活动为例，就一共经历了开创、大发展、徘徊发展与理性发展四个阶段，每一个阶段都和当时特定的社会、经济背景相联系，具有时代特色。

（一）开创期

旅游节庆活动的产生始于20世纪80年代，由于旅游经济和旅游产业逐步确立了在国民经济中的地位，各地争相发展旅游业。为了突出地方特色，发展当地经济，具有产品和营销方式两重属性的旅游节庆由当地政府带头应时登场，首先在温冷的旅游城市创办起来。1983年河南省洛阳市创办了中国最早的旅游节庆之一———洛阳牡丹花会，1984年、1985年山东潍坊国际风筝节和黑龙江哈尔滨冰灯节应运而生。据粗略统计，1990年全国新产生的县级以上主管部门举办的旅游节就有30多个，是1987年的3倍，这一阶段为中国旅游节的开创阶段。

（二）大发展期

到了20世纪90年代，随着地方经济的活跃、地域间交流活动的频繁，旅游节庆在全国得到大范围的推广。几乎每个县市都推出了自己有特色的旅游节庆。一时之间，节庆活动的主题不再限于当地传统的文化，一草一木皆可以成为特色节庆活动的载体。例如桃花节、西瓜节、苹果节等。也有一些旅游节庆引进了国外的先进经验和策划理念，逐步成为具有国际影响力的重大节庆。如青岛啤酒节、上海旅游节等。这一阶段也是中国旅游节的大发展阶段。

（三）徘徊发展期

20世纪90年代中后期，在旅游节庆数量越来越多的同时，各种不协调的问题也日益明显：节庆主题雷同、活动没有新意、效益欠佳、形式主义、政绩工程等。举办热潮也逐渐冷却下来。旅游节庆发展进入了"徘徊期"。

（四）理性发展期

进入21世纪以后，经过一段时间的徘徊和思考，以及相关理论的探究发展，中国节庆活动举办显得更加理性化、科学化，旅游节庆也进入了理性发展阶段。中国节庆活动的发展已经成为一种产业，国家每一年都会针对节庆产业发展做年度探讨与分析，体现了我国政府对节庆活动发展的高度重视。

【知识拓展】

"2010年中国节庆产业发展年度报告"正式对外发布

2010年12月28日～29日，"首届中国民族节庆产业发展与传播峰会"在北京召开，"2010

年中国节庆产业发展年度报告"在峰会上对外发布。

《2010年中国节庆产业发展年度报告》课题组负责人王春雷，作为民族节庆专业委员会副主席，在峰会上做主旨报告，发表了该报告。报告全面回顾和总结了2010年中国节庆产业发展的态势、存在的问题与对策，以及未来的发展趋势。

针对当前我国节庆产业存在的问题，我国节庆产业在今后的发展过程中应当注意引入评估机制、规范行业管理、注重品牌培育、创新运作模式等方面的问题。

（1）引入评估机制，严格审批项目。针对我国节庆活动数量多、品牌节庆项目少、节庆活动过多过滥的情况，2010年4月19日，国务院办公厅转发国务院纠正行业不正之风办公室《关于2010年纠风工作的实施意见》，其中第三条明确指出：要纠正庆典论坛活动过多过滥的问题。可见，政府已经察觉到这一问题了。要改变节庆活动过多过滥的问题，就必须引入并实行评估机制，这种办法从节庆活动规模、文化内涵、经济收入、参节者数量、节庆组织者资质、运作模式、知名度等方面进行评估，对一些华而不实、没有文化内涵、滥用资金的节庆活动予以撤销，严格控制新的审批项目。

另外，对节庆组织者的实力和资质等进行审核也是节庆产业能否健康发展的关键，比如对节庆组织者的经验、资金、资产、性质等方面的限制。再则，要严格控制滥用财政资金和监督财政资金的使用效率。另一方面就是在节庆的经济性收入方面，治理节庆融资中的不正之风，比如拉赞助、谋取个人私利等。

（2）加强宏观调控，规范行业管理。节庆活动之所以参差不齐，与行业管理不规范有很大关系。尽管节庆活动对区域经济具有明显的拉动作用，许多地方政府把节庆活动作为塑造区域品牌和打造城市品牌的重要手段，但从整体上看，我国在节庆产业领域缺乏调控性的规划，导致现阶段我国节庆产业出现区域不平衡、良莠不齐的现状。

为此，必须规范节庆行业管理：首先，成立可以统筹和管理全区节庆产业的节庆管理部门，并给予该机构足够的权利，使它既有政府机构的管理权，在经济上又需要接受市场的考验，从而解决它的经费来源；其次，要建立相应的节庆专门委员会（机构），负责协调、管理和服务，甚至要在财政上支持、政策上倾斜、产业上帮扶并给予它在阶段时间内的独家运作权力。

（3）挖掘文化内涵，注重品牌培育。随着节庆产业的发展步入竞争全球化、知识经济化、需求个性化、游戏规则化、消费感性化时代，节庆产业的未来竞争无疑将更多地体现为品牌的竞争。培育节庆品牌可以从以下几个方面入手：首先，通过完整的节庆评价体系筛选出比较有潜力的节庆项目。其次，重视节庆活动文化内涵的挖掘与保持，通过扩大节庆的知名度来扩大品牌的影响力；通过提炼节庆活动最有价值的传播信息，发掘创造并利用好营销机会，通过邀请名人，在重量级媒体做广告，举行知名的活动，达到对节庆活动的宣传。再次，通过良好的服务塑造旅游者对节庆品牌的忠诚度。正如忠诚的顾客是企业实现利润的稳固基础一样，忠诚的参者也可能成为节庆的稳定客源，而忠诚度的获得是靠长久良好的服务来打造的，良好的服务带来良好的口碑，满意的客人会将他们的满意经历推荐给他人，以带来更多的消费者。最后，通过更多的服务来增强品牌的效益度。

（4）创新运作模式，实现可持续发展。节庆活动要实现可持续发展，创新是关键，而节庆活动的创新是一个系统工程，包括主题创新、机制创新、内容创新、形式创新等多个方面。首先是主题创新，现代节庆的主题创新一定要结合当地历史、经济、文化等方面的因素，只有建立在区域特色基础上形成的现代节庆创意，才能为持续发展拓宽空间。其次，挖掘文化内涵。通过准确把握节庆文化的个性，打造核心价值，体现创新实践的针对性。再次，灵活有效的机制对促进节庆活动健康发展至关重要。对节庆活动中的领导机制、用人机制、财务机制、运作机制、营销机制等都要不断创新，避免再走"吃大锅饭"的老路子。最后，内容和形式的创新。节庆内容的创新既要保留能体现文化内涵的、传统的内容，又要不断充实新的内容，防止不健康的、落后的内容。在形式上创新是增强吸引力的重要的一环，要紧跟时代，分析消费者喜好，不断创新形式。

（5）加强人才培养，提高整体素质。专业机构和人才既是节庆经济软实力的重要构成要件，其中，节庆产业是实践性很强的行业，但也需要系统的理论指导，同时也需要专业人才的支撑。目前的节庆产业发展现状是懂理论又富有实践经验的专业人才过少，专业化队伍太薄弱，既缺乏专业的节庆策划、执行机构，也缺乏专业的节庆人才，尤为缺乏懂实践，具有专业思维、专业态度，善于整合利用文化资源运作节庆活动的专业机构和专业人才。为了尽快提高各项节庆活动的水平和层次，提高活动自身的运作能力，主办方应采取有效措施，利用各种渠道，不拘一格，培养、引进专业人才，提高专业经营机构和从业人员的整体素质。

任务2 掌握节庆活动策划的含义与运作

一、节庆活动策划的含义

节庆活动策划是一项以节日为载体，通过对节庆活动的安排和节庆内容的设置，来达到对当地优势资源的宣传或者获得经济资源收入目的的活动，是对节庆活动进行完整的、系统的事先策划。策划作为一种思维活动，早已经被人类历史广泛应用。简单地说，凡是为了节庆活动出谋划策都可以称为是节庆活动策划。

二、节庆活动策划的演变与影响

（一）节庆活动策划的演变

节庆活动策划晚于节庆活动的产生。原始社会的节庆活动形式比较自由，大家以载歌载舞的形式庆祝作物丰收等活动，没有人专门进行活动安排。但随着节庆的发展，人们的庆祝方式丰富起来，对节庆进行策划也就开始发展起来了。可以说节庆活动策划同节庆本身的发展一样,也经历了由自发到自觉的阶段。刚开始的策划是零散的、不成体系的。真正自觉的节庆策划是以节庆活动专职策划机构出现为标志的。公关公司、创意机构、广告人、策划人的出现,意味着节庆活动策划成为一种专项活动,节庆活动策划进入系统阶段。

随着当今社会经济的发展,节庆策划活动所带来的经济效益日益受到人们重视。各项节庆策划也日益繁荣兴盛起来。国人除了过我们传统的民族节日的同时,一些西方节日也日渐走俏。对西方的情人节、圣诞节、母亲节、父亲节等一些节日的精心策划,丰富了中国的传统民族节日,使其既富有民族气息又具有时代特征,丰富现代人的生活之外,也给社会组织和社会团体带来意想不到的收益。

(二)节庆活动策划的影响

一个节庆往往是一种综合了文化、社会、经济等诸多因素的大型活动,因此节庆策划一定要充分考虑市场需求。这种需求主要包括人们的文化、休闲和健康需求,还有商家的商业需求。历史上传统的节庆活动是人们自发参与的,其策划主体在民间;现代的节庆活动,往往是有组织的,策划主体大多是节庆策划服务机构,组织的主体大多是政府。政府追求的是社会效益最大化,商家追求利润最大化,个人则考虑自己或家庭的利益最大化。民间蕴藏着巨大的想象力,那种充满热情的、经久不衰的节日充满了反约束、反现实的文化味道,如狂欢节、西红柿节等。自然的宣泄和放松给人们带来了欢乐,集体活动的参与性快乐可以消除人与人之间的隔阂与冷漠,如傣族的泼水节,人们互相泼洒的是一种寄托,一种祝愿。因此,要想把活动办得深入人心,还要多汲取民间的力量,民间有很多好的建议,但是要达到政府决策者的耳里会经过道道关卡,即存在很大的"信息损耗"或"信息畸变"。节庆活动的主要策划者和组织者应多听取民间的意见,更广泛地接触群众,只有这样,才能获得更广泛的支持和参与,才能把节庆办成一朵盛开的玫瑰。

【案例分析2】

凉山州彝族火把节对当地经济的影响

四川省凉山州是我国彝族最大的聚居区。每年的农历六月二十四,凉山彝族同胞要穿上节日的盛装,载歌载舞,举办声势浩大的火把节。1994年,凉山州委、州政府立足于将凉山彝族火文化推向世界,举办了第一届中国凉山彝族国际火把节,并确定每三年举办一届,从而赋予了凉山彝族火把节新的内涵和时代与国际特征。彝族火把节又被称为东方的狂欢节、情人节、中国民族风情第一节。凉山州彝族国际火把节是中国十大民俗节日和四川十大名节。目前已被联合国教科文组织列为"2010年世界非物质文化遗产审批项目",在国际国内都具有较高的知名度和影响力。吸引了不少中外游客和客商,使火把节成为宣传展示凉山的最好载体,对整个凉山州经济的发展起到了积极的促进作用。

火把节的主要特点,因地制宜办"节"。近几年来,全国各地"造节"之风越演越烈,且大多为地方政府所为,已经成为新形式主义的一大奇观。而火把节是四川凉山彝族特有的、最盛大的传统节日,自汉唐起,已沿袭一千多年。正是因为古老的传统风俗造就了这样一种深厚的文化积淀,举办火把节才成了顺理成章之事;主题鲜明、形式异彩纷呈。从凉山州举办的六届彝族火把节来看,凉山州委、州政府坚持全新的办节理念,按照"政府主办、社会参与"等的办节机制,力求做到"规模更大、水平更高、特色更浓",把凉山彝族火把节打造成为名副其实的中国民族风情第一节；展示彝族文化的知名品牌。每届国际火把节，都会有数百名外国朋友前来参加，一些新闻媒介还会进行专题报道，既扩大了凉山对外影响力和吸引力，也使大量游客进入凉山参加火把节，展示出彝族文化的知名品牌。

在影响方面，推动了相关产业的发展。节会经济创造了良好的条件，外来游客的支出直接增加了当地居民的收入，提高了当地居民的边际消费水平，扩大了消费需求，从而刺激了其他产业的增长；促进凉山州对外经贸活动的发展。从1994年起，凉山州委、州政府在火把节期间，连续举办产品展销会、经济技术协作洽谈会、科技成果交流会等大型经贸活动，促进了凉山州经济的对外交流与合作。在火把节举办期间，凉山州推出115个招商引资项目，囊括了凉山五大优势资源、六大产业集群、现代物流产业集群及新兴战略性产业等；有力地带动了旅游产业的发展。据统计，截至今年的8月10日，全州共接待游客208.69万人次，同比增长14.19%；酒店平均入住率达80.42%，实现旅游收入31730.83万元，这些都说明越来越多的外地游客被浓郁的凉山民族风情所吸引，"火把节"这个叫得响的旅游品牌越来越彰显出它的吸引力和影响力，其举办也给老百姓扩大了就业机会，增加了收入，带来了实惠。节庆旅游产业的发展对于举办地农民经济收入，以及带动周边行业就业起到了巨大的推动作用。例如在火把节期间，邛泸景区周边旅游经营户共接待游客38.3万人次，旅游收入6746万元；马湖景区共有农家乐21户，当地农家乐7天共收入76.9万元。实践证明，火把节作为凉山州的"金字招牌"，既扩大了农村劳动力转移，又拉长了农业产业链条，提高了农业综合效益，开创了农业经济的新局面。

凉山彝族国际火把节不仅提高了凉山州的知名度，促进了对外开放，而且使十几年前一个名不见经传的西昌，成为集聚经贸界人士的一方热土所在地，成为带动凉山州经济发展的一支动力引擎。火把节成为城市的一张名片，让凉山走向了世界，世界走近了凉山。

思考 凉山州彝族国际火把节是中国十大民俗节日和四川十大名节。三年一届的火把节，给策划者带来了机遇的同时，也带来了挑战。如何做到每一届的火把节都有新意，是策划者应该着重要考虑的问题。

三、我国节庆活动策划的组织与运作模式

（一）节庆活动策划的组织

我国节庆策划大发展是在20世纪80年代以后，随着商品经济的快速发展、现代科技和文明的进步，节庆策划有了巨大突破。节庆这种古老的庆祝方式与新型的经济文化找到了一个契合点，节庆活动开始为各类社会组织所青睐。利用节庆活动来确立其社会地位、社会形象、提高知名度和美誉度的行为比比皆是。节庆活动已经成为社会公共关系的一种重要手段，于是出现了许多专门的公关公司、广告公司、策划公司、品牌推广机构，各大企业和社会团体也纷纷设立公关部、广告部、策划部，节庆活动策划随之蓬勃发展。

（二）节庆活动策划的运作模式

1. 模式一：政府包办

政府包办模式曾是一些城市特别是一些小城镇在举办节庆活动中，采用较多的运作模式。这种模式的特点是：政府在节庆活动的举办过程中身兼数职，扮演着策划、导演、演员等众多角色。节庆活动的主要内容由政府决定，活动场地、时间由政府选择，参加单位由政府行政指派。这种运作模式给政府带来很大的财政负担，而节庆活动给城市、给社会、给当地民众带来的经济效益、社会效益等却大打折扣。

2. 模式二：各部、委、局及协会主办或与政府、地区联办

各部、委、局及协会主办或与政府、地区联合主办的模式是目前许多专题城市节庆活动采用较多的模式，它具有政府包办模式的一些特点，但也在不断地加入市场化运作的一些成分。如中国国际高新技术成果交易会（深圳），由国家商务部、科学技术部、信息产业部、国家发展改革委员会、中国科学院和深圳市人民政府共同举办。它坚持"政府推动与商业运作相结合、成果交易与风险投资相结合、技术产权交易与资本市场相结合、成果交易与产品展示相结合、落幕的交易会与不落幕的交易会相结合"等原则，面向国内外科研院所、企业、高等院校、投资和中介机构，提供交易服务。

桐庐、富春江山水节，提出了"区域联动、行业联合、企业联手、产品联体"合力办节的模式，成功的商业化运作模式，突出的群众参与性，全民办节、全方位联动的方式，使山水节成为提升当地旅游业的重要部分。

3. 模式三：市场化运作

城市节庆活动作为一种经济活动，举办的重要目的之一就是要获得良好的经济效益和市场效果。而所谓节庆活动的市场化运作，就是在政府的主导下，大胆引入市场手段，不论是节庆活动举办的需求，还是供给方面，都应当遵循一定的市场规律，注入"成本与利润""投入与产出"的理念，建立"投资—回报"机制，把节庆活动纳入市场经济的轨道，并作为一种品牌来经营。通过招商办会，吸引大企业、大财团以及媒体的参与，解决资金问题，并配置新的经济增长点。通过出色的市场化运作，形成"以节庆养节庆"的良性循环发展模式。可以说，市场化运作模式是节庆活动走向市场化的终极模式。市场化运作模式，一是可以节约成本。在节庆活动举办过程中，时间地点选择、广告宣传方式等方面完全按照市场的需求来做，可以大大地节约成本，避免因行政力量介入时造成的不必要的浪费；二是可以做到收益最大化。这里的收益包括参加企事业的收益，包括政府的形象收益，也包括给当地带来的其他社会效益。

目前中国城市节庆活动运作模式正在走向市场化，市场规律在节庆活动举办中正在发挥着越来越强的作用。如南宁国际民歌艺术节集政治、经济、文化、审美为一体的文化格式，成为中国文化一道独特景观。该节庆活动到2019年已经举办了21届，从一开始，就实行市场化运行机制，刺激广大企业的投资热情，2000年赞助费为560万元，2001年升至为1360万元，2002年高达1790万元，2019年，第21届南宁国际民歌艺术节"大地飞歌2019"晚会策划执行服务采购费为1115.6万元，取得了良好的经济效益和市场效果。

4. 模式四：政府引导、社会参与、市场运作

政府引导、社会参与、市场运作是一种比较适用于中国国情的城市节庆活动运作模式，这种模式显现出来的优越性、带来的效益，正在越来越多地被各方面所认同。这种运作模式的特点是：政府仍旧是重要的主办单位，政府引导作用主要体现在确定节庆活动的主题及名称，并

以政府名义进行召集和对外的宣传；社会参与就是充分调动社会各方面的力量来办好节庆活动，它体现了广泛的民众性。社会力量主要体现在：一是民众在节庆活动主题选择时献计献策；二是节庆活动举办时成千上万人扶老携幼、结伴前往，积极参与，营造出一种普天同庆、万民同乐的节日气氛，亲临其境感受其间的人文气氛。市场运作则是城市节庆活动的举办过程，交给市场来运作。比如节庆活动从项目策划、集资、广告、会务、展览、场地布置、彩车制作、观礼台搭建、到纪念品制作，都以招标投标、合同契约的有序市场竞争方式，激励企事业单位来参加，获取活动冠名权，成为赞助商。这样做一方面可以为企事业扩大知名度，另一方面还可以节省大量开支。从而逐步形成新兴的"节庆经济"和"节庆产业"，节庆产业化更能促进营销的深入和发展。如青岛国际啤酒节、哈尔滨冰雪节、潍坊风筝节、广州国际美食节等几个国内著名的大型城市节庆活动就是按照"政府引导、企业参加、市场运作"的模式来运作的。

四、节庆策划的原则

（一）突出主题

主题是节庆活动的主旋律，如果主题模糊，就会使节庆活动显得内容杂乱无章、效果平淡无奇，进而导致节庆活动缺乏活力，前景暗淡。而鲜明的主题，会指引着节庆活动各个项目的策划设计和执行，从而使整个节庆活动显得利落不拖沓。例如青岛国际啤酒节，从一开始就提出了"青岛与世界干杯"这一主题，因而使青岛国际啤酒节届届获得成功，并走向全国，走向世界。

（二）抓住特色

节庆要办好，关键在于有特色。找准特色，就是破解了节日经济的密码；抓住特色，就是抓住了节日经济的命门；节庆活动的特色主要表现在民族特色、地域特色、文化特色和时代特色上。这些特色在一些举办得比较好的城市节庆中都得到了充分的体现。如哈尔滨冰灯节，在内容策划上，突出了哈尔滨地区富有浓郁特色的民族文化，设计出了一系列观赏性强的活动内容，充满了狂欢气氛，极大地吸引了来宾和市民，取得了很好的效果。

（三）广泛参与

节庆是一种大型的群众性活动，是"市民节""狂欢节"，吸引最广泛的民众参与，是城市节庆永葆品牌生命力的灵魂。城市节庆必须办成群众踊跃参与、国内外游客热烈推崇的活动。因此，一定要在群众参与上大做文章，才能把活动搞的生动活泼、有声有色，产生良好的影响，达到举办目的。

（四）国际化

在信息化时代和经济全球一体化的大背景下，城市节庆国际化是一种必然的趋势。同时，城市节庆的国际化，是节庆活动档次的表现，也是节庆活动效益的需要。城市节庆要尽可能办成国际性的盛会。2004年第15届上海国际旅游节，提出了"世界的节日"这个主题，加快了上海国际旅游节跻身世界著名节庆行列的步伐；2018年，上海国际旅游节庆活动共吸引1275万中外游客参与，游客数量同比增长5%。

（五）市场化

经过20余年的实践，各地都在探索按市场化机制举办节庆活动。从目前全国情况看，城市节庆在市场化运作方面，主要通过门票、广告、赞助、交易会、冠名权、摊位出租、委托承办、买断举办权、媒体和企业投资或入股参与、拍卖活动等方法进行。

（六）不断创新

多年来，我国的城市节庆活动，积累了不少经验，也有不少教训，现在都在注意研究新情况、解决新问题、总结新经验、探索新思路，不断推陈出新。

（七）注重效益

搞任何活动都要注重效益，搞城市节庆活动也一样。对效益，应做到"三个结合"，即社会效益和经济效益相结合、近期效益和远期效益相结合、单项效益和综合效益相结合，三者缺一不可。

五、节庆策划的要点

节庆策划要注重4个要点：重点、亮点、热点和卖点。

要增强节庆活动吸引力、影响力，一定要在民族特色、地域特色、文化特色、时代特色上下功夫、做文章，把城市节庆办成时代性强、有特色、有新意的时尚性节日。要着重抓好城市节庆的重点、亮点、热点、卖点问题。

一个城市节庆的内容很多，在具体实施上要注意抓重点，突出亮点。亮点就是闪光点，是体现一个城市节庆的特色的东西。亮点必然是重点，但重点不一定都是亮点。接待工作是个重点，但它却不是城市节庆的亮点。要抓住城市节庆的亮点，做好、做细、做出成效。2005年昆明国际旅游节，改变了过去打"明星牌"的做法，着重突出本土原生态的展示。在开幕式文艺晚会"相约彩云南"中，集中展示了云南原生态的歌舞。云南省以丰富的民族风情著称，全省有26个民族，千百年来各民族创造了风格独特、风情浓郁、多姿多彩的民族文化和民族风俗。这些民族文化通过文艺的形式集中展示，引起了轰动，成为旅游节的亮点。要抓住热点问题，热点就是兴奋点，城市节庆从某种意义上讲，是一种休闲文化，因此，要设计一些让人兴奋的项目和内容，如观光、休闲、游园、娱乐、文体、会展、美食、购物等，使人们在兴奋中放松，得到精神和身体的享受。所谓卖点就是吸引人，多策划一些有效益的项目和内容，使城市节庆真正做到经济效益和社会效益相结合、近期效益和长远效益相结合、单项效益和综合效益相结合。城市节庆要把握时代脉搏，与时俱进，坚持创新，避免千篇一律或大同小异，注意挖掘本地的文化资源，用丰富多彩的活动内容展示这些资源，使城市节庆既有鲜明的主题，又有显著的地方特色；既体现传统文化的精华，又展示现代文明的魅力。

【项目训练】

学生选定一种类型的节庆活动为研究对象，在所在城市范围内开展调查，掌握其现状与存在问题，并找出相应对策。完成总结报告或小论文。

项目二　节庆活动策划流程

每一场活动都有它的目的和动机，活动策划的意义就像一艘船按照指定的方向前行，因此需要制定活动预期、最大限度地吸引人们参加、竭尽所能地完成活动的各种目标，并传达出活动背后所隐含的深远含义。流程就是将信息、资金、人员、技术等各种投入要素，通过多个人员、多项活动的有序安排和组合，最终转化为预期的某种结果。

任务 1　掌握节庆活动策划的流程

节庆活动策划运作流程

策划是一个综合性的系统工程，它是以明确目标为起点，以掌握信息为基础，以创意为核心展开的意象思维活动和实践活动。节庆活动策划一般包括以下几个环节：策划问题的界定和策划人员的选择、计划制定和组织分工、相关调查和分析、主题创意和开发设计、策划方案的制定、策划方案效果测定与评估，如图5-2所示。任何节庆活动的举行，都需要人力、物力、财力的投入，故节庆经济的现象就随之产生。

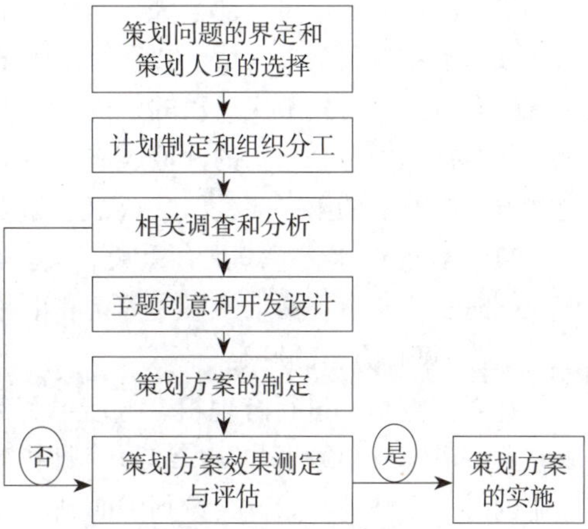

图5-2　节庆活动策划的步骤

（一）策划问题的界定和策划人员的选择

节庆活动的具体策划，依据的是策划活动内容的分类。不同的策划活动要解决的问题不一样。要根据节庆活动的内容进行相关问题的界定。如与旅游有关的地方节庆活动策划要解决的是当地旅游发展与形象宣传的问题，要依据当地的旅游规划进行相关问题的界定。而开业庆典、结婚庆典等一些具体的微观的典礼类策划就要围绕具体要解决的相关问题进行活动策划。

对于节庆活动策划的具体人员的选择，要根据具体情况做相关分析，具体的工作人员应该具有活动策划的相关经验，并能将经验性和创新性相结合。

（二）计划制定和组织分工

策划和计划是两个不同的概念。策划更多地表现为战略决策的具体落实，包括分析情况、发现问题、确定目标、设计和优化方案，最后形成具体工作计划等一整套环节。而计划在很大程度上只是策划的结果，比较多地表现为目标、条件、战略和任务都明确的情况下，为即将开始的活动提供一种可行性操作方案。

成功的节庆策划必须制定科学有效的计划。在制定计划中，首先要了解节庆策划的目标。目标可能是单一的也可能是成体系的。策划者要明确哪个目标是战略性的，哪个目标是战术性的，以做到在具体实施过程中区别对待，分阶段、分层次地实施。其次确定活动定位，通过对组织者和旅游者进行分析来确定活动定位。

策划工作是一项复杂的系统工程，计划制定好之后，需要对策划工作人员进行组织分工。根据节庆策划的内容不同，分成各个工作小组，各自负责相关策划工作内容，以保证策划活动的顺利进行。

（三）相关调查和分析

策划的相关调查包括对相关资源的调查、市场环境的调查、消费者的调查、具体设施以及其他相类似节庆活动的调查。每一类节庆活动的策划都要考虑到以上各要素，要在分清具体资源基础上进行相关活动策划，以保证每一步策划活动的具体落实。

（四）主题创意和开发设计

节庆活动策划，首先要明确的就是其主题，而节庆活动的类别就已经将其主题进行了限制，如开业典礼或啤酒节等。但这仅仅是形式上的主题，节庆活动策划要在明确活动主题的前提下，根据组织的目标和公众的需要进行精心设计，最好有意识地做一些调查，了解组织及公众的兴趣驱动，这样可以使节庆活动有一条主线贯穿。

在活动主题确定下之后，要围绕主题来穿插相关的活动内容和活动形式。节庆活动都具有庆祝纪念意义。古代节庆活动的动机基本上就是为了庆贺和纪念，而如今节庆活动的目的多不仅于此。比如说一个公司的开业庆典，不仅要达到庆祝效果，更重要的是要借以扩大公司的社会影响，在开业的第一天就给公众留下深刻的印象。

节庆活动对社会组织具有重大意义。可以利用节庆活动来渲染组织形象，扩大组织知名度。同时，由于节庆活动的喜庆气氛和主题特点，可以在不知不觉中扩大组织的社会影响力。

（五）策划方案的制定

在对策划信息进行合理组合并产生了创意之后，策划者一般可以形成概念性的策划方案，并在此基础上制定策划方案，编写策划书。策划方案是策划工作运行的蓝本，决定着策划公众实施的每一个环节，因此，策划书的制定一定要科学可行，讲究技巧。

1. 节庆活动内容和形式策划

确定了节庆活动的目的和主题之后，需要围绕主题选择、设计节庆活动的内容和形式。节庆活动可供选择的形式很多，例如周年纪念庆典可以举行职工大会、周年纪念酒会、表彰颁奖大会、联欢会、文艺汇演等。

节庆活动的内容和形式的策划，首先要围绕节庆活动的宗旨和主题来安排。如周年庆活动如果重在表彰员工，增强组织内部的凝聚力，就适宜召开员工庆功表彰大会；如果期望沟通组织与社会各界的交流，扩大企业在公众中的影响，那么就举办回顾展览，向公众开放参观，组织联欢晚会更为合适。总之，庆典活动需要大胆的创意，不应墨守成规。

2. 节庆活动的程序策划

在确定了节庆的主题、内容和形式之后，要想使盛大的活动有条不紊，忙而不乱，就要合理安排节庆活动的程序。节庆无论大小，都要明确进行的先后次序。节庆活动的安排按照节庆的具体内容的不同而有所差别。现在以"开业庆典"的活动策划程序为例做以说明，如图5-3所示。

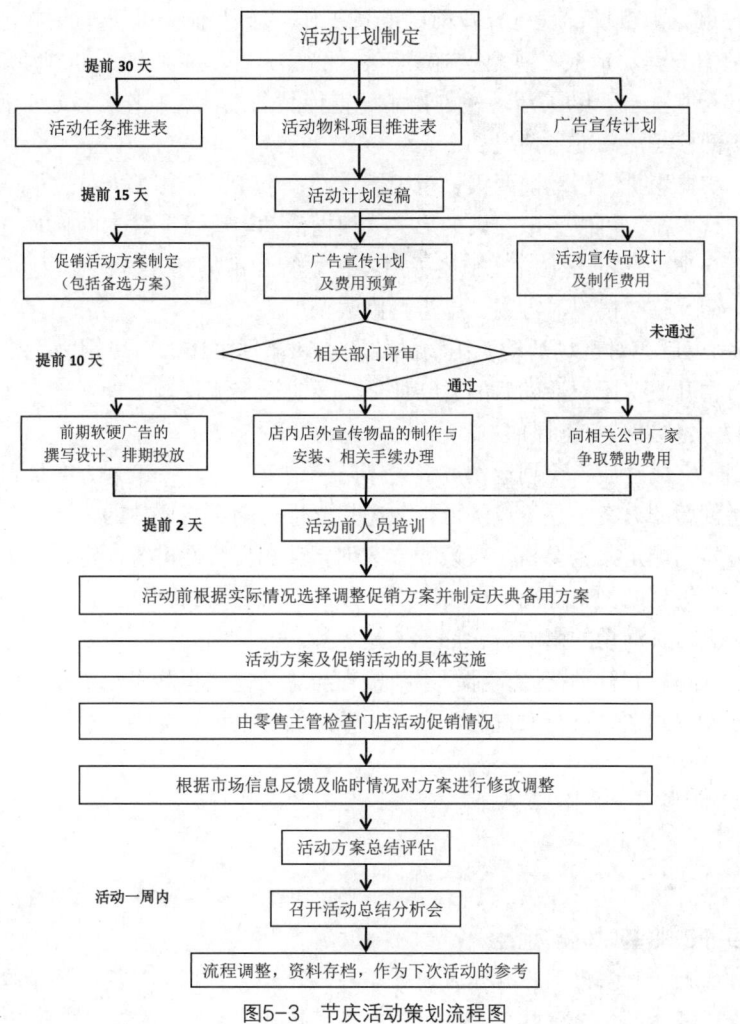

图5-3 节庆活动策划流程图

策划节庆活动时需注意：

（1）制定活动实施计划（包括活动任务推进表、庆典活动物料项目推进表、前期广告宣传计划），依据市场部组织开业庆典活动策划。

（2）确定活动、庆典方案（包括备选方案）。

（3）与各大媒体谈判包括：软硬新闻、商品广告、有偿新闻、媒体支持等。主要洽谈对象包括：当地各大报纸期刊杂志、广播电台、电视台、广告公司等（视相关活动而定）。

（4）组织采购部与供应商谈判、对象包括与公司业务需求紧密相关的其他个人或单位。谈判内容包括：商品价格谈判、商品供货数量谈判、供货条件谈判、赞助费用谈判、文艺活动谈判、供应商独立活动谈判、广告赞助谈判。

（5）由市场部提出相关广告策划方案、活动方案及费用预算，内容包括时间、场地、开业活动形式、宣传媒体、广告和宣传品设计方案、公司配合部门、单项费用预算和总额等内容。

（6）由市场部组织通讯公司主管总经理、销售部（批发零售）及相关部门对广告策划方案、费用预算、广告及宣传品设计方案进行评审，形成"业务评审表"。

（7）如果评审未通过，则根据评审意见对方案及费用预算进行修改，并再次组织新的评审。

（8）通过评审，由市场部进行开业前的准备工作。开业前软硬广告的撰写设计、排期投放；由市场部依据方案，形成"项目实施分工责任表"，并下发通知；办理活动的相关手续。市场部与销售部相互配合，购买活动相关物品。宣传品的设计、制作与发放。活动内容培训、现场布置。市场部核实活动准备情况。

（9）活动、庆典彩排，活动前两天，组织销售部、市场部的相关人员进行培训，熟悉现场活动程序，并进行彩排，可以采取会议的形式。根据活动当天可能发生的临时情况制定备选方案。实施活动、庆典的活动方案。实施当天由零售主管和市场部人员检查门店活动促销情况。根据市场信息反馈及临时情况对方案实施进行修改调整。

（10）活动结束后，对现场活动所用物品的清点和清理工作。对可用物品妥善保存，以便重复使用，以节省开业费用。活动后的总结评估，及时调整流程。

（六）策划方案效果测定与评估

策划方案制定完成之后，策划运作过程大体已经结束。但是，策划方案是否是一个有创意的设想，是否是创新的方案，是否经济可行，还是要进行测定与评估的。

所谓策划方案的测定，主要是指对策划方案创新性和可行性进行评定。节庆活动若想吸引人的眼球，必须在策划的创新性上面做文章。可以"旧瓶装新药"，也可以"新瓶装旧药"，只要运用得当，扩大节庆活动的影响力，都不失是一种好的策划方案。策划方案的评估是指方案在实施过程中，从构思到行动终结，都要不断检查与总结，逐步落实到实处，从可操作性和收益风险角度不断发现问题，进行改进与深入，为下次的方案策划提供经验。

【案例分析3】

项目奠基仪式方案

一、项目开工奠基时间与地点

确定项目的开工奠基时间：具体时间安排要根据天气、人员时间安排等综合考虑。

奠基地点：具体的场地位置，为我司一期开发用地。

二、开工奠基活动的目的

通过开工奠基仪式，将扩大企业的影响力，同时也是项目的前期形象的展示与推广，将提高潜在客户对本项目的识别系统与项目产品的初步认知，提高企业与项目知名度。

三、奠基仪式前期工作准备

（一）现场工程工作方面

（1）围墙圈定（预先选择配套施工单位实施前期准备工作。四周封闭，预留出入口）。

（2）场地平整、硬化、道路（挖掘机、装载机、压路机配合摊铺8厘米碎石垫层，5厘米C20混凝土面层，硬化的部分为局部道路和场地）。

（3）通电（协商临时用电的接驳事宜，满足奠基所需用电量）。

（4）停车场安排（见附图，预先画好停车线，满足80辆汽车和50辆摩托的停放）。

（5）奠基石准备与制作（方案标准见附图）。

（6）奠基的道具准备（挖掘机、奠基用的工具等）。
（二）现场包装工作方面
（1）主席台与发言会场布置（见附图）。
（2）场地包装（见附图）。
（3）邀请人员方面：
市领导（书记、市长、分管副市长、市人大常委会主任、政协主席）5人。
区领导（书记、区长、分管副区长、区人大常委会主任、政协主席）5人。
扬州市相关局委的负责人（发改委书记主任；土地局书记局长、分管局长、储备中心主任；规划局书记局长、分管副局长、规划管理、技术处长；建设局书记局长、分管副局长、质量监督站长、安全监督站长、工程处长、行政服务处长、审图办主任、招标办主任、档案馆长、路灯所长、自来水公司经理、煤气公司经理；房管局书记局长、分管副局长、开发处长、市场处长、监理处主任、物管处长、白蚁防治所长、监察队长；环保局书记局长、分管副局长、监察队长；供电局书记局长、分管副局长、设计室主任、大客户经理；地震局书记局长；气象局书记局长；广电局书记局长；区行政局书记局长、区环保局局长）46人。
（4）本公司特邀嘉宾（预估5人）。
（5）兄弟公司负责人（预估5人）。
（6）中国总部领导、中国香港总部领导（12人）。
（7）媒体负责人（日报、晚报、电视报、时尚、漫步、电台、电视台）20人。
（8）其他（预估10人）。
（三）主持人聘请方面
聘请当地受欢迎、认同的知名电视台主持人或电台主持人。
（四）礼品准备方面（预先商议礼品的种类、价位定在300～500之间）
选择礼品公司；购买礼品。
（五）媒体记者方面
选择目标媒体（意向为电视台、日报、晚报、电视报）。邀请目标媒体。初步沟通，明确采访的主题内容。
邀请媒体的专栏记者进行报道我司项目的奠基仪式，通过企业软文的形式来推广报道，为项目的推广打下基础，同时对企业进行推广，通过企业推广的形式，提高扬州市民对企业的认知，提高企业知名度与美誉度，从而由企业品牌的推广带动扬州项目的推广；为建立项目的品牌打下基础，同时也成为项目的引导期推广的组成部分。
（六）公关礼仪公司方面
选择公关礼仪公司；与公关礼仪公司讨论完善奠基上的礼仪问题；与公关礼仪公司合作安排奠基现场的流程。
（七）酒店宾馆的联系方面
确定嘉宾下榻的宾馆（从西园宾馆、京华大酒店、迎宾馆等几家中选择，要提前预定防止客满）；确定酒会用餐的酒店。
（八）保安的选择
考虑聘请保安公司（或警察）来现场维持秩序与预防突发事件的发生。

四、总体计划安排

时间	开始	完成	2月11日	2月15日	2月20日	2月25日	2月28日	3月1日	3月5日	3月10日	3月15日	3月20日	3月25日	3月31日	4月18日
确定奠基策划案	2.11	2.13	■												
上报奠基策划案	2.14	2.15		■											
配套施工单位确定	2.16	2.22			■										
公关礼仪公司确定	2.16	2.22			■										
配套施工/礼仪公司方案上报	2.23	2.28				■	■								
礼品采购与准备	2.16	2.22			■										
工地包装与会场准备	3.1	3.31						■	■	■	■	■	■	■	
宾馆确定	2.16	2.28			■	■									
人员邀请	2.16	3.31			■	■	■	■	■	■	■	■	■	■	
开工奠基工作检查	4.1	4.18													■

五、实施方式

（1）通过整合社会上与本公司项目相匹配的优势资源来服务于开工仪式。

（2）聘请有名的公关礼仪公司来配合开工奠基仪式活动。

（3）组织记者到现场进行新闻报道以及撰写介绍企业的软文。

六、现场策划

1. 项目围墙包装方案

环境包装、围墙装饰（增加企业名称）。

主要内容：本案案名、本案LOGO，名称、公司LOGO，咨询热线，广告语。

2. 工地包装

（1）拱形气球（红色1个）。

（2）气球（广告气球8个，放飞气球若干）。

（3）鲜花蓝（若干）。

（4）红地毯（600平方米）。

（5）彩旗（若干）。

（6）主席台与会场包装。

（7）主席台搭建。

（8）会场布置。

七、初步预算

1. 工地围墙

总共约300米；高度平均为2.5米；围墙砌筑费用为7万元。

2. 宾馆与招待费用

初步确定酒店与宾馆为迎宾馆：20桌，每桌2000元，合计4万元；

宾馆客房：10套，每套1000元，共1万元。

3. 礼品费用

估计到会的嘉宾与所邀请的人员要达到200人，每位所发的礼品价值为300~500元；合计为8万元。

4. 会场布置费用

主席台搭建与现场布置费用初步预估为30万元。

5. 公关礼仪公司费用

公关礼仪公司的费用预计为7万元。

6. 记者费用

初步计划邀请晚报、电视报、日报、电台、电视台、《时尚》《漫步》的记者；

每位费用为200元，记者20人，合计4千元。

附件一：庆典当天活动安排

庆典主题定为：针对项目的开工奠基仪式

程序安排（草拟）

（1）签到：签到处放置现场布置图示意图，发放纪念品，对照邀请人员名册发放纪念品和嘉宾胸花，由礼仪小姐8名分别引领入场，在通道上明示指示牌，重要领导将安排在主席台后稍作休息,由公司领导作陪,签到的同时奏迎宾曲。

(2)首先主持人宣读、宣布开始:在讲话前先介绍主席台就座的各位嘉宾和参加活动的嘉宾;主席台嘉宾的位置将在椅子上标明,位置安排要再商议;主持人的产生要再商议,主要明确是公司领导还是专业的主持人;开始时间要再商议;最好请专业人士对方案给出咨询意见。

(3)负责人发言(简要介绍历史与成绩,并点明开发项目的主旨:即为全市带来新的居住文化,提升全市的居住水平)。

(4)市领导讲话。

(5)区领导讲话。

(6)特邀嘉宾发言。

(7)奠基正式开始(包括时间的确定、工具的装饰、奠基石的做法要再商议,由礼仪小姐引领主要领导到奠基位置,公司主要领导带队)。

(8)放和平鸽与气球(燃放鞭炮礼炮的人员需提前做好准备)。

(9)鸣放礼炮。

(10)主持人宣布活动圆满结束,同时奏乐(乐曲的名称待定,《好日子》送主要领导离场,公司主要领导站在入口处送来宾)。

(11)奠基招待酒会(桌位的排定要和当地政府及总部协商、领导讲祝酒词)。

(12)安排专人拍照、录像,全程记录整个活动内容,刻成光盘存档。

附件二:会场初步布置方案

1. 初步方案如下

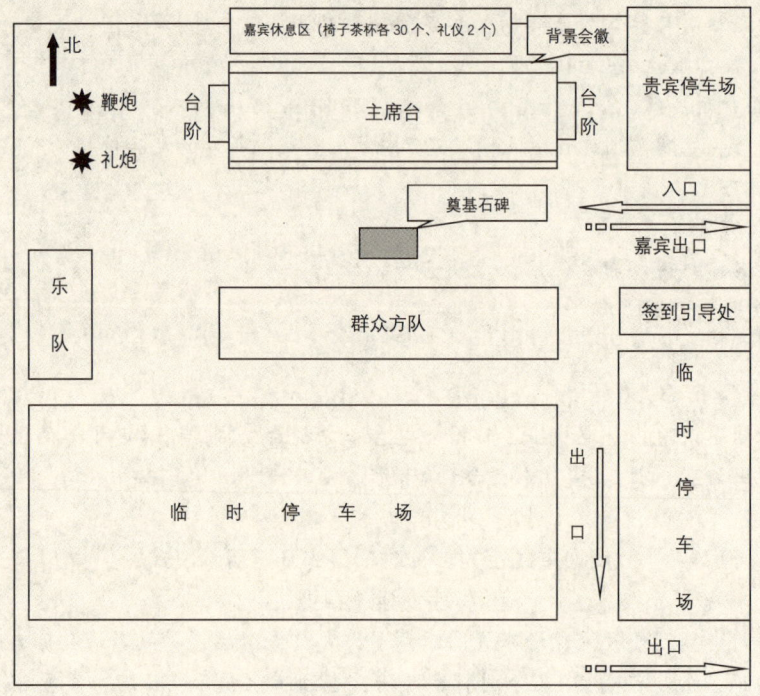

2. 方案说明

（1）主席台坐北朝南，25米×6米×0.6米，采用机制红砖纸筋灰砌筑，间距1000预埋木砖，上错缝铺设12毫米木工板，台面铺红地毯，东西两侧设有三级上人台阶。

（2）主席台北侧设背景布30米×4.5米，会徽为：中信泰富工程奠基仪式。

（3）主席台中部和西侧各设麦克风一只。

（4）会徽背景北侧搭设嘉宾休息区。

（5）会场西侧搭设乐队演奏台。

（6）会场东部围墙装饰入口处放气囊拱门，入口两边悬挂氢气球，内容待定，场内停车区画好白色停车线，人流、车流通道用彩旗引导。

（7）群众方队前用戗牌分隔，距离奠基坑10米，奠基坑距离主席台10米，奠基坑内设30把红花铁锹。

（8）奠基石定做（1.8厘米×0.8厘米，厚0.2米，确定文字内容、时间）。

（9）场地平整75米×90米，临时道路硬化，方队场地硬化，车流区、停车区摊铺碎石垫层碾压成型。

附件三：名称拟订

1. 整体项目名称：城市花园、城市经典、帝景苑、绿扬都府、汇豪名都、花园新城、盛世新城、花都城、名扬世家、西城美庐、月城秀府、城市家园、月城情境。

2. 单一项目名称：逸居时代（组团名称：春晓园、晨曦园、映月园、夕照园、烟雨园、和风园）。

3. 单栋楼盘名称：四季-晶典、四季-晶都、四季-晶城。

思考 项目奠基仪式策划方案的组成部分有哪些？具体步骤如何？策划者如何做到在具体的项目执行过程中的有效管理？

任务2 掌握节庆活动策划的技巧

节庆策划是一项复杂的活动，需要耗费大量的人力、物力、财力。策划得好可以取得良好的社会、经济效益。而项目策划也需要诸多技巧。

一、节庆活动策划时机的选择技巧

节庆活动的成功需要天时、地利、人和三方面的条件。所谓天时，指的是节庆活动的时机。在一般人看来是日复一日、年复一年的流逝光阴,其实是天天有新意、年年有气象,是大有文章可做。世界上每一天都有特殊的事件可供纪念,所以举办节庆的时机是很多的。时机选择得当,可以取得事半功倍的效果。

首先,一个组织的节庆活动不宜过于频繁。对于过于频繁的节庆活动,不仅仅是人力、物力、财力上面的大损耗,也容易引起组织内部员工和社会公众的反感,失去节庆活动的吸引力。节庆活动宜少而精,从而保证节庆活动的吸引力。

其次,节庆活动宜有特色,切忌随波逐流。节庆活动是一种既古老又普遍的庆祝活动。如果只把它当作一个走过场的程序,那就失去了意义。当代的节庆活动对于沟通信息、联络感情、营销促销、扩大影响等具有不可小视的作用,所以应该发挥节庆活动的独特魅力。节庆活动应该既热烈又独具特色。当代节庆呼唤高雅情调和文化气氛,那种随波逐流、凑热闹的节庆活动不宜提倡。节庆活动的举办,应该在社区公众都感觉到"孤单寂寞"的时机推出独具特色的节庆活动。

最后,节庆活动要在有意义的时间举办。不同类别的节庆活动举办时机都不一样。如在组织开业或创办之际,应举行开业典礼活动;在某工程奠基、落成之时,举办项目奠基庆典;在周年纪念日时,举办周年庆典;在新产品投产或新服务项目推出之际,举办相应的文艺晚会等节庆活动。

二、节庆活动策划地点的选择技巧

节庆活动策划场地的选择,对节庆本身取得的成效息息相关。可以从产地的选择技巧和安排布置技巧两方面来阐述。

(一)场地的选择技巧

节庆活动举办场地的选择,很容易被组织机构所忽视。往往都认为节庆活动理所当然在"家门口"举行,并非一概而论。对一些开业典礼、奠基仪式等,就要在"家门口"选择比较合适。但是对于像节日庆典、广场活动、街舞表演等活动,都要对场地进行认真的选择。

选择场地时,最主要的依据应该是一场节庆活动的具体活动内容。如结婚典礼,在确定了婚庆形式的内容后,就要对举办场地进行仔细的考量了,是选择在家中举行,还是在酒店举办?场地选择的不同,取得的效果也大不一样。

节庆活动场地选择,还应注意到水源、电源、治安、交通及各项设施是否便利齐全,同时还应考虑是否有利于新闻媒介的报道。这些因素考虑的不齐全,也有可能会导致事倍功半。

【案例分析4】

2021青岛西海岸新区半程马拉松鸣枪开跑

青岛西海岸新区半程马拉松鸣枪开跑,标志着以"全民健身、健康新区"为主题的首届青岛西海岸新区全民运动会正式拉开帷幕。

比赛共设置半程马拉松和5千米迷你马拉松两个项目,共吸引8000余名跑步爱好者,其中,最大参赛者68岁,最小参赛者仅3岁。一名跑步爱好者,告诉记者这是他第一次参加西海岸半马,感觉不同于其他半马在城市中心跑步。这次是在海边跑,赛道很美,赛道旁绿树成荫,可以一边跑步一边观赏风景,对今天的成绩感觉非常满意。

马拉松赛事，赛道选取在西海岸新区旅游度假核心区，其中，半程马拉松比赛在金沙滩啤酒城啤酒大道起跑，至金沙滩路向西直行，先后沿银沙滩路、唐岛湾公园、连三岛路绕西环岛一周返回啤酒城，沿海韵大道直行冲刺至终点；迷你马拉松项目在金沙滩啤酒城啤酒大道起跑，沿金沙滩路向西直行至天目山路左拐，经海韵大道、石雀山，绕凤凰之声大剧院一周，沿海韵支路至啤酒大道，冲向终点。选手在参赛的同时还能欣赏到新区的迷人风光，也是一种独特的体验。

　　为保障赛事安全有序进行，在赛事筹备及比赛期间组委会严格遵守疫情防控各项规定，1500余名志愿者、10个医疗单元、12辆救护车、46套AED设备为赛事提供周到、精准、专业的服务保障工作。

思考 马拉松赛事为何要选在西海岸新区旅游度假核心区呢？如果是进行其他的体育赛事，对场地选址又有什么要求呢？

（二）场地的安排布置技巧

　　场地的安排，主要指从功能上对场地进行分配；场地的布置，主要是指对场地进行节庆气氛的营造。节庆的场地布置应运用以下几个技巧。

1. 场地的布置应围绕主题

　　当地节庆活动纷繁复杂，一场成功的节庆活动，一定要具备鲜明的主题，场地的设计也一定要与相关主题相一致，没有主题的节庆场地布置会造成人力、物力、财力的浪费。无论是开张庆典、周年志庆，还是节日庆典、婚庆寿宴，都不应只图一时热闹，而应选择一定的主题。围绕主题进行场地布置的方法之一就是设立节庆活动徽标、吉祥物、舞台、背景板等，并通过雕塑、旗帜及其他物品反映出来。场地布置过于凌乱会引起公众的厌倦及视觉疲劳。围绕一定的主题对节庆活动场地进行"众星捧月"式布置往往能收到良好效果。

2. 场地的布置应具有自己的风格和氛围

　　一个组织需要有自己的风格和特色，同样，节庆活动的场地布置也应有自己的风格。节庆活动的风格应进行提前设计，或热情大方，或高贵典雅，或清新活泼，应根据活动主题及社会取向选定节庆活动风格。

　　风格的设置，可以运用不同的色调进行相关主题的宣示，尤其是较有现代感的节庆，更需要充分利用色彩的搭配来表现风格。中国的传统风俗里面，黄色和红色代表了喜庆。粉色、紫色、橙色、蓝色等颜色可以制造出来一种浪漫梦幻的气氛。

　　节庆活动现场热烈而隆重的气氛的制造，首先，利用具有喜庆和热烈气氛的装饰物，如公司的开业庆典可以运用氢气球、彩带、灯笼、花篮、条幅等来营造节日喜庆的气氛；其次，可以播放具有喜庆气氛的音乐，有条件的还可以请歌唱演员来做特邀嘉宾；再次，参加节庆活动的人员应穿戴干净整齐，服务人员及各专职人员应着富有喜庆气氛的服装；最后，可以邀请知名度较高的社会名流、演员、歌手来增加气氛。此外，还可以树立节庆活动的标志物，如发放小礼品、纪念品，举行增添喜庆气氛的热场活动等。

（三）节庆活动策划案的写作技巧

1. 节庆策划案的写作结构

节庆策划案没有固定的格式和写作模式，写作方法灵活、多样。现只能就其基本模式进行阐述。主要包括标题、文头和正文三部分。标题主要由两部分组成，即策划的对象和文种，如：武汉国际旅游节策划案。文头是指节庆策划案下面的内容，主要有：策划案名称、策划者的姓名、策划案完成的日期、策划案的目标。正文是由策划案的前言和策划案文本两部分组成。

（1）前言　节庆策划案的前言包括：节庆策划的缘由、策划的背景资料、问题、节庆活动创意的关键点、序文、目录和宗旨等。序文介绍节庆策划案的概要，目录介绍策划案的全貌，总之就是对节庆策划的可能性和必要性等进行全面而具体地解说。

（2）策划案文本　策划案文本包括以下内容：策划案基本事项、策划的整体设计、宣传与推广、节庆的预算、节庆策划进步表、有关人员任务分配、策划所需物品及场地、策划所需的相关资料、最后效果评估等。策划案文本的内容是节庆方案最重要的部分，因策划的类型不同而有所变化，但内容应该具体，具有较强的操作性，避免过于空泛而不利于实施。

2. 坚持实事求是的原则

节庆策划虽然是一项创新性的活动，但在写作时应该从实际出发，坚持实事求是的原则，保证其有较强的可操作性。

3. 合理、适当利用理论依据和案例

撰写节庆活动策划案，应该适当地引用一些理论作为依据来增强策划案的说服力，起到事半功倍的效果。与此同时，适当增加一些成功和失败的案例，尤其是成功的例子来印证自己的观点，效果会非常好。

4. 运用图表，使内容视觉化

图表具有强烈的视觉效果，并且相对于纯文字而言，较美观，有助于读者理解节庆策划的内容。使用图表来进行比较分析、概括归纳、辅助说明等非常简洁有力。

5. 重点突出，不必面面俱到

节庆策划过程中，应该做到重点突出，主题鲜明，这样才能做到具有操作性。因此，优秀的策划人员一定不要贪心，要善于把思想浓缩，即使有好的方案，只要与主题没关系，就应该删除。

6. 准备若干备选方案

对于同一个活动项目，举办者应该准备两到三个策划方案，有时策划者会过于自信，认为自己做的策划是完美无缺的，但是即便如此，在审查时也会出现不同的意见。因此，事先准备若干替代方案是明智的。有经验的节庆策划者在进行策划时，会预测到审查者提出的反对意见，因此，一般会准备第二、第三套方案。

7. 重视细节，不断完善策划书

细节决定成败，但细节往往被人忽视。节庆策划者进行节庆策划时应注意以下问题：第一，策划书的错别字、漏字会影响阅读者的印象。第二，纸张的质量、打印的质量等都会影响策划案本身的质量。第三，对于英文的表达方式不能犯错误。如果出现以上类似问题，都会影响人们对策划人的知识水平的怀疑，会影响其信任度。

【案例分析5】

中国香都——宁陵梨花节策划方案

前 言

河南省宁陵县历史悠久，具有4000多年的文明史。曾被称为"中国酥梨之乡"，致力于以石桥镇为中心的20万余亩优质酥梨基地建设。宁陵县酥梨面积已达20多万亩，年总产10亿斤以上，贮藏保鲜近3亿斤。

为了让这一古老的品牌重新绽放、使宁陵梨文化得以传承和发扬光大，并使宁陵进一步迈向全国乃至世界市场。特策划"十六届宁陵梨花节"，通过举办本届艺术节，预期达到以下目的。

（1）进一步驱动"宁陵县金顶谢花酥梨"这一知名品牌享誉全国、走向世界。

（2）使宁陵结交更广阔范围内的商界朋友，共同进步、促进发展。

（3）探索一条以花为媒广交朋友的特色路径，使这个盛会能够成功举办下去。通过这种梨花盛会为宁陵的发展提供舞台。

由于市场瞬息万变，该策划可随情况变动作相应调整。

背景分析

一、市场分析

（一）果品市场发展及现状

随着人们健康意识的普遍提高，越来越多的人认识到应多食用水果来补充维生素等有效成分。近年来，各种难以预知和克服的疾病给人类敲响了警钟。人们开始警醒，抵御疾病必须防患于未然。肺部保健尤其受到人们重视。

于是，各种各样的保健产品及服务应运而生。而宁陵梨作为百年老品牌，肉质洁白细嫩、营养价值高，极具润肺功效，正好是现时最应提倡的，所以我们认为金顶谢花梨是极具市场潜力和竞争实力的。

（二）竞争现状分析

现在有很多梨的产地都通过举办"梨花节"等类似活动来打开销路、促进本地区经济发展。如四川绵竹梨花节、老河口梨花湖、苍溪梨花节等。但是我们可以抓住"曾为御用贡梨"的优势加大宣传，以此抓住消费者心理。

二、金顶谢花梨分析

（一）果品特点

金顶谢花梨是"宁陵三宝"之一，具有汁多、皮薄、质脆的优点。缺点在于果味不甜。

（二）品牌优势

"金顶谢花梨"距今已有600多年的栽培历史。素有"果宗""蜜父"之称，是上好的药理和滋补果品，明孝宗年间曾被列为贡品。

（三）两大诉求点

（1）低糖健康水果。

（2）历史悠久，御用贡品。

三、梨花节活动参与者分析

1. 商丘市老领导

他们一直以来关心着宁陵县的发展并做出过重要贡献。应使其看到一个繁荣的盛会，并对宁陵的未来满怀希望。

2. 商界友人

通过商界朋友来了解宁陵，投资宁陵。

3. 媒介组织

媒体用行之有效的软文广告如新闻、图片、口碑的形式，为宁陵梨花节作报道，扩大宁陵县知名度。

4. 宁陵群众

宁陵的人民代表着宁陵投资环境的一个重要层面，也是宁陵发展的动力和基石。

通过对参与者的分析我们可以得出以下结论：活动的安排要针对活动不同类型的参与者在不同的层面开展，没有针对性的活动安排是对活动经费的极大浪费。

活动策划

一、宗旨

本届梨花节以"梨花颂、梨园游、梨乡情"为主题，突出宁陵特色、彰显宁陵元素、展现宁陵风采，促进旅游、促进开放、促进发展。

二、组织领导

主办：宁陵县政府、第十六届宁陵梨花节筹委会。

承办：商丘日报报业集团。

媒体支持：商丘电台、"微博商丘""宿州发布""新浪旅游"等新媒体平台。

三、举办时间

2019年3月29日～4月9日。

四、举办地点

宁陵县梨园及周边区域；其他各活动场所。

五、活动内容及流程安排

1. 梨花节开幕式暨梨园花海徒步穿越游启动仪式

时间：3月29日；地点：万亩梨园景区。

2. 宁陵县第四届农民艺术节

时间：4月1日～4月3日；地点：万亩梨园景区。

3. 特色产品及美食一条街

时间：3月29日～4月9日；地点：万亩梨园景区。

六、宣传策略

（1）媒体平台："微博商丘""宿州发布""新浪旅游"等新媒体平台。

（2）电视：商丘电台。

（3）户外广告：在人流密集地区，如市场、宾馆等张贴大幅海报。

七、实施细则

1. 活动筹备流程

（1）2019年3月7日~10日　召开筹委会，研究筹备细则，协调各方面关系、准备开幕式节目、征招志愿者并与其他工作人员一起培训、项目分组，选出组长（组长须熟知活动内容及组织方法）进行演练。

（2）2019年3月26日~27日　搭建露天舞台及其他设备，给领导/媒体/投资商送请柬并确认是否到场。

（3）2019年3月29日　开幕式节目审查彩排。

（4）2019年4月9日　揭幕。

2. 活动管理细则（由筹委会决定）

包括人员分工、财务制度、奖惩制度等。

3. 活动效果评估

· 前期评估：预期达到树立宁陵梨的品牌知名度；为这一品牌的销售找到更多销售商和中间商；为今后每年的盛会探索一条特色路径。

· 中期评估：由筹委会负责，用观察法对现场气氛及市场知名度的变化认真评估。

· 后期评估：对广告活动的社会效果进行综合评估。

八、附录：广告设计方案

（1）梨花节吉祥物设计。

（2）报纸广告设计。

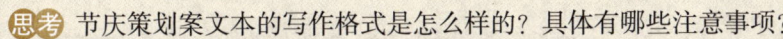思考　节庆策划案文本的写作格式是怎么样的？具体有哪些注意事项？

【项目训练】

学生以小组为单位，制定一场节庆活动的策划方案（含框架与内容）。

项目三 节庆活动组织管理

组织职能是指按计划对活动及其生产要素进行的分派和组合。组织职能对于发挥集体力量、合理配置资源、提高劳动生产率具有重要的作用。组织职能一方面是指为了实施计划而建立起来的一种结构,该种结构在很大程度上决定着计划能否得以实现;另一方面,是指为了实现计划目标所进行的组织过程。组织工作能够明确完成目标所需的活动并加以分类,能够对实现目标的必要活动进行分组并把各组分派给有权力的管理人员进而确定有关协调的规定。

 掌握节庆活动组织的内涵和结构

一、节庆活动组织的内涵

组织是由人员、职位、职责、关系、信息等要素所构成,由成员的职位或工作部门作为节点连接成的一个系统或结构的网。人员和职位是两个最基本的要素,是构成组织的"硬件",职责、关系、信息则是构成组织的"软件"。

节庆活动组织管理是为完成特定的节庆活动任务,通过建立组织结构,规定职务或职位,明确责权关系等,以有效实现节庆活动目标的过程。在组织管理过程中,应该使人们明确组织中有些什么工作,谁去做什么,工作者承担什么责任,具有什么权力,与组织结构中上下左右的关系如何?只有这样,才能避免由于职责不清造成的障碍,确保节庆活动目标的实现。

二、节庆活动组织的特点

(一)具有生命周期

项目组织是在不断更新变化的。组织的基本原则是因事设人,所以应根据项目的任务设置机构,因岗用人。活动结束后,项目组织调整,甚至撤销。

(二)具有柔性

节庆活动有着机动灵活的组织形式和用人机制,即柔性。各个利益相关者之间的联系都是通过合同、协议、法规及其他各种关系结合起来。

(三)具有临时特点

一般说来,节庆活动完成以后,项目组织就解散了,很少有人视活动组织为长久归属。

（四）具有专业化

专业化可以提高工作效率，提高熟练程度，组织内人员必须协调一致，整合组织内个体行为，以求最大效率。

（五）注重权威和统一指挥

权威有助于贯彻命令和形成组织凝聚力，统一指挥可避免因命令不一而造成的推诿和混乱。

三、节庆活动的组织结构

组织结构是组织全体成员为实现组织目标，在管理工作中进行分工协作，在职务范围、责任、权利方面所形成的结构体系。

（一）节庆活动组织设计

（1）组织目标明确，工作内容庞杂。项目组织既要与上级主管部门保持联系以便取得指导和支持，又要对下属单位进行合理组织，搞好有机协调工作，妥善处理好各项关系，与司法、保卫、安全、绿化等部门打交道。

（2）项目组织是一个临时性机构。

（3）项目组织分工明确、职责分明。

（4）项目负责人是项目组织的关键。

（二）组织结构设计三要素

（1）工作部门的设置　根据组织目标和组织任务设置工作部门，明确部门的职责，做到责任与权力相一致。

（2）工作部门的等级　在一个组织中，分权和集权是相对的，应根据组织的目标、领导的能力和精力、下属的工作能力、工作经验等综合考虑部门等级。

（3）管理层次和管理幅度　一般的组织管理层次分为决策层、管理层和执行层等。管理幅度又称管理跨度，主要取决于需要协调的工作量。管理层次和管理幅度取决于特定系统环境下的许多因素，如管理人员的工作能力、性格、个人经历、授权程度、工作的复杂性、信息传达速度的要求、下级的工作能力、工作地点的远近等。

任务2　掌握节庆活动组织结构的类型

一、直线型

它是上下垂直的组织形式，其优点是结构简洁，职权和任务明确；其缺点是对突发事件处理迟钝和僵化。

直线型组织结构为传统的组织结构形式。在这种组织中，上下级的权责关系是直线型，上级在其职权范围内具有直接指挥权和决策权，下属必须服从。其特点是权责明确、命令统一、决策迅速、反应灵敏和管理机构简单。其缺点是权限高度集中，易于造成家长式管理作风、形成独断专行、长官意志，组织发展受到管理者个人能力的限制，组织成员只注意上下沟通，而忽视横向联系。该组织结构仅适用于初期经营阶段的规模较小的节庆活动机构，不适合于大型节庆活动。

二、职能型

它是在最高决策层下，按专业横向分设管理职能部门。其优点是提高了专业化程度，增强了处理突发事件的能力；其缺点是如果分工过细，容易造成多头领导。

职能型组织结构，是在节庆活动经营对系统运行特定要求的基础上形成的。它按照最大限度满足顾客对活动环境需要、最大限度降低系统运行成本的特定目标，把组织相应划分为销售与营销、组织经营、人力资源开发等若干职能系统，采用横向组合方式，由部门经理统筹、协调并落实计划。其特点是有利于实现节庆活动经营总目标，便于各个部门内部以及与其他部门的相互协作。

三、矩阵型

它解决了低效和多源命令的问题，关键是部门的协调和明确的分工，适合产品多、有创新要求、管理复杂的组织。矩阵型组织结构把纯职能型组织结构和纯项目结构的优点结合起来。一方面，每个项目都代表一个潜在的权力中心，项目经理直接向总经理负责，而项目经理的职权由总经理直接授予，项目经理对节庆活动的项目成功负有全部责任；另一方面，职能部门有责任为活动项目提供最好的技术支持，每个职能单位都由一位部门经理来领导，他的主要责任是确保有一个统一的技术基础，而且所有的信息在活动项目之间相互交流，这种结构形式适用于复杂的、信息量大的节庆活动。

矩阵型组织结构，既可以发挥职能式组织结构成本高效的优点，又可以在局部充分体现现代化的柔性和人性化管理，是以客户为导向的。根据组织结构的特征，矩阵型组织结构又可分为弱矩阵组织结构、中矩阵组织结构和强矩阵组织结构。这3种矩阵结构的不同主要体现在项目团体的领导责任和权限上。

（一）弱矩阵组织结构

并未明确对项目目标负责的项目经理，即使有项目负责人，他的角色只不过是一个项目协调者或监督者，项目人员的唯一直接领导仍是各自职能部门的负责人，项目的协调比较困难。

（二）中矩阵组织结构

强化项目的管理，从职能部门参与本项目活动的成员中任命一名项目经理，项目经理被赋予一定的权力，对项目总体与项目目标负责。但是由于只是某一职能部门的下属成员，得受本部门经理的直接领导，必然会受职能部门利益的影响，其权力和作为必然受到限制和影响，项目协调不充分。

（三）强矩阵组织结构

由系统的最高领导任命对项目全权负责的项目经理，项目经理直接向最高领导负责，或者在系统中增设与职能部门同一层次的项目管理部门，直接接受项目最高领导的指令，项目管理部门再按不同的项目，委任相应的项目经理。在这种结构中，项目经理为了实施项目目标，有权联合各个职能部门的力量和协调各部门之间的关系，有效地支配和控制系统的资源。

一个节庆活动项目采取什么样的组织结构进行管理，需要综合考虑公司的业务特点和发展规模、活动项目所处的大环境和产权结构、活动项目的人力资源素质结构、活动项目的长远发展规划和战略步骤、市场环境和竞争对手以及企业文化等因素。

【项目训练】

学生选定一种类型的组织结构为研究对象，在所在城市范围内开展调查，掌握其现状与存在问题，并找出相应对策。完成总结报告或小论文。

【模块小结】

本模块主要阐述了节庆活动的基本内涵与类型，特征与原则，详细分析了我国节庆策划活动的发展现状与发展趋势；强调了节庆项目策划方案的写作；详述了节庆活动策划过程中的相关技巧以及节庆活动组织管理过程中的组织内涵与组织结构类型。并从项目可实施的角度出发，针对节庆活动策划与管理的流程及要求进行了具体论述，并给予了项目指导训练。

学生在学习本模块后应进行节庆活动策划与管理的实践训练，并进行自我总结，由教师与企业共同完成评价。

体育赛事策划与管理

P219　项目一
　　　体育赛事概述

P227　项目二
　　　体育赛事策划流程

P239　项目三
　　　体育赛事组织管理

【教学目标】

能力目标	知识目标	素质目标
1. 掌握具体的体育赛事策划方案的撰写技能。 2. 掌握体育赛事策划具体流程的技能。 3. 掌握中小型体育赛事组织管理工作的技能。	1. 掌握体育赛事的概念、性质与分类知识。 2. 掌握体育赛事策划的具体步骤知识。 3. 掌握体育赛事策划案的撰写知识。 4. 掌握体育赛事组织管理的知识。 5. 熟悉体育赛事策划过程中的技巧知识。	1. 具备中小型体育赛事策划与管理能力。 2. 团队合作精神好、协调性高、管理能力强,具备较高的写作与策划能力。 3. 具备主动学习的精神、积极参与课堂教学活动,按要求完成教学准备。 4. 具备严谨、勤奋、求实创新的学习精神。

【重点与难点】

本模块内容学习重点在于撰写体育赛事策划方案并对体育赛事进行组织与管理。难点在于掌握体育赛事策划方案的具体内容。

【项目引入】

乒乓球大赛策划方案

新财年,新气象。炎炎夏日,酷暑挑战,有你、有我、有他,让我们共同参与"点燃服务激情,凝聚专业力量"系列大赛之一的客服首届集体乒乓球大赛吧!让同样服务于客户的汗水挥洒在7月的乒乓球赛场;让同样热情于服务客户的笑脸绽放在7月的舞台;凭着全体员工火一样的激情和干劲,新财年,新气象,我们坚信:我们能干得更好!更棒!更专业!

一、比赛目的

为了丰富客户服务部全体员工业余文化生活,增强员工体质,加强客服各部门之间的沟通与协作,提升公司的凝聚力,激发员工的工作热情。同时,为响应公司企业文化的号召,为公司企业文化增添新的活力。

二、活动主题

点燃服务激情,凝聚专业力量。

三、主办单位

客户服务部综合管理处。

负责人:企业文化接口人。

四、比赛安排

1. 活动地点

VIP工厂院内体育馆。

2. 比赛时间

7月21日～23日晚17:20～19:30。

3. 比赛项目

男子单打、女子单打、男女混合双打。

4. 评委

为保证比赛的公正，各处推选1～2名具有乒乓球赛事裁判经验的人员作为评委裁判（裁判轮流担任，可参加比赛），每场比赛将由各处经理轮流担任比赛监督。

5. 比赛规则

（1）遵循体育竞赛"公平、公正"的原则，发扬"友谊第一、比赛第二"的竞赛精神。

（2）参赛队员采取抽签方式决定出场顺序，以单淘汰形式（采取三场两胜制）进行比赛，先得11分的一方为胜方。10平后，先多得2分的一方为胜方，直至决出冠亚季军。

（3）参赛选手要采取符合国际正规比赛的发球动作发球，采用轮换发球法，以确保比赛的公平性。

（4）比赛设男、女单打、男女混合双打。根据报名单随机分组，采用分组单循环制，每个小组前三名晋级下一轮比赛；第二轮比赛仍采用抽签分组，如遇单数，剩余的一名选手直接晋级下一轮。

（5）复活赛，每个参赛选手有一次复活的机会，可以通过才艺展示等方式来复活，继续参加比赛（每个选手、每项比赛只有一次复活机会）。这样可提高本次比赛的趣味性。

（6）领导挑战赛，员工可以挑战在场领导，在场领导也可挑战出赛员工，互动挑战赛。

五、奖项设置

男、女单打、男女混合双打三项比赛各设置一个一等奖，二个二等奖，三个三等奖，奖品丰厚，胜者得之！

六、参赛范围

生产基地客户服务部全体员工及部分邀约者。

七、注意事项

（1）各位裁判和参赛选手须按正规比赛要求着装（运动、休闲装），严禁穿拖鞋进场。

（2）整个比赛过程中，参赛选手应服从组织者的安排、听从指挥，服从裁判的判罚。参赛选手抽签后须在场地内等待，连呼3次不到者视为弃权。

（3）为活跃赛场气氛，各部门可组织拉拉队，比赛时有秩序的为选手呐喊助威。

八、经费预算

总预算金额：2510元。

如有不尽另行通知，最终解释权属客户服务部综合管理处。

> **思考** 为什么要对体育赛事进行策划？如何策划好一项体育赛事？体育赛事策划方案包含哪几项内容？如何针对体育赛事进行有效管理？

项目一　体育赛事概述

随着社会的发展进步，体育赛事已成为一项非常普遍的社会活动，全国各地差不多每天都发生或者举办大大小小不同规模的体育赛事。奥运会、亚运会、大学生运动会、世锦赛等在我国上演，以其独特的魅力吸引着人们的注意力，也成为人们日常生活的重要组成部分。体育赛事本身已经超越了体育，成为提高国民素质、影响国民心理、带动经济发展、促进文化交流的盛宴。体育赛事的成功举办与组织者周密的规划、系统的策划密不可分。

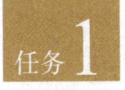 掌握体育赛事的内涵与分类

一、体育赛事的萌芽与发展

从体育比赛的产生看，体育比赛是伴随体育的产生而产生的，其最初的形式是"游戏"。如早在远古时代的人类，就已经制定了一些运动比赛的规则来从事一些游戏性质的活动。据记载，中国早在公元前2700年时已有徒手武术，埃及、亚述、克里特岛等地也有弓箭、跳远和球类比赛，但这时候的运动通常只是宗教仪式的一部分。到古希腊时代，由于希腊人注重身体健康，运动受到很大的重视，甚至成为一种崇高的活动。希腊诗人荷马在公元前8世纪的文学作品《伊利亚特》史诗中，记载了阿奇里斯为了纪念在特洛伊战争中死亡的朋友巴托勒，特别举行了一场体育竞赛，这是有关体育比赛最早的记载。

体育比赛随人类社会文明的发展而不断发展与完善，它逐渐演变为人们主动安排的按一定规则所从事的竞技较量活动。任何一项体育比赛，无论是规模盛大的世界比赛，还是在二、三人之间进行的趣味性角逐，都是由参赛活动人群、场地物质条件及比赛组织管理等三个基本系统所组成。体育比赛的基本属性，如观赏性、刺激性、娱乐性等，使比赛除了具有基本的竞技价值之外，还蕴含着极大的商业价值。

二、体育赛事的内涵

（一）体育赛事的含义

体育赛事是各类体育运动项目比赛的总称，其目的是增强人民体质、丰富社会文化生活以及在比赛中夺取优胜。体育赛事是以比赛项目为主要内容，以运动规则为裁判制度所进行的个

人或集体之间的体能、技艺、心理品质和智能的较量。

（二）体育赛事的构成因素

体育赛事是一项社会活动，它由三大因素构成。

1. 体育赛事的参与者

体育赛事的参与者包括：赛事组织者、参赛者、裁判员、管理服务保障人员和观众。其中组织者是举办体育赛事的前提条件；而参赛者是核心要素，在体育竞赛中是必不可少的。

2. 举办体育赛事的物质条件

举办体育赛事的物质条件包括：比赛场地、器材和有关赛事的其他用品。其中比赛场地是必不可少的。

3. 赛事的组织管理

组织管理工作包括：组织编排、竞赛规则、竞赛规程、竞赛管理等方面。组织管理是体育赛事得以顺利完成的基本保证。

三、体育赛事的分类

体育赛事的种类繁多，形式多样，内容丰富。我国每年都在举办不同种类，大大小小的体育赛事。从不同的角度来看，体育赛事可以被划分成不同的类别。

（1）按照赛事规格的标准划分　体育赛事可分为国际赛事、洲际赛事、国家级赛事、地区性赛事等。

（2）按照赛事规模的标准划分　体育赛事可分为综合性大型体育赛事、大型单项体育赛事、一般体育赛事和小型体育赛事等。

（3）按照参赛区域的标准划分　可分为世界性体育赛事、地区性体育赛事等。

（4）按照赛事项目设置类别划分　可以分为综合性体育赛事和单项体育赛事。

（5）按照比赛目的的标准划分　可分为竞技性体育赛事和群众性体育赛事。

（6）按照赛事性质划分　可分为营利性商业体育比赛、非营利性公益比赛和交流与友谊性质比赛等。

（7）按照参赛运动员的专业性标准划分　可分为职业体育比赛与业余体育比赛。

（8）以参赛运动员的年龄作标准划分　可分为少儿比赛、青少年比赛、成人比赛以及老年人比赛。

【知识拓展】

群众体育赛事

趣味运动会也称群众体育、群众运动会，是大众自发的集思广益的活动体育项目。

"趣味运动会"一直都是企事业单位内部开展员工运动的最好方式。在过往很多单位都自行开展活动。但由于项目过于简单，对体能要求大，项目设计不合理，导致活动缺乏趣味性，降低活动参与度。

为更好地开展全民健身活动，更有针对地在企业内部开展员工体育活动。在九十年代初，由广东省人民政府授权广州体育学院教授对传统的"趣味运动"进行研发和改良。在项目上融入大量的户外拓展培训项目元素，使项目更能体现团队间沟通、合作性。同时在比赛模式上，以田径运动会的形式操作，使活动更具整体性，现场气氛更热烈。成为企业一年一度的标志性活动。

（一）特点

1. 项目创新，耳目一新

通过多种特制新颖器材，令参与团体感觉新鲜，为视觉及听觉都带来更多享受，也可让参加项目者更为投入。

2. 新颖乐趣

运动项目简单有趣，刺激好玩，通过项目概念讲解及简单演示，便可明白项目游戏规则及如何参与，大部分项目与游戏形式结合，趣味性极高。

3. 参与性强

与传统运动会相比，趣味运动会更特显团体的共同参与，几十人甚至上千人均可在一场趣味运动上共同参与。脱离传统运动会只能"多人观看，少人参与"的不足之处。

4. 参与门槛低

弥补了传统运动会上只拼力量、速度的不足，趣味运动项目对体能的要求不高，不论老少、男女均可共同参与体会。

5. 气氛活跃

因趣味运动项目区域要求不高，只需要不大的面积便可进行，观众与参赛者的距离很近，场里场外像打成一片。开场、比赛、颁奖整个环节的气氛都特显活跃、热闹。

6. 可控性强

因为有出色的裁判团体，加以细节的项目规则，有条不紊、环环相扣的项目分数统计规则，让活动能很顺利进行。

7. 项目众多

不像传统项目，每日都有更新，每日都有创造，可以使兴趣得到充分的延续，从而达到锻炼身体以及团结合作的目的。

（二）优点

1. 高度安全性

传统竞技体育比赛项目一般竞技性比较强，而且危险系数比较大，在日常活动中，一般的参赛者都是非专业人士，没有经过专业的指导，对器械的安全使用知识缺少了解，再加上自己动作的不规范，参赛过程中就很容易造成运动意外事故，而参加趣味运动会则不需要有这样的考虑，趣味运动项目一般都比较简单易学，不需要经过专门的训练，比赛过程中的趣味运动会器材大部分都是充气类、布质类、木质类器材，危险性较低，并且对选手的专业技能也没有特别要求，比赛规则也简单易懂，比赛筹备的时候又充分考虑到了组织安全问题，会有医务人员跟随在侧，从而能够保证每个参赛者的安全。

2. 全面参与性

由于传统竞技体育比赛一般都是单项，强调技能、速度等，项目相对单调、乏味，使参赛人员兴趣缺少，很多人都不愿意参加。这样一来，运动会的举办就起不到组织者想要的效果，因此既浪费人力物力，又会使员工具有厌烦抵触心理。而趣味运动会则不然，由于组织趣味运动会的目的就是以趣味为中心，把参与者对运动快乐的体验作为首要的理念，在充分考虑到员工运动的业余性的基础之上设计而成，所以可以吸引更多没有体育基础的员工参与。

3. 丰富互动性

传统竞技体育比赛追求的是更高、更快、更强，是对人类运动极限的挑战。在比赛现场只能看到运动员在赛场上奋力拼搏，观众在场下呐喊助威，虽然一直倡导观众和运动员互动，却很难实施。这样就没有让观众真正参与进来达不到完美的现场效果。而趣味运动会比赛项目可以弥补这一点，由于它的比赛规则简单和比赛的安全性，加上我们倡导快乐体育的理念，在比赛过程中参赛者和观众进行真正的互动，让他们也真正参与其中，为自己的代表队加油呐喊，让参赛者在大家的鼓励中取得更好的成绩，同时活动的拉拉队，也增强了集体荣誉感。

4. 观赏共融性

传统竞技体育比赛项目中也具有观赏性的项目，如篮球、足球、网球比赛等，但还是吸引不了那些对篮球和足球不感冒的人。中国的体育是举国体制，虽然中国在很多竞技体育项目上是体育强国，但中国的大众体育运动的开展非常薄弱是不争的事实。因此达不到真正意义上的全面健身，而趣味运动项目新颖，观众不仅能观赏趣味项目比赛，还可以融入到他们当中去，既是运动员又是观众。参赛者在比赛过程中"洋相"尽出，整个赛场到处都洋溢着他们愉悦的笑声。

5. 组织便利性

传统体育比赛的发展相对来说比较完善，对场地的要求，对裁判水平的高低，以及比赛规则要求都非常严格，而趣味运动会比赛项目对这方面的要求则非常灵活，对场地的要求，运动员的要求，以及裁判水平都要求不高，甚至企业员工自己都可以做裁判，组织比较便利。

趣味运动会是近几年来企业新兴的一种企业文化活动。企业趣味运动会把成员从日常繁重的工作中解脱出来，让成员彻底抛弃工作中的压力，让快乐不再压抑，将信心从此增强，把力量悄悄凝聚。企业趣味运动会兼顾了趣味性与团队性。集竞技、娱乐、健身等综合于一体的全新趣味训练活动，激发员工团队协作、敢于拼搏、永争第一的精神，玩中享受快乐，欢乐中得到收获。趣味运动会收益在于：

（1）让企业文化更加深入人心。

（2）参与的形式——运动会内容形式新颖有吸引力、有参与性和趣味性，操作难度不高，区别于传统的运动会方式。让参加者乐于接受的方式，将心驻入，为活动增添色彩。

（3）达成企业团队熔炼的目的——调整团队成员常规心态，增强凝聚力，注入创业激情；达成的活动效果有震撼力、感染力，并能触动心灵通过参与的感悟激发其做正面积极的心态调整。

（4）活动期间提供交流空间，有助于增进公司领导与员工之间的关系。增进个体与群体之间的凝聚力。

四、体育赛事的主要特征

体育赛事是以竞技为核心,以满足公众精神生活需要以及实现各种社会、政治、经济效益为目的的大型活动。体育赛事借助竞技运动的特有魅力,能对社会、文化、政治、经济、环境等多个领域产生一定的影响。总的来说,体育赛事具有竞技性、公平性、地域性、时效性、复杂性、风险性、文化性、商业性和目标多样性等主要特征。

(一) 竞技性

体育赛事的核心是体育竞技。体育赛事竞技性特征体现在通过参赛选手的竞技过程和结果来达到体育赛事的核心目的。在体育赛事进行的过程中,参赛者互为对手,通过一系列的竞赛方式,决出优胜者。而体育赛事的其他构成要素都是围绕竞赛主题运作的,利用成功竞赛达到满足不同的需要和达到不同的诸如市场营销、推广和公关等目的。体育赛事的运动竞技水平越高,赛事的影响力就越大,赛事的级别就越高,受关注程度也就越大。竞技性是体育赛事区别于其他形式的活动的一个重要标志。

(二) 公平性

体育赛事对于每一位参赛者都应给予相同的参赛条件和机会,不允许有任何不平等的现象在体育赛事中出现。公平性也是体育赛事得以顺利进行的必要条件之一,所以每场体育赛事都必须建立相应的竞赛机制,对所有的参与竞赛活动的人和整个竞赛环境提出严格的制约条件,以达到竞赛的公平与合理。

(三) 地域性

体育赛事必须在气候条件与地理环境适宜的地方举办,而且还受到举办地的风俗习惯、传统体育项目的延续、地区社会经济的发展、政局情况和受众人数等影响,这些因素对体育赛事的成功策划与运行管理会产生巨大的影响,也会直接影响体育赛事的竞技成绩。

(四) 时效性

体育赛事是在某个特定时间和地点举办的事件,体育赛事无形资产的使用一般都有特定的时限,一旦超出了这个时限,其价值就会发生很大的变化。

(五) 复杂性

体育赛事的规模、类型、级别、举办地、时间、参加人数、项目管理、人力资源开发、公关活动和商业合作等都会在某种程度上增加赛事管理的复杂性,使赛事的结果和影响难于预测。特别是规模庞大、参加人数众多的体育赛事,其管理与运行难度自然会加大。

(六) 风险性

风险是指由于各种难以预测因素的影响,使行为主体的期望目标与实际状况之间发生了差异,从而给行为主体造成损失的可能性。与其他行业不同的是,体育赛事活动有其特殊性,向社会提供的主要产品是体育竞赛、体育表演及相关服务,这些都属于无形产品,其生产过程与销售过程同步进行,在生产的同时也是提供服务的过程。体育赛事中不确定性风险直接影响提供的服务质量、水平和顾客的满意度。

(七) 文化性

体育赛事是一种社会文化现象。体育赛事本身就蕴涵着丰富的文化内涵,它是人类文化的重要组成部分。一项历史悠久的体育赛事可以形成自己所特有的体育赛事文化,为人们所接受。使人们一想起这项运动就自然地联想到这项体育赛事。不同区域、不同内容、不同性质的体育赛事均体现出较强的文化特征。例如温布尔登公开赛是现代网球史上最早创办的比赛。

1877年，这项体育赛事在伦敦西南角的温布尔登举行，当时体育赛事定名为"全英草地网球锦标赛"，仅限业余选手参加。体育赛事真正向世界开放是在1905年，美国姑娘萨顿成为温网历史上第一个夺取冠军的非英国选手。1968年，国际网联与有关方面终于达成了协议，"温网"正式向职业网球选手开放，温布尔登公开赛诞生了。每次"温网"比赛的举行，主办者都会安排丰富多彩的文化活动，请来早期的温网冠军或者为"温网"做出贡献的人，与网球迷们共同追溯"温网"的历史，形成了特有的"温网"文化。

（八）商业性

体育赛事已经不再是单一的竞技含义，它同时蕴藏着巨大潜能和商机，是可持续发展的新兴产业。现代体育赛事中单纯为了比赛而比赛的现象已不多见，许多体育赛事都为公众提供有观赏价值的服务。现代体育赛事已经是满足人们体育文化需求而产生的社会活动，具有较大的社会影响力，容易引起社会各界的高度关注，也产生了巨大的商业价值，吸引越来越多社会资本的注入和参与。1984年洛杉矶奥运会，美国商人尤伯罗斯彻底改变了奥运会历史。他将商业与体育相结合，把奥运会当作一个商品来出售，改变了以往举办奥运会就面临着巨大的财政亏损这一局面，实现了奥运会历史上的首次盈利。现在世界上重大的体育赛事都成为社会投资的热点。

（九）目标多样性

体育赛事处在不断变化和不确定的环境之中，受到社会、政治、经济、文化、人文、个人和群体的影响，体育赛事的目标不只是简单地完成一次竞技任务，而且要满足不同利益群体的需求，加上管理和营销行为的实施，其目标表现出多样化。

五、体育赛事的发展趋势

当前我国体育赛事产业仍处于初级发展阶段，发展的最大驱动力在于国家顶层政策的强力助推。2014年后以国务院以及足改领导小组为代表的国家顶层不断对体育产业连续推出多项重要改革政策，2017年后体育产业的相关政策瞄准更加细分和专业的领域，显示出体育赛事产业已经逐步进入精细化发展阶段。

（一）政策助力体育赛事产业加速发展

在政策红利助力下，体育产业快速发展。据不完全统计，2018年以来，中国体育产业相关政策颁布近10条。2018年12月，国务院颁布《关于加快发展体育竞赛表演产业的指导意见》，《意见》指出：到2025年，体育竞赛表演产业总规模达到2万亿元，推出100项具有较大知名度的体育赛事，打造100个具有自主知识产权的体育竞赛品牌，基本形成产品丰富、结构合理、基础扎实、发展均衡的体育竞赛表演产业体系。

（二）国内体育赛事市场处于快速发展期

受益于现有赛事商业化运营程度的快速提升，国内体育赛事市场规模处于快速增长阶段，但短板仍在于缺乏顶级赛事的流量效应，因此增速并未出现显著的高速增长特征。整体看体育赛事市场仍具备长期的投资价值，尤其是具备顶级赛事发展潜力的相关项目和公司。2018年，我国体育赛事市场规模达300亿元。

（三）国内优质赛事运营能力仍有待提升

整体来看，目前具有顶级商业价值和影响力属性的体育赛事仍以国外著名赛事为主导，例如世界杯、英超、西甲、NBA等。据福布斯杂志统计，目前全球顶级赛事的品牌价值含量极高，其中，超级碗的品牌价值则高达5.8亿美元，奥运会和冬奥会其次，分别达3.48亿美元、2.85亿美元。国内还缺乏具有足够影响力和运营能力的优秀赛事，因此具备优质赛事培育和运营能力的公司具有很强的发展空间。目前，国内体育赛事影响力较大的主要有中国足球协会超级联赛、中国男子篮球联赛、英雄联盟职业联赛等。

任务2 掌握体育赛事策划的含义与价值

一、体育赛事策划的含义

体育赛事策划是指主办者为成功地组织体育赛事，以达到其预期的社会经济目标，在比赛前对赛事流程以及相关的广告、门票等各种事项进行系统而全方位的规划。

体育赛事的策划一定要遵循体育竞赛规律，以完成比赛为目的，通过策划与管理工作合理安排竞赛项目、时间、人员、经费等条件。体育赛事策划管理的成功与否将直接关系到体育赛事能否顺利进行与达到举办赛事的目的。

二、体育赛事策划的价值

（一）举办体育事业有助于推动体育事业的发展

（1）对体育赛事的参与者来说，体育赛事能使他们得到生理上和心理上的满足，提供积极的锻炼方式，提高身体素质，改善健康状况，获得展示、竞争的平台，带来愉悦的精神享受与追求卓越的机会。

（2）对社会大众来说，体育赛事增加了人们对体育的参与程度，提升了人们对体育项目的认识，改变了人们欣赏体育的方式。

（3）对于体育产业也来说，体育赛事带动和促进了体育用品市场、体育健身娱乐市场、体育彩票事业、职业体育俱乐部、体育经纪公司等体育行业领域的发展。

（二）举办体育赛事能为社会带来效益

（1）在当今的经济社会，许多商家已把举办或赞助体育赛事作为一种有效的营销手段或者直接的销售途径，从中获取经济利益。体育赛事与商业社会已是密不可分，相互融合。

（2）体育赛事能调整社会产业结构，它能促进餐饮、传输通信、媒体广播、商贸旅游、酒店服务、交通运输等第三产业的发展。

（3）体育赛事特别是像奥运会、亚运会这样的大型赛事的筹办与管理需要大量的劳动力支撑，在一定时期可以扩大地区就业。

（4）体育赛事还有促进举办地区的市政建设，展示地区形象、促进社会文化发展和改善投资环境的作用。

【案例分析1】

2010年广州亚运会

  重大国际体育赛事的举办通常会吸引媒体进行集中大量的宣传和报道，高频率、多层次、多渠道、大规模的宣传报道以及所引起的社会广泛关注，往往会形成巨大的轰动效应，能迅速提升举办地的知名度和美誉度，从而大大提高举办地的国际形象。中国由于成功地举办了奥运会，其国际形象与举办奥运会之前相比得到了极大改善。广州亚组委通过开展"亚运广州行""亚运中国行""亚运亚洲行"等大型宣传活动，形成"立足广州、辐射全国、影响海外"的宣传声势，让亚洲乃至世界人民知道广州，了解广州，从而提高广州的知名度和影响力，并有助于广州国家中心城市地位的形成。

  亚运会此等重大体育赛事是注意力经济，它产生由注意力资源的相对集中而给举办城市和国家带来一种阶段性加速发展的经济现象。举办重大国际体育赛事为举办地旅游业及其他关联产业的发展提供了契机。重大国际体育赛事举办期间，举办地除接待体育赛事的参加人员、随队工作人员、记者以外，还将吸引大量的旅游客源，获得巨大的经济利益。据统计，2008年北京接待的外国旅游者由过去每年400万增长到600多万人。北京奥运会带动中国GDP增长1个百分点。2010年11月12日至27日，亚运会举办期间，广州城市接待总人数为866万人次，同比增长42.10%，其中接待过夜旅游者386.19万人次，同比增长32.22%，全市旅游总收入超70亿元。

  重大国际体育赛事除了带动当地旅游业和一系列关联产业，如交通、娱乐、购物、通信、广告、金融等相关行业的发展外，还对城市的经济发展带来多种牵动效应，成为经济发展新的增长点。其牵动效应主要表现为聚合效应、裂变效应和辐射效应。聚合效应是指在一定时间内吸引各种生产要素聚集，从而产生巨大的经济效果。正是由于亚运会在广州举办的原因，亚奥理事会主席、科威特副首相艾哈迈德才决定将由科威特投资几十亿美元的南海石油项目落户中国。另外，庞大的投资总量给举办地企业及老百姓带来无限商机，广州市2009年GDP达到9113亿元、2010年则突破了1万亿元（广州日报2011年3月7日报道）。裂变效应是指在制定条件下使原有生产要素重新组合，释放新的力量。亚运会不仅促进广州产业结构的优化升级，同时，也促使更合理化的资产组合。辐射效应是指从举办城市中心点传导、递延出强大的市场和经济能量。广州亚运会的举办能加速推进珠三角地区合作和一体化进程，也为进一步加强穗、港、澳、台及珠三角区域间合作创造了契机。

（第16届亚洲运动会组织委员会，广州2010年亚洲残疾人运动会组织委员会编. 重大国际体育赛事管理和运行［R］. 广州：第16届亚洲运动会组织委员会等，2010.）

思考 请结合广州亚运会实例，分析国内城市如何利用大型体育赛事促进经济发展。

【项目训练】

  学生以小组为单位，调研所在城市举办过的体育赛事，了解其特点，分析其价值。

项目二 体育赛事策划流程

体育赛事的成功举办离不开事前详细的准备与策划工作，一项体育赛事活动的策划一般包括：赛事选择、赛事申报、赛事策划等流程。事前统筹规划体育赛事举办过程需要的相关资源、举办时间与地点、策划方案等，才能更好地实现举办体育赛事活动的目的。

掌握体育赛事的选择与申报

一、体育赛事的选择

体育赛事并不仅仅是简单的体育比赛，一场成功的体育赛事，会给主办方、主办地以及参与者产生重大的影响，也会带来显著的社会效益以及经济效益。作为体育赛事的组织者，在选择体育赛事时，应该注意以下几个方面。

（一）举办地政府的态度

一场大型体育赛事的举办，是一个"社会事件"。体育赛事举办过程中必然涉及各项政府职能，如社会安全、城市交通、市政建设等，也必然会产生地区性的影响。一般来说，政府对筹办体育赛事不持反对意见，而且对于一些有良好体育传统，对当地的文化传播与城市形象建设影响深远的项目态度积极，给予大量的支持。组织者在选择体育赛事时，要把握政府对其项目的态度，在获得审批和赛事运作上获得政府的肯定与支持，否则，在赛事运作中将会面临相当多的问题。

（二）体育赛事的运作资金

体育赛事的运作资金决定了赛事的规模以及其是否能顺利举行。体育赛事的启动与举办过程的保障工作都需要大量的资金投入，而赛事所产生的效益往往在后期，或者赛事结束后的一段时间之内才能显示出来。所以，组织者在策划体育赛事时首先要对赛事的成本—效益做全面的预测、评估，衡量自身的财务状况能否足够支撑赛事顺利进行。如果没有足够的运作资金，组织者在赛事选择首先就要考虑调整赛事规模，缩减赛事的成本或者采取适当的融资行为，避免财务危机产生。

（三）体育赛事管理的人才与经验

只有周密的计划，有效的组织管理工作才能确保体育赛事的顺利进行，人才是关键。体育赛事的筹划、过程管理与收尾工作都需要大量的人才支持。体育赛事的举办失败往往由于赛事组织者没有安排足够的支撑人员或缺乏经验所致。体育赛事的策划与管理过程本身，就是对组织者的人才与经验的考验。

总之，组织者在选择体育赛事的过程中，要从实际情况出发，全面综合考量各方面的因素，有效评估申办及举办体育赛事所产生的效益，选择适当的项目。

【案例分析2】

西部积极举办特色体育赛事

2011年7月，金色的油菜花盛开。在青藏高原最美丽的季节，环青海湖国际公路自行车赛迎来了10周年。作为中国西部一个欠发达地区，短短10年间，环湖赛迅速升级成为亚洲顶级赛事，并跻身国际自行车重要赛事之一，赢得了越来越多国内外人士的认可和赞誉，不可不谓一个西部体育发展的奇迹。

（一）走特色之路，不挤"独木桥"

作为经济欠发达的西部地区，体育事业与东部的差距近年来在不断被拉大。这一不争的事实在各项国际、国内比赛的金牌榜、奖牌榜上得到了最直观的反映。对此，广西壮族自治区体育局一位负责人告诉记者，西部很多省区的体育发展模式与东部以及国家战略大同小异，这导致竞争越来越激烈，都去挤那条"独木桥"。

2002年以前，地处青藏高原的青海省，多年来几乎与奖牌无缘，竞技体育发展极不理想。而随着一场赛事的横空出世，多年的僵局和空白终于被打破。2002年，青海省举办了首届环湖赛，来自五大洲的20支车队首次驰骋在青藏高原。

随后，仅仅在5年间，这一当初不被许多人看好的赛事就升级为亚洲顶级赛事；2011年，这一赛事在举办10年之际，从一无所有到目前13.6亿元的品牌价值，成为西部地区唯一进入"中国体育品牌百强"的赛事。此外，今年的环湖赛不仅奖金额度大幅提高，而且首次迎来三支参加环法赛的国际一流强队，赛事的国际品质再次得以提升。

多年来，环湖赛已成为中国自行车赛事的"领头羊"。以此为契机，青海体育逐步形成以环青海湖民族体育旅游圈为主体，以环青海湖国际公路自行车赛、中国青海抢渡黄河极限挑战赛、青海高原世界杯攀岩赛等三大品牌赛事为中心的发展格局。

在环湖赛的带动下，青海省体育事业发展迅速，不仅建成了设备国际一流的多巴国家高原训练基地、尖扎国家水上训练基地、玉珠峰国家登山基地，还建成了西海、宁湖等多处全民健身中心。同时，2009年，在全运会上，青海省取得了一银两铜的成绩，实现了竞技体育20多年来的突破。

对于这一成功，青海省体育局局长冯建平说，在很长的时间中，国内绝大多数省区的体育工作都是将竞技体育放在首位，但对于青海这样的穷省，想要在竞技体育方面走在全国前列是绝对不可能的，如果把全部精力都投入到竞技体育中，必定会陷入尴尬的境地。青海的体育工作要有所作为，就必须走一条有特色的体育之路。

（二）"金名片"效应：一个赛事带动一个省份

早在1985年，国家统计局明确把体育列为第三产业。因为体育在为社会创造精神财富的同时，还可以刺激一些相关产业的兴起，直接为国家和地区创造可观的经济效益。事实证明，环湖赛不仅本身成功，多年来它已经成为亮出青海形象的"金名片"，成为带动青海社会经济发展的动力。

据了解,在环湖赛举办之初的2002年,青海的旅游收入不足10个亿,来青海旅游的有150万人次。而到2005年,青海的旅游业收入达25亿元,游客达600万人次。2010年,旅游收入占到青海省GDP的5%,旅游业成为青海的支柱产业之一。专业人士分析认为,青海旅游的发展能够如此之快,环湖赛等体育赛事起了至关重要的作用。

在环湖赛的推动下,青海省公路建设速度也明显加快,省会西宁至周边县市和旅游景区的道路情况大大改善,方便了当地农牧民群众的生产生活,也带动了旅游等相关产业的发展。

从西宁、海东、海南到海北,环湖赛一路串联起青海人口稠密、文化多样、最具开发潜力的地区。这也使青海农牧区土生土长、原本小打小闹的特色经济得到展示、宣传,并得以做大做强。环湖赛期间,主办方联合赞助商,发放牦牛奶、宣传青稞酒、举办唐卡展、为获奖选手赠送昆仑玉等一系列举措让更多的人认识到青海独特的资源、产业,也为其发展搭建起新的起飞平台。

冯建平说,这得益于在环湖赛发展之初,青海就始终坚持"跳出体育看体育、跳出体育干体育"的做法,把体育事业放在青海经济和社会的大环境中,与文化、旅游等部门紧密结合,使体育渗透到社会各个层面,让体育也能为区域社会经济发展发挥作用。

对于青海体育的跨越式发展,一位曾担任国家体育总局高级官员的人士表示,青海近年来独辟蹊径,发展特色体育,这条路子走得很成功。很多经验在全国已经出现了示范效应,为我国发展体育事业拓宽了道路。

对体育发展"环湖赛现象"的显现,陕西省社会科学院社会学所副研究员尹小俊将其归纳为"良性循环发展模式"。

他指出,青海省体育发展社会化带来的诸多启示,既为青海实现经济发展方式转变做了一些创新和尝试,也是落后的西北内陆地区、后发展型地区在改进经济发展方式领域进行的一次有益探索。这些鲜活的成功经验充分说明,像青海等经济落后地区,如果能转换发展思路,另辟蹊径,也能同样取得好的发展效果。环湖赛作为一个区域品牌悄然崛起,由于其特色资源本身不可复制,但思维方式可以继承、学习和创新。

 1. 西部如何选择有"西部特色"的体育赛事?
2. 体育赛事在西部旅游发展中起了一个什么作用?

二、体育赛事的申办

国际国内大小体育赛事众多,各项体育赛事都有可能出现举办权竞争,就要通过申办的方法获取举办权。每项体育赛事的申办程序和申办方法不尽相同,有的较为简单,有的十分繁复。

(一)体育赛事的申办步骤

(1)组织者(机构)决定举办某项体育赛事后,立即组建申办工作组,调配人员负责申办工作,由专人拟定申办计划,同时须向上级相关主管部门呈报申办事项。

(2)组织机构根据申办要求向体育赛事的所有权机构(或者体育赛事的主办机构)提交申请文件,其申请被接纳后,组织机构就成为赛事申办机构之一,其候选资格正式确认。

(3)赛事申办机构应在体育赛事所有权机构规定的时间内,按照其内容、格式的要求向赛事所有权机构递交申办报告。

(4)体育赛事所有权机构成立专家小组,视具体情况对申办机构进行考察检验,并生成考察报告。

(5)赛事所有权机构逐一考察申办机构后,集中召开申办工作会议,听取申办报告及考察报告,对申办单位进行评估,通过投票、讨论会议的方式最后确定承办单位。

(6)确定体育赛事承办单位后,体育赛事所有权机构将与其承办单位签订正式的体育赛事承办协议书。

在整个体育赛事选择与申办的过程中,组织机构(申办机构)所写的申办报告是最重要的文件。申办报告不但是申办机构对于赛事举办的主要构想方案,也是体育赛事所有权机构分析、评估申办单位的工作及其筹办能力的主要依据之一。

(二)申办报告内容

(1)反映申办单位的现状,展示申办单位举办赛事的能力。

(2)客观陈述申办单位申办体育赛事的动机、意义。

(3)申办单位承办赛事的计划。

申办书内容必须真实,一旦申办单位申办成功,其申办报告会被视作申办单位向体育赛事所有权机构及公众提交的承诺书,体育赛事承办单位需在申办报告的基础上,制定更具体的赛事举办总体计划,并保障体育赛事能顺利、成功地举办。

【案例分析3】

关于申办湖北省第十四届体育运动会的报告

市政府:

湖北省第十四届体育运动会将于2014年举行,按照惯例,在今年10月份荆门市承办第十三届省运会之前,需确定第十四届省运会承办城市。目前,第十四届省运会的申办工作已经开始,已有黄石、鄂州等市向省政府提出了承办要求。

我市是湖北省的体育大市,群众体育连续几个周期荣获全国先进单位称号,人才输送始终名列全省"三甲",荆州籍运动员迄今共获得2个奥运冠军、58个世界冠军、56个亚洲冠军、129个全国冠军。吉新鹏、江福英等奥运冠军是其中杰出代表,他们为湖北乃至国家体育事业发展做出了积极贡献。当前,我市经济社会发展势头强劲,城市建设快速发展,综合实力持续增强,体育工作全省领先,大型活动组织和接待工作成效显著,基本具备承办省级大型综合体育赛事的能力和条件,现在是申办2014年湖北省第十四届体育运动会的最佳时机。

一、承办湖北省第十四届运动会意义深远

第一,体育是一个国家、一个民族、一个地区发展实力、城市活力和形象魅力的集中展示和体现。在我市承办省运会,将有力助推我市"工业兴市"战略,为"人水和谐"城市建设、打造鄂西生态文化旅游圈和长江经济带"钢腰"增加丰富内涵。其筹办过程将与"四城同创"工作同步进行，两项工作相得益彰，将全面提升我市城市文明建设水平，提高广大市民体育文化素质，极大地激发市民热爱荆州、建设荆州的热情。

第二，在我市承办省运会，将极大地促进我市体育事业快速发展。荆州是国家奥林匹克高水平后备人才基地，拥有全省唯一的国家一级羽毛球学校，业余训练水平、培养和输送的运动员数量在全省名列前茅。在国家队现役运动员中，荆州籍的就有15名。在刚刚结束的汤姆斯杯羽毛球大赛上，荆州籍运动员郭振东、谌龙为中国获得团体冠军立下了汗马功劳。如果在我市承办下一届省运会，必将极大地激发广大市民的体育热情，提高社会各界对体育事业的关注度，我们也将抓住筹办省运会的良好机遇，全方位做好体育工作，率先进入全省体育强市行列。

第三，在我市承办省运会，符合荆州经济和社会发展在全省的地位。省运会已过十三届，由于种种原因，我市多次失去办会机会。现在，我市经济和社会发展处于上升期，在全省的位置得到大幅提升，是申办省运会的最佳时期，也是承办一届省运会、为全省经济和社会发展做贡献的最佳时机。如我市申办成功，将全面展示我市各项事业发展成果，全面推介荆州，进一步扩大荆州在全省、全国的影响力，推动荆州的大开放、大发展。

二、我市基本具备承办省运会的条件

一是综合实力不断增强。我市近几年经济社会发展迅速，人均GDP不断提高，财政收入快速增长。未来四年，是我市经济社会发展的黄金时期，全市人民在市委、市政府的带领下，将实现新的超越。四年后，我市将有能力承办一届"有特色、高水平"的体育盛会。

二是交通便利、四通八达。318国道和汉宜高速横贯东西，207国道、荆襄高速、荆东高速、随岳高速贯穿南北，还有正在建设的沪蓉高速铁路、荆岳铁路，将为来荆参赛的各代表团提供交通便利。

三是办会保障有力。我市是省内实力较强的中等城市，近几年城市建设飞速发展，城市面貌焕然一新，已具备承办省运会的基本条件。城区现有星级以上宾馆14家，床位4000多个，加上为数众多的中小型宾馆，床位达到6000个以上，四年以后将具备接纳所有参加和观摩省运会人员的能力；我市大型活动和体育赛事的安保、卫生、电力、通信和活动组织等工作，都经过多次实践检验，适应办会要求；在比赛条件上，我市除没有综合性体育馆外，只需对现有体育场馆进行适当维修就可以满足各项比赛需要。

三、承办省运会需解决的问题

一是建设一座大型综合体育馆。省运会闭幕式和部分室内竞赛项目必须具有与之相匹配的场馆设施，因此，修建荆州市体育馆是当务之急。

二是需要对现有场馆进行适当维修，以适应比赛需要。

三是增添部分竞赛设施和器材，以满足不同项目的竞赛需求。

四是如果市政府同意申办，请成立由市政府李建明市长或杨俊革市长牵头的领导班子，抓好申办和场馆建设工作。

省运会是全省规模最大、规格最高、竞技性最强的综合性体育盛会。如能申办成功，必将加快我市由体育大市向体育强市迈进步伐，必将扩大荆州城市影响力、知名度，必将推动我市经济社会快速发展。我们将在市委、市政府领导下,按照"政府主导、社会支持、体现特色、精彩纷呈"的办赛思路,把第十四届省运会办成让全省、全市人民满意,让广大裁判员、运动员称心的盛会。为此,我们恳请市政府同意申办湖北省第十四届体育运动会,并迅速向省政府提出申办报告,开展申办工作,确保申办成功。

专此报告。

 一份完整的体育赛事申办报告包括哪些内容?

【知识拓展】

关于申办国际体育活动报批程序的规定
体外字〔2002〕111号

一、举办国际体育活动的目的是,更好地推动我国体育事业的发展,拓展我国与各国(地区)和国际体育组织的关系,对外宣传我国改革开放的成果,扩大我国对外影响,为我国总体外交服务。

二、申办国际体育活动应把握以下具体原则:

(一)申办城市的场馆设施已具规模,在接待、交通、通讯和安全等方面也初步具备条件;

(二)申办项目的选择要"以我为主",在我国有较为广泛的群众基础和一定的水平,有利于推动该项目在我国的发展和提高;

(三)申办国际体育活动应统筹规划,避免在时间、地点等方面与其他重大活动发生冲突;

(四)可望得到有关国际体育组织及其多数会员的支持;

(五)参照国际惯例,符合相关国际体育组织的规定;

(六)量力而行,勤俭节约;

(七)以申办国际体育活动为契机,展示我国改革开放取得的伟大成就,体现我国人民奋发向上和"团结、友谊、进步"的精神风貌。

三、申办国际体育活动,必须按程序报批,未经批准,不得申办。

(一)下列活动的申办须报国务院批准:

1. 国际或亚洲、地区性综合性运动会;

2. 政治敏感性强或邀请外国正部长以上官员、前国家元首、前政府首脑参加的国际体育活动。

(二)申办邀请外国前国家副元首、前政府副首脑以及其他重要高层人士参加的国际体育活动须征得外交部同意,报国家体育总局批准,必要时报国务院批准。

(三)下列活动的申办须报国家体育总局批准、报外交部备案:

1. 邀请外国副部级或相当级别人员参加的国际体育活动;
2. 规模在500人以上的世界锦标赛、世界杯赛。

（四）申办其他国际体育活动须报国家体育总局批准。

四、申办国际体育活动的具体要求：

（一）须经国务院批准的活动，经国家体育总局审核并与外交部会签后，报国务院审批。一般应在有关国际体育组织要求的申办截止日期前1个月上报。报文中除请示文件外，还应有申办地政府的申办报告、国家体育总局的审核意见，以及外交部签署的意见，并附国际体育组织有关的规定。

（二）须向外交部备案的活动，经由国家体育总局审批后，报外交部备案。上报的文件中除正常的请示文件外，还应提供活动承办地政府的申办报告或同意函。

（三）须经体育总局批准的活动，运动项目主管单位须在有关国际体育组织要求的申办截止日期前3个月向国家体育总局报批。请示中须注明：申办国际体育活动名称、举办日期、地点、规模、经费预算、经费来源等内容，并附活动承办地体育主管部门或承办单位的同意函。

五、经批准举办的一般性国际体育活动，运动项目主管单位须在该活动举办日期前1个月，向国家体育总局提交活动准备方案和接待安排计划。

六、经批准举办的大型或综合性国际体育活动，运动项目主管单位须在该活动举办日期前6个月，向国家体育总局提交筹备工作详细计划，计划应包括下列内容：

（一）组委会组成情况；
（二）经费预算和落实情况；
（三）竞赛组织计划；
（四）接待工作计划；
（五）开、闭幕式等重大活动筹备计划。

七、经国务院批准举办的国际体育活动，在活动结束后，由国家体育总局向中央外事工作领导小组及国务院报总结报告，并抄送外交部。

八、经国家体育总局批准举办的国际体育活动，运动项目主管单位须在活动举办后1个月内向国家体育总局提交总结报告。

九、本规定自发布日起生效。原国家体委《关于申办国际体育活动的暂行规定》自行废止。其他涉及申办国际体育活动的规定或通知，凡与本规定相抵触的，以本规定为准。

（刘清早. 体育赛事运作管理手册［M］. 北京：人民体育出版社，2009.）

任务2　掌握体育赛事的策划流程与方案

一、体育赛事策划流程

从广义上来说，体育赛事的策划与管理包括了赛事的选择与申办，但是通常人们把定义赛事的筹划工作开端从组织机构确定举办赛事开始，其管理工作一直延续到赛事结束。

每项体育赛事都是一次大型的活动，有一定的复杂性，所以组织者要对之进行策划、管理，确保每一项体育赛事能顺利进行，达到举办目标。体育赛事的管理工作一般分为赛前筹备工作、赛事进行中的工作以及赛后工作。体育赛事策划管理的成功与否将直接关系到体育赛事能否顺利进行与达到举办赛事的目的。

（一）筹备策划阶段

体育赛事的策划工作的时间跨度长短取决于体育赛事的规格和规模，赛事的规格越高、规模越大，工作就越繁复，所需的筹备时间就越长，时间的安排还需要视具体的工作情况而定。工作内容大致可分为三步。

第一步制定赛事总体方案，成立体育赛事的组织系统，配备人力资源，明确工作职责；选择赛事举行的场馆，启动赛事宣传及市场开发工作。其中，制定赛事总体计划在这一步中是重中之重的工作，它起着纲领的作用，影响和指导着赛事的整体组织运作。

第二步主要是按照体育赛事的总体计划进行全面部署，协调各项工作，使不同系统和职能领域之间在以体育比赛为主线的前提下相互合作，完成赛事的运行。此步骤是赛事筹备的主体阶段，工作量最大，各职能部门拟定具体方案并执行筹备工作，确保赛事的各方面运作正常。

第三步的主要任务是运转和测试前两部分的工作内容，测试比赛场馆和训练场地，全面检验和调试组委会各职能机构的工作，模拟赛事举行工作，做问题排查。

（二）赛事进行阶段

赛事进行阶段的工作任务主要是确保全局的一致、各方面协调，按照赛事计划进行；一旦出现问题，立刻进行解决，切实保证赛事的圆满完成。

（1）时间安排不宜过紧，也不宜过长，使运动员得到最佳的发挥，也能保持赛事的节奏感和观赏性。

（2）做好临场管理，裁判员公正执法，参赛运动员遵守竞赛规范道德，工作人员热情服务。

（3）对场地器材、饮食卫生、安全保卫中可能出现的隐患和问题及时发现，尽快给予解决。

（4）做好赛事全过程及每个阶段的成绩记录和统计，及时计算出成绩名次，为比赛结果作依据。

（三）赛事结尾总结阶段

比赛结束，赛事组织者还应完成以下工作。

（1）尽快核对好比赛的成绩，排定名次，对外公布。

（2）根据竞赛的规程规定颁发准备好的奖品及奖金。

（3）确保闭幕式等一系列相关活动顺利完成。
（4）做好活动退场安全及场地的清理工作。
（5）有关部门要对赛事工作进行一个全面、认真的经验总结，肯定成绩、找出不足、提出建议，并把有关资料记录整理归档，以利于往后举办类似赛事活动作参考。

二、体育赛事的总体策划方案

（一）体育赛事总体策划方案的主要内容
（1）赛事的名称和关于赛事背景及任务目的的描述。
（2）赛事的组织机构的表述。
（3）关于赛事的主题与指导思想的表述。
（4）赛事的项目内容、规模与安排。
（5）赛事的资源与取得资源方法的表述。
（6）整个赛事中的大型活动、主题活动、相关活动的组织与实施。
（7）其他表述。

（二）确定体育赛事总体策划方案的技巧

1. 确定体育赛事的名称和任务

应该根据赛事的内容、性质、时间和规模来确定，还要在一定程度上体现当时的形势和举办该体育赛事的中心任务。此外，现在越来越多的体育赛事有赞助商赞助，要注意考虑到赞助商的利益，小心处理比赛冠名、独家赞助等方面的问题。

2. 确定体育赛事的举办时间

可根据以下几个原则确定体育赛事的举办时间。

（1）气候　体育赛事多为户外活动，适合在夏季举办的赛事比冬季多。要根据赛事的项目选择赛事时间。组织也会选择举办地最好的时节举办体育赛事。

（2）社会关注度　大部分的体育赛事为了吸引更多的参与者，选择公众假期或者与其他大活动事件"错开"举办。

（3）筹备时间　体育赛事筹备工作量大，选择赛事举办时间时要留有充分的筹备时间才能使赛事可以顺利举办。

3. 确定体育赛事时间的长短

应根据竞赛项目种类、赛制的安排还有参赛者的多少综合考量。在比赛之前组织机构要根据竞赛项目的设立，对预期参赛者的人数要有充分的预计，以作为确定赛事天数的依据。

4. 确定体育赛事经费的预算

从体育赛事策划阶段开始就要充分了解赛事经费预算，以确保赛事的顺利进行。经费预算是执行经费开支的重要依据。赛事组织者要了解整个赛事的物资、物料和经费需要，切合实际并本着勤俭节约的原则，认真制定并严格管理每一项经费开支，做好这个赛事的经费预算与经费筹集工作，并认真管理监督赛事的开销情况。此外，经费预算应留有一定的余地，防止突发事件的发生影响到赛事的正常运作。

【知识拓展】

运动会会期

在《全国综合性运动会申办办法（试行）》（1994年9月8日国家体委发布）的参考文件第四条中规定："全运会和城运会的竞赛周期均为4年，城运会一般在全运会前2年举行。具体会期的选定要结合承办者的实际，本着有利于出成绩、出人才的原则进行安排。全运会的会期包括开、闭幕式不少于十天，不超出十五天，并不晚于十月上旬（北方）或十一月上旬（南方）结束。

城运会的会期包括开、闭幕式不少于八天，不超出十二天，并不晚于十月上旬（北方）或十一月上旬（南方）结束。"

【案例分析4】

某班级"寝室杯"体育赛事策划方案

为努力营造积极向上、百花齐放、格调高雅、健康文明的体育文化氛围，充分展示良好的精神风貌，080921班班委会经过商讨决定举办"寝室杯"体育比赛。为确保整个比赛活动正常进行，特制定如下工作方案。

一、指导思想

全民健身利在当代，功在千秋。

二、活动宗旨

通过一系列丰富多彩的文化体育活动来继承和发扬革命精神、弘扬革命传统、丰富业余文化、打造班级品牌、展示大家才华，从而达到培养爱国主义精神和集体主义精神的目的。

三、组织原则

（1）高度重视，精心组织。

（2）创新形式，务求实效。

（3）团结协作，形成合力。

（4）加强宣传，营造气氛。

四、活动对象

080921班全体同学。

五、活动形式

本次"寝室杯"比赛共有三大项，分别是集体跳绳、吸乒乓球、多人多足。

六、活动组织流程

（一）前期活动阶段

（1）为确保活动顺利开展，比赛前做好活动的宣传、动员、场地申请、器材申请、人员分配等准备工作。

（2）体育委员、班长、团支书、学习委员主要负责整个比赛的组织、协调工作并撰写活动策划书。体育委员做好各项项目的裁判遴选工作。

（3）宣传委员提前五天画好宣传海报。

（4）实践委员、组织委员提前三至五天把海报贴至展板并展出。
（5）组织委员、团支书做好活动前的人员组织工作。
（6）生活委员提前五至七天采购好所需的运动器材和奖品。
（7）副班长和团支书做好活动的抽签准备工作（包括抽签卡等）。
（8）心理保健员做好比赛活动规格计分表。

（二）正式活动阶段
（1）活动详细安排根据现场抽签决定（抽签细则见附一）。
（2）心理保健员、文艺委员等负责协助体育委员做好活动中的各项协调。
（3）文艺委员比赛过程负责器材不要丢失。

（三）活动后期工作
（1）本届"寝室杯"主要由团支书主持，主裁判是团支书、体育委员和一名由班长担任的副裁判。
（2）班长主要负责比赛的动员、参赛人员登记和赛程的安排工作，其他班委协助。
（3）生活委员负责比赛场地、同学用水等后勤保障工作。
（4）宣传委员负责比赛宣传、为活动撰写简报。

七、活动地点
体育场（田径场），具体地点待定。

八、活动时间
2010年11月27日。

九、经费预算
比赛用品、宣传经费、活动奖品等费用，拟从班级经费中列支。
宣传经费：30元（海报和横幅）。
比赛用品：乒乓球（60个）：12元，跳绳（2根）：6元，绑绳：2元。
活动奖品：一等奖：30元（3项共90元），二等奖：20元（3项共60元），三等奖：10元（3项共30元），参加奖：待定。
预算共列支班费230元。

十、本次活动的最终解释权归080921班班委会所有

附一：抽签细则
分组抽签：本届921"寝室杯"现场抽签，将42人分为7个小组，每组6人（3男3女）。抽签时，男女共计42张签；女生共有21张签可抽，1至7号签各有3张，21人同时抽；男生共有21张签可抽，1至7号签各有3张，21人同时抽；抽到组号相同的在同一小组，组号为其抽中签号；每人只有一次抽签机会，拆开签后原则上不能和其他同学交换自己抽中的签。抽完后每组选出一位组长。

比赛先后抽签：抽签时，共有7张签，1至7号签各有1张。若是每一组同时的比赛项目，1号签最先开始，其次2号签，以此类推；若每两组同时的比赛项目，1号和2号签组合，最先开始，其次是3号和4号，以此类推。每组组长只有一次抽签机会，拆开签后原则上不能和其他组交换自己组抽中的签。

附二：集体跳绳比赛规则
摇绳2人面对面站立，手持1条长绳同时向一个方向摇动，其他运动员排队依次连续从

一摇绳人边跑向摇动的绳子并跳过,再从另一摇绳人身后绕过重复上动作,使整个跑动跳跃过程形成1个8字形。以跳跃成功次数多少排出名次,比赛时间为3分钟。如规定时间内跑跳过程中有人未能跳过,使摇绳中断,可继续比赛,但该次跳跃不计数。各队比赛时,运动员排定顺序不得更改(比赛每一组同时进行)。

附三:吸乒乓球比赛规则

要求选手在1分钟之内用吸管将一个盆里的乒乓球转移到另一个盆里,转移球数多的队伍获胜(比赛每2组同时进行)。

附四:多人多足

发令前,每队按横排立于起点线后,分别将相邻队员的左右腿用绑腿套套在一起(套在踝关节附近)。

所有队员以站立方式起跑,听到发令后,同时走或跑向终点,以最后一名队员通过终点线为计时终止。用时少者名次列前。

行进中所有相邻队员两腿自始至终要用绑腿套套在一起,如遇脱落,需在原地重新套好后才可继续行进,否则成绩无效。如中途有队员摔倒,待整理好后可继续行进(比赛每1组同时进行)。

 1. 体育赛事策划案的格式内容是怎么样的?具体有哪些注意事项?
2. 为某项体育赛事制订一份策划方案。

(三)制定体育赛事总体策划方案的注意事项

1. 明确目标

赛事总体方案拟定的目标是总体计划各部分内容的基准和统领,一定要明确。没有目标或者目标含糊的总体计划将流于形式,没有实在意义;目标明确则有助于总体计划逻辑清晰,内容紧凑。要使体育赛事办得出色,赛事组织者应在前期明确赛事的定位与目标。

2. 内容全面

赛事总体方案设计的内容要全面,不可缺漏。体育赛事的策划管理工作是个系统工程,需要多方面的协同合作。赛事组织者应考虑周全,在制定总体计划时不可遗漏或者忽略任何一方面相关工作,才能控制成本、掌握赛事运作、避免重大失误产生。

3. 进度合理

赛事总体计划安排的进度要合理。制定赛事总体计划的核心就是要制定出科学、合理、高效的工作制度。

4. 责任明确到位

赛事总体计划要明确责任单位或责任人,再完美的计划都需要人去实施执行才能体现其意义。因此,赛事的总体计划必须落实到责任单位或责任人,才可以实现。

【项目训练】

学生以小组为单位,为某项体育赛事制订一份策划方案。

项目三　体育赛事组织管理

体育赛事的举办过程涉及各项具体的组织管理工作，包括确定相关的竞赛形式、竞赛程序和运动项目的竞赛编排方法等。本项目在全面系统地介绍体育竞赛组织和管理规则的基础上，让学习者能学以致用地策划、组织体育赛事活动。

 **掌握体育赛事的组织**

一、体育赛事的组织实施

（一）人员配备

体育竞赛活动在组织之前，组织者都要对组织系统内部的人力进行统筹安排和设计，即进行人员配备。总体要求是：根据活动的目标任务，兼顾质量与数量，择优选用、配备人员，明确分工；协调任务、人、财、物之间的比例关系；以不同地区有代表性的平均数为标准确定人员配备数量。

（二）工作规范

建立工作规范是竞赛管理组织者优化运行的基本保证，尤为重要的是建立各类岗位职责、工作流程、考核与奖惩制度等。制定各部门的基本职责及工作范围，规范其相应的权利，使之权责相配，将目标计划分解落实，各部门积极创造条件，尽力履行职责，完成各自使命。

（三）授予权利

权利是完成职责的必要手段。上级给予下属一定的责任和权力，以使其下属在一定的监督之下，处理问题时有相当的自主权。基本原则包括：①权责对等原则，权力与责任一致；②责任绝对原则，"授权留责"，分权而不放任；③目标原则，授权应围绕既定目标，按预期成果进行；④边界原则，所授之权应明确规定其实施范围和等级层次的界限；⑤控制原则，把各种权力委任给下级的同时，上级要统一指挥和监督控制，保证适度的干预频率。

（四）总体指挥

体育竞赛组织者对运行全过程的各项具体工作环节进行统一指挥。有效的总体指挥，应该做到：建立强有力的指挥系统和信息网络控制系统；确切了解环境情况以便正确合理地运用指挥者的指挥权；将管理经验与艺术相结合，提升掌控整个体育竞赛组织过程的效果与效率。

二、体育赛事的组织机构

建立赛事的组织机构是体育赛事运作的重要环节。机构设置要合理、精练，职能划分要明确，才能确保体育赛事任务的圆满完成。

各种体育赛事，特别是中、大型的体育赛事的组织机构一般都会采用"组织委员会制"，简称为"组委会"。其运作方式是在主办单位下面，按照不同的赛事工作，分设不同的职能工作机构，一般包括办公室、竞赛、宣传（新闻）、保卫、财务、后勤等。另可根据赛事规格和规模的需要，设大型活动、外事、工程等赛事辅助机构。综合性大型体育赛事有多个体育项目，工作比较复杂，统一管理比较困难，所以每一个单项的比赛都必须设单项竞赛委员会，由大会组委会直接管理，如图6-1所示。

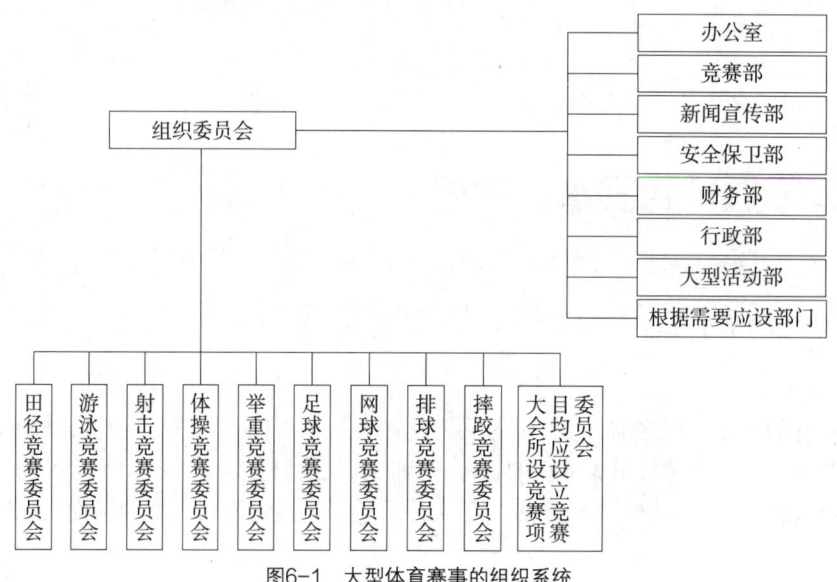

图6-1　大型体育赛事的组织系统

【案例分析5】

广东省第十三届运动会组织委员会各部门工作职责

一、办公室

（1）制定组委会及各部门的机构设置及人员配置方案，并协助有关部门组织实施。

（2）负责组委会会务工作，组委会会议纪要，检查、督办、落实组委会重大事项。

（3）负责组委会各类文件、简报和信息的文印，公文的收发、处理、保管及归档、上送。

（4）拟定组委会工作计划、总结、汇报及大事记。

（5）负责大会有关票务工作。

（6）联络各代表团和有关领导的工作。

（7）负责组委会领导的礼宾活动安排及审核领导同志的重要讲话。

(8)负责开、闭幕式仪式程序的安排和协调其他重要活动的实施。

(9)协调各部门工作,汇总各部门情况。

二、竞赛部

(1)负责省运会竞赛工作的组织与实施,印发竞赛规程总则及单项竞赛规程。

(2)主持竞赛事务,掌握竞赛情况,处理竞赛中的问题,编印竞赛情况简报及有关资料。

(3)安排各项目竞赛日期、地点、赛程。制定比赛总日程表,训练场地安排表。编印竞赛秩序册、成绩册。

(4)负责提出各项目竞赛场地设备及器材规格要求,协同财务部编制计划并落实、检查、验收。

(5)负责制作各项竞赛奖杯、奖章、奖状和证书。制定各项颁奖计划和实施方案并实施。

(6)负责聘请技术官员、仲裁委员、裁判员和竞赛工作人员,并对裁判员、工作人员进行培训。

(7)协助省体育局做好对各项目参赛运动员的资格审查和报名注册工作。

(8)协助有关部门负责裁判员的服装制作(包括技术官员、仲裁委员)。

三、行政部

(1)负责编制大会经费预算、决算,制定各项经费开支标准和财务管理办法,核拨和管理经费开支。

(2)审核各部门经费开支计划,履行有关核拨手续。

(3)负责各代表团、运动队、裁判员、技术官员、仲裁委员等有关费用的收取、发放等工作。

(4)负责大会工作人员的食宿及交通安排。

(5)负责内宾及各代表团部的接待安排。负责内宾及与会人员离会、返程的交通票务工作。

(6)负责大会车辆调配与管理。

(7)负责大会的医疗卫生工作,以及社会环境卫生的监督检查和大会膳食检验、检查。协调有关部门落实好大会膳食等工作。

(8)协助有关部门做好各项大型活动的后勤工作。

(9)拟定并实施工作人员的补贴办法。

(10)负责后勤物资采购和管理工作,以及大会结束后物资清理和善后处理工作。

四、宣传部

(一)新闻宣传

(1)负责省运会新闻宣传报道工作的部署和开、闭幕式等大型活动报道方案的制定,组织落实。

(2)负责国(境)内外文字、摄影记者的报名、接待和管理。

(3)负责省运会新闻发布工作。

(4)会同信息通信部负责主新闻中心的策划和有关工作的组织、落实及各场馆新闻发布系统工作的指导、检查、督促。
（5）负责记者手册、记者乘车手册等资料的编印、发放工作。
（6）负责省运会会刊、会报的编印工作。
（7）负责组织比赛期间好新闻、优秀摄影作品、十佳运动员的评选工作。

（二）社会宣传
（1）编写和下发省运会的宣传提纲、宣传口号，组织社会宣传教育活动。
（2）指导比赛场馆、重点地区的环境宣传和窗口单位的文明礼貌和职业道德教育。
（3）编印下发省运会特刊、宣传画册、宣传图片，负责有关采访等工作。
（4）负责省运会会徽、会歌、会旗、吉祥物、宣传画的征集、评选工作。

（三）广播电视宣传
（1）会同有关部门负责省运会的电视广播的宣传策划、转播、节目的编制工作。
（2）负责省运会电视转播权拍卖的组织协调工作。
（3）负责省运会电视公益广告的宣传策划和前期及后期的电视、音像制品的摄制发行工作。
（4）负责组织好省运会开、闭幕式电视屏幕，代表团入场的解说词的编写及开、闭幕式的直播工作。
（5）负责广播电视记者的接待和管理，保障电视转播信号的畅通，提供协调电视记者发稿线路技术。

五、信息通信部
（1）拟定省运会电子信息服务系统的总体方案，制定省运会信息通信部的总经费预算。
（2）负责组织省运会电子信息服务系统的网络建设、软件开发、系统集成、联合调试等工作。
（3）负责电子信息服务系统与场馆建设间的技术协调。
（4）负责电子计时、记分系统的监理和竞赛电子计算机系统的建设工作。
（5）负责电子指挥、注册登记、人员制证、综合成绩处理、多媒体查询、各竞赛项目的成绩处理及电子计算机的赞助集资等工作。
（6）负责省运会期间电子信息服务系统的指挥、调度和操作运行工作。选定、配置和管理电子信息服务系统的设备。
（7）负责培训、组织、管理有关技术人员。

六、场馆部
（1）会同竞赛部负责场馆建设总体布局及实施方案的审定。
（2）负责场馆建设实施的协调、检查和监督。
（3）会同有关部门负责市级场馆专项体育器材的配套工作。

七、安全保卫部
（1）负责制定省运会安全保卫总体方案，开、闭幕式和场馆、住地安全保卫、交通、警卫、消防、处置突发事件等具体工作方案，并组织实施。
（2）负责省运会筹备和举办期间各项重大活动的安全保卫工作，加强对社会面的治安管理。

（3）负责所有比赛场馆、住地的安全保卫工作的检查、督促和验收工作。
（4）负责大会证件的设计、制作、审核、发放和管理工作。
（5）负责对省运会使用的所有车辆进行安全检查，对安全保卫人员和司机进行技能培训和安全教育。

八、大型活动部

（1）制定开、闭幕式总体计划和实施方案。
（2）组织开幕式大型文体表演的创编、排练和演出。
（3）组织闭幕式文体表演的策划、排练及演出。
（4）协同办公室做好开、闭幕式活动程序的安排和落实。
（5）负责开、闭幕式气象资料的提供和预报工作。
（6）协同竞赛部做好闭幕式的颁奖工作。
（7）负责其他有关大型活动的设计、训练及表演。

九、群体部

（1）组织全省群众体育先进集体、个人的评选工作。
（2）组织召开全省群众体育先进表彰大会。
（3）负责全省群众体育先进代表的接待工作。
（4）负责安排全省群众体育先进代表与会期间的参观活动。
（5）负责组织迎省运全民健身活动。

十、集资部

（1）负责制定省运会集资工作的政策和实施方案。
（2）综合管理省运会的集资工作。
（3）负责组织省运各种专利、广告、电视转播权及进出口物资的经营工作和省运会的各项赞助捐赠事宜。

十一、志愿者部

（1）负责制定省运会义工服务的总体计划和方案，并负责实施和落实。
（2）会同有关部门加大省运会义工服务的宣传，发动和组织更多的志愿者为省运会服务。
（3）负责管理省运会义工工作，完善相关工作程序。
（4）负责培训和考核志愿者。

十二、监察审计部

（1）负责草拟组委会工作人员廉洁守则及组织有关纪律教育。
（2）负责对组委会各部门工作人员的遵纪守法情况进行检查监督。
（3）设立举报电话、举报箱，受理个人或单位对组委会工作人员违纪问题的举报。
（4）认真做好来信来访的受理工作，对信访和审计发现的问题及时进行查核，提出处理意见，并报组委会领导。
（5）参与组委会及各部门的重大活动，及时了解情况，对各部门制定的规章制度执行情况进行检查监督，发现问题及时向组委会领导汇报。
（6）对省运会财务收支及有关的经济活动进行审计监督。

（7）对场馆建设、集资等内部审计工作进行指导监督。

（8）跟踪部分重大经济活动，实行事前介入、事中检查监督、事后审计相结合的审计监督办法，发现问题，及时纠正。

（9）完成组委会交办的审计事项。

十三、兴奋剂检查部

（1）负责制定和执行有关兴奋剂检查的赛外飞检和赛内检查计划。

（2）负责指导各赛区和主要比赛场馆兴奋剂检查站的设立。

（3）负责培训兴奋剂检查站工作人员。

（4）承担兴奋剂检测任务。

 体育赛事的组织机构有哪些部门？负责哪些工作？组织者如何能提高管理效率，确保赛事顺利进行？

任务2 掌握体育赛事的竞赛管理

一、竞赛规程

体育赛事的工作有许多，为组织比赛而进行的工作我们通常称为体育赛事竞赛策划工作，它是体育赛事各项工作的基础与核心。体育竞赛是举办赛事的出发点与立足点，没有了竞赛，就没有赛事的存在。体育赛事中所有的工作都是围绕竞赛而展开的，所以赛事组织者要把体育赛事的竞赛策划工作放在基础和核心的位置。

（一）制定竞赛规程的目标

确定竞赛规程的最根本目标就是建立公开、公平、公正的竞赛机制，为参赛者提供展示运动技术水平和争取优胜的平台，促进体育竞技水平的发展。体育赛事组织者通过制定竞赛规程、竞赛秩序册、竞赛规则与建立竞赛管理组织机构来达到这一目标。

（二）制定竞赛规程的前提

1. 明确竞赛规程内容

竞赛规程内容要与竞赛计划的安排相适应。规程内容可以根据具体情况进行修正和补充，但是不能与竞赛计划相冲突。

2. 明确竞赛规程目的

制定竞赛规程都是为了使竞赛活动得以顺利进行、圆满结束，更使竞赛活动达到赛事的目的，实现举办赛事的价值。

3. 适应竞赛的客观环境

竞赛规程的制定要充分考虑竞赛的客观条件，如经费开支、场地设施、社会和组织者的需求以及参与者的实际情况。除此之外，还要与通俗的竞赛规律和要求相适应。

（三）制定竞赛规程的原则

1. 制定的竞赛规程必须符合完整性原则

竞赛规程是竞赛管理的文件依据，有法律性，其表述的内容一定要全面完整，条款清晰。内容遗漏或不清晰容易给往后的工作带来问题。

2. 竞赛规程的制定要遵循可行性原则

竞赛规程的内容设置既要考虑赛事的目标及任务，也要考虑到经费、人力、物力、时间等因素；既要考虑竞赛项目的合理性，又要考虑参赛者的技术水平高低。竞赛规程的每一项内容必须贴合实际、考虑周全、切实可行，否则只是一纸空文。

3. 竞赛规程还要符合公平性原则

竞赛规程是所有参与竞赛活动的人们共同遵守和执行的规范和准则，其内容重点是使参与者在客观条件相同的前提下进行公平竞赛，决出优胜。竞赛规程在制定时要充分考虑到各方面的实际情况，保证公平竞争。规程一经制定，还要严格要求参赛各方遵守。

4. 竞赛规程固定性原则

竞赛规程都要经过讨论，严格修订，制定后一般不可随意更改。规律性举办的赛事，如每年都要举行的比赛，竞赛规程不要做太大的改动，以保持规程的固定性。如有细节需要修要修正，也必须经过组委会及竞赛部门审议后才可执行。

（四）竞赛规程的内容

1. 竞赛名称

根据竞赛的任务、性质和内容确定体育赛事的名称。而且在各项赛事文件及宣传资料中，赛事的名称一定要统一。

2. 赛事的目的和任务

根据赛事的要求，简要说明举办体育赛事的目的和任务。如：增强人民体质，普及全民健身运动，交流教学训练工作经验，提高运动水平，展示运动技巧水平，选拔运动人才等。举办大型综合性体育赛事的目的和任务在这个基础有更深一层的意义。2010年广州举办亚运会的根本目的是要利用举办这一亚洲规模最大、水平最高的综合性体育赛事的机会，推动广州经济、社会全面发展，城市竞争力全面提升，市民物质文化生活水平进一步提高。

3. 主办单位和承办单位

明确赛事的主办单位和承办单位，主办单位就是发起组织活动的单位，一般是上级主管单位或行业协会等团体；承办单位是实施组织活动的单位，是具体操作机构，也有的是主办单位的内部部门。

4. 时间和地点

赛事举办的时间要明确比赛开始和比赛结束的年、月、日，如有的比赛安排有预赛、决赛的，要分别写明预、决赛的开始时间和结束时间。写明举办赛事的具体地点或场馆。

5. 竞赛项目和组别

要明确竞赛设置的体育项目，明确组别，各组别设立哪些项目、要求等。

6. 参加办法

（1）参加单位、人数和运动员资格　明确参与者的范围，哪些单位符合参赛资格，明确规定各单位领队、参赛人员以及工作人员的身份和人数，规定运动员的参赛资格和标准（如代表资格、运动等级、运动成绩等）。

（2）报名、报到时间和报名规定　在竞赛规程里明确规定报名的方式、开始与截止的时间和注意事项。有的竞赛中参赛人数的限制或限定每位参赛者可参加的项目数量也会在竞赛规程的参加办法这一项中说明。有的竞赛的抽签时间和地点也可以在这里注明。

（3）对服装、器材的要求　参加办法一项还会对参赛队伍或运动员有明确的服装要求，一些涉及比赛器材的项目也会注明比赛器材的规格标准。

7. 竞赛办法

竞赛办法主要包括5项内容：比赛规则、竞赛制度、比赛编排、计分方式与处罚方式。

（1）比赛规则　各运动项目都有现行的通用比赛规则，大部分的体育赛事都有采用现行比赛规则以保证竞赛的公平性，但可根据赛事的不同性质和具体情况对现行的规则做一定的修改和补充，但必须在竞赛规程的竞赛办法一项中注明。

（2）竞赛制度　如淘汰赛、循环赛或混合赛等。若赛事有阶段性，要注明赛事各阶段的竞赛制度、上下两阶段比赛的衔接办法、成绩计算以及名次排列。

（3）比赛编排　赛事如采用循环赛的制度，必须注明赛事编排采用哪种轮转方式。

（4）计分方式　各种不同的竞赛项目有截然不同的计分方式，一个竞赛项目也可能有多种的计分方式，这里就一定要描述清楚如何计分，如何排列名次，以及分数相同时如何判定名次。

（5）处罚方式　赛事中如有违反比赛规定的处罚措施。如弃权的处理方式和违纪的扣分等。

【知识拓展】

第五届特奥全运会游泳项目的竞赛办法

（1）运动员在性别、年龄分组的基础上，按运动员能力分成若干小组，每小组能力最强者与最弱者的成绩相差原则不超过10%。

（2）按预报成绩分组进行预赛，再按预赛成绩分组进行决赛。如运动员决赛成绩与本人预赛成绩相差超过15%，则取消该运动员比赛名次。

（3）2010年6月19日报名截止后，若所设小项、某年龄组不足3人（队）时，则合并到高一年龄组进行比赛。

（4）运动员所报项目一经确定则不得更改，如因伤、病等原因无法参赛，可换人但不得更改项目。

（5）由于请假、弃权等原因导致某小项不足3人（队）时，比赛照常进行，不再并入高一年龄组进行比赛。

（6）接力项目由该队队员中最大的运动员年龄来决定该队参加比赛的年龄组别。

（7）比赛使用50米标准池。

（8）录取名次与奖励办法。

竞赛规程需明确规定赛事录取名次与奖励的实施方法。包括各项单项技术奖、团体奖、道德风尚奖等的奖励名额和各种奖项的奖励内容（奖杯、奖旗、奖状、奖章及奖金等）。

（9）裁判员：注明裁判员人数、等级资格及报到培训时间等相关事项。

如《第三届全国体育大会公开水域游泳竞赛规程》中关于裁判员描述有："（一）总、

副总裁判长4人，计时、检查、中转、途中、终点裁判长6人由国家体育总局游泳运动管理中心负责选派，其余裁判长、裁判员由苏州市体育局、江苏省体育局负责选派。（二）救生员由苏州市体育局、江苏省体育局负责选派获得了中国救生协会颁发的资格证书人员。"

（10）其他事项：对竞赛有关工作人员及参赛者的经费支出、交通、食宿等问题进行详细的说明。

（11）未尽事宜，另行通知。此项内容是为了方便日后对竞赛规程内容的修改或者补充。

（12）规程解释权归属单位。规程的解释权归属单位通常是此次体育赛事的主办方，如任何人对竞赛规程有疑问，由解释权归属单位解答。

【案例分析6】

2019广州马拉松赛竞赛规程

一、主办单位

中国田径协会、广州市人民政府。

二、承办单位

广州市体育局、越秀区人民政府、海珠区人民政府、荔湾区人民政府、天河区人民政府、广州市体育竞赛中心、广州市田径协会。

三、协办单位

中体产业集团、广州市城市建设投资集团有限公司、广州天河体育中心。

四、运营推广单位

中奥路跑体育管理有限公司。

五、比赛日期及地点

2019年12月8日上午在广州举行。

六、比赛项目

（1）马拉松（42.195千米）。

（2）半程马拉松（21.0975千米）。

七、出发时间

2019年12月8日（星期日）。

马拉松：7:30，半程马拉松：8:00。

八、比赛路线

（一）马拉松

起点：天河体育中心；马拉松终点：花城广场；

路线：天河体育中心南广场（起点）—天河路（逆行）—体育东路（南行）—冼村路（南行）—临江大道（东行）—临江大道金融城疏解道折返—临江大道（西行）—猎德大道—花城大道隧道上方折返—猎德大桥—阅江路（东行）—阅江路与会展中路交汇处折返—阅江路（西行）—滨江东路—滨江路折返—滨江路—艺苑路—艺洲路—滨江路（西行）—洪德路（南行）—人民桥—沿江路（东行）—大通路（东行）—谭月街—晴波路—海心沙—

海心沙一号桥—临江大道—花城广场（终点）。

（二）半程马拉松

起点：天河体育中心；半程终点：广交会展馆北广场；

路线：天河体育中心南广场（起点）—天河路（逆行）—体育东路（南行）—冼村路（南行）—临江大道（东行）—临江大道金融城疏解道折返—临江大道（西行）—猎德大道—花城大道隧道上方折返—猎德大桥—阅江路（东行）—阅江路与会展中路交汇处变道至逆行方向（东行）—阅江路（逆行）—阅江路（琶洲大桥底）折返位置折返—广交会展馆北广场（终点）。

九、竞赛办法

（1）按中国田径协会审定的最新田径竞赛规则以及本届马拉松竞赛规程执行。

（2）比赛检录：大众选手须正确佩戴本届赛事号码布，至少在赛前60分钟到达指定区域进行检录。特邀选手须在赛前40分钟到专门检录区进行检录，并须出示身份证或护照原件。

（3）起跑顺序：按特邀选手、大众马拉松选手（按号段分区站位）、半程马拉松选手顺序排列，各区域间距10米。

（4）发令：采用分项目分枪发令办法。

发枪时间：马拉松：7:30，半程马拉松：8:00。

（5）计时办法：

①本次比赛采用感应计时办法，感应计时芯片将在选手通过起点时开始计时。

②在起点、每5千米点、21.0975千米点、折返点和终点设有计时地毯，选手在跑进过程中，均必须通过所有的计时地毯。在关门时间内完成比赛但因个人原因缺少任何一个计时点的成绩，将不予排名。

③计时芯片将在参赛物品领取现场与号码布同时发放，不收取芯片押金。

（6）关门位置和时间：

为了保证参赛选手比赛安全，限时对社会交通进行滚动封闭。比赛路线各段专设了赛事关门时间，关门时间之后，相应公里点的计时毯停止工作，相应路段将恢复社会交通。在规定关门时间内，未跑完对应距离的参赛选手须立即停止比赛，退出赛道，以免发生危险。退出比赛的选手可到沿途收容站搭乘收容车或自行选乘公共交通到达终点取衣区。关门时间按自然时间计算。

马拉松项目关门距离和时间（7:30起跑）如表6-1所示。

表6-1 马拉松项目关门距离和时间

里程	关门时间	里程	关门时间
5千米	8:45	25千米	11:10
10千米	9:15	30千米	11:55
15千米	9:45	35千米	12:40
20千米	10:30	40千米	13:25
21.0975千米	10:45	42.195千米	13:45

半程马拉松项目关门距离和时间（8:00起跑）如表6-2所示。

表6-2 半程马拉松项目关门距离和时间

里程	关门时间	里程	关门时间
5千米	9:15	20千米	11:00
10千米	9:45	21.0975千米	11:15
15千米	10:15		

（7）马拉松、半程马拉松选手在起点指定区域按号段进行存衣，到达终点后，请到指定区域凭相同的号码布取衣。贵重物品不要存放在包内（如手机、有效证件、现金、各种钥匙、信用卡、电子产品等），如发生损坏或遗失，一切后果由选手本人承担。

比赛当天起点存衣服务将于鸣枪前15分钟截止，请选手做好时间安排。马拉松选手在比赛当日14:45前（半程马拉松选手在比赛当日12:15前）到各项目终点指定区域领取个人存放物品。如超过领取时间没有领取的，可于赛后一周内到赛事组委会领取。一周内不领取，组委会将按无人领取处理。如未按照组委会指定时间、地点和方式存衣，导致存衣包丢失，组委会不承担责任。

（8）饮料、饮水、能量补给站：

①饮料、饮水/用水站：自起点开始大约每5千米的间隔距离设置一个饮料/饮水站，两个饮料/饮水站中间设置饮水/用水站。

②能量补给站：在比赛沿途的12.5千米、17.5千米、22.5千米、27.5千米、32.5千米、35千米、37.5千米以及半程和全程终点处设置能量补给站。

（9）卫生间与环境保护：

①组委会在起点、比赛路线沿途（2千米至5千米每间隔1千米、7.5千米至40千米每间隔2.5千米）及终点设置移动卫生间。

②为保护环境，选手在参赛期间不得随地便溺。不得随意丢弃任何包装纸、瓶罐和垃圾，应尽量将其投入组委会设置的垃圾桶、垃圾袋内。

（10）医疗救护：

①组委会在起点、赛道沿途（即比赛路线自2.5千米开始，2.5千米至15千米之间每间隔2.5千米，15千米后每间隔1.5千米）及终点设立固定医疗站；现场医务人员有权根据选手身体状况中止选手继续比赛并收取其号码布；如参赛选手不听从医护人员建议，坚持参赛产生的一切后果及责任由参赛选手本人承担。

②组委会将在比赛过程中向参赛选手提供自动体外除颤器（AED）医疗救援服务，并安排一定数量的医师跑者协助救护。

③组委会在赛道沿途设置医疗服务点及医疗服务志愿者，维护比赛秩序并协助救护，参赛选手可随时向他们请求帮助。

（11）本次比赛将按照相关规定进行兴奋剂检查。

（12）有关竞赛的其他具体要求和安排，请查阅《2019广州马拉松赛官方手册》。

十、参赛办法

（一）年龄要求

（1）马拉松项目年龄限20岁以上（1999年12月31日以前出生）；

（2）半程马拉松项目年龄限16岁以上（2003年12月31日以前出生）。

注：①18岁以下未成年人参赛，组委会要求其监护人或法定代理人签署参赛选手声明。②70岁以上人员参赛，组委会要求其亲属及其本人签署参赛选手声明。

（二）健康要求

马拉松是一项高负荷、大强度、长距离的竞技运动，也是一项高风险的竞技项目，对参赛选手身体状况有较高的要求，参赛选手应身体健康，有长期参加跑步锻炼或训练的基础。参赛选手应根据自身身体状况和训练水平，选择马拉松或半程马拉松其中的一个项目报名参加。

有以下情况者不得参加本次比赛所设各项目比赛：

①先天性心脏病和风湿性心脏病患者。
②高血压和脑血管疾病患者。
③心肌炎和其他心脏病患者。
④冠状动脉病患者和严重心律不齐者。
⑤血糖过高或过低的糖尿病患者。
⑥比赛日前两周以内患感冒。
⑦其他不适合运动的疾病患者。
⑧孕妇。

在比赛中，因个人身体及其他个人原因导致的人身损害和财产损失，由参赛选手个人承担责任。组委会建议所有参赛选手通过正规医疗机构进行体检（含心电图检查），并结合体检报告进行自我评估，确认自己的身体状况能够适应长跑运动，才可报名参赛。

声明：本届赛事路线、赛事饮水站、赛事厕所等设置不适宜轮椅、婴儿车、轮滑使用者及其他特殊人群的参与，为充分保护您的人身安全，组委会有权终止上述人群的参赛资格。此外，比赛不设竞速轮椅组，竞速轮椅原则上不上赛道参赛，所获成绩不予录取名次。

（三）报名办法

（1）马拉松限报20000名、半程马拉松限报10000名。报名人数超出限报名额后，参赛资格获取将采用抽签办法确定。

（2）大众选手具体报名方式、报名流程、参赛申请说明请查阅广州马拉松赛官方网站的《报名须知》。

（3）获得参赛资格后，组委会将通知选手查询参赛号码。

（4）参赛物品领取：获得参赛资格的选手，请按规定到组委会指定地点领取参赛物品，具体时间和地点将于赛前在官网发布。

（四）报名费

（1）中国籍报名者（含港、澳、台）：马拉松、半程马拉松项目均为160元/人。

（2）外国籍报名者费用：40美元/人。

（3）组委会有权根据报名情况决定是否接受报名。组委会确认获得参赛资格的选手，报名费将不予返还。

十一、奖励办法

（一）马拉松

1. 名次奖

马拉松男、女第一名至第八名（枪声成绩）选手分别获得如表6-3所列的奖金（奖金需征收20%的个人所得税），中国籍选手领取等额人民币奖金（单位：美元）。

表6-3　马拉松选手所获奖金表

男子			女子		
名次	奖金	成绩要求	名次	奖金	成绩要求
一	40000	2:09:30（含）以内	一	40000	2:26:00（含）以内
	20000	2:09:30（不含）以上		20000	2:26:00（不含）以上
二	15000		二	15000	
三	10000		三	10000	
四	5000		四	5000	
五	3500		五	3500	
六	3000		六	3000	
七	2500		七	2500	
八	2000		八	2000	

注：
（1）马拉松男、女获奖运动员奖金须待成绩公示及兴奋剂检测合格后通过转账划拨。
（2）马拉松男、女第一名至第三名选手分别获得奖杯一座、奖牌一枚。
（3）在规定时间内跑完全程选手可获得完赛包及完赛奖牌。

2. 破赛会纪录奖（枪声成绩，奖金需征收20%的个人所得税）
男子：2:10:01以内（不含2:10:01），奖励10000美元。
女子：2:25:12以内（不含2:25:12），奖励10000美元。
3. 中国籍选手特别奖（枪声成绩，奖金需征收20%的个人所得税）
只奖励获得男、女子中国籍选手第一名，奖金30000元人民币，如同时获得名次奖和中国籍选手特别奖，将按较高奖励标准发放，不重复发放奖金。

（二）半程马拉松
（1）半程马拉松男、女第一名至第八名（枪声成绩）选手分别获得如表6-4所列的奖金（奖金需征收20%的个人所得税），中国籍选手领取等额人民币奖金（单位：美元）。

表6-4　半程马拉松选手所获奖金表

男子		女子		男子		女子	
名次	奖金	名次	奖金	名次	奖金	名次	奖金
一	1500	一	1500	五	650	五	650
二	900	二	900	六	600	六	600
三	800	三	800	七	550	七	550
四	700	四	700	八	500	八	500

（2）半程马拉松男、女获奖运动员奖金须待成绩公示后通过转账划拨。

（3）半程马拉松男、女第一名至第三名选手分别获得奖杯一座、奖牌一枚。

（4）在规定时间内跑完半程马拉松的选手可获得完赛包及完赛奖牌。

十二、处罚办法

组委会将对起点、全程路线和终点进行录像监控，在比赛期间出现下列问题之一，比赛裁判员有权终止选手的比赛并当场没收违规选手的号码布及芯片，取消其比赛资格，赛后由组委会视情节轻重分别给予参赛选手取消广州马拉松赛比赛成绩、禁赛1~2年及终身禁赛等处罚，并报请中国田径协会追加处罚：

（1）以虚假年龄或虚假身份报名。

（2）一名选手同时携带2枚以上（包括2枚）芯片参加比赛（包括男选手携带女选手芯片）。

（3）以接力方式完成比赛。

（4）不按规定的起跑顺序在非指定区域起跑。

（5）起跑有违反规则行为。

（6）关门时间到后不听劝阻、不停止比赛或退出比赛后又插入赛道。

（7）没有沿规定路线跑完全程，绕近道或乘交通工具（汽车、自行车、人力三轮、滑板等）途中插入以完成比赛。

（8）不按规定要求重复通过终点、未跑完全程私自通过终点及利用其他赛事或往届广州马拉松赛赛事号码布或未佩戴号码布和本次比赛芯片领取完赛物品、完赛奖牌。

（9）私自涂改、遮挡号码布。

（10）不服从赛事工作人员指挥，干扰赛事，聚众闹事、打架斗殴。

（11）出现不文明行为。

（12）其他违反规则规定的行为。

其中，利用虚假信息获取参赛资格或者转让号码布参赛，一经组委会核实确认，比赛中发生的一切后果责任自负，且组委会将对转让者、受让者处以广州马拉松赛终身禁赛的处罚。

十三、保险

本次比赛为所有参赛选手和工作人员提供保险，保单以报名信息为准，报名信息有误将导致无法投保，替跑、蹭跑、使用非本届赛事号码布的违规参赛者均无法享受保险并将予以相应处罚。《人身保险说明书》请在赛前登录广州马拉松赛官方网站查阅。

十四、广州马拉松赛组委会联系方式

广州马拉松赛组委会电话：020-85586892，020-85586873。

（办公时间：9:00~11:30，13:00~17:30，周六、日及法定节假日不对外办公）。

广州马拉松赛网址：www.guangzhou-marathon.com

广州马拉松赛电子邮箱：oc@guangzhou-marathon.com

十五、未尽事宜，另行通知。

十六、本规程解释权属于广州马拉松赛组委会。

> **思考** 如何为体育赛事编制一份合理的竞赛规程？竞赛规程的具体内容有哪些？应该注意什么问题？

二、竞赛秩序册

（一）制作竞赛秩序册的工作任务

1. 了解和熟悉竞赛基本情况

通过制定竞赛规程和竞赛规则确定了赛事的基本运作和管理方式。然后竞赛各部门要学习、掌握竞赛规程和竞赛规则，了解赛事的基本情况，如竞赛的内容、形式、时间安排、比赛单位、组别、项目、参赛办法、奖励及计分方式等。掌握竞赛的场地器材情况和裁判员人数、水平等情况。同时绘制各种赛事有关的文件、表格。

2. 检查报名情况，确定参赛人员名单

参赛人员是体育赛事的重要组成因素，以确保赛事的顺利进行，检查参赛人员的报名情况是赛事策划管理中必不可少的环节，也是编排赛事的重要工作之一。组织者应检查各单位或参赛各人是否符合竞赛规程的规定，报名是否有效。要注意检查有无错报、漏报的情况，以便联系参赛者及时给予补报和更正，还要严格审查运动员的参赛资格，如有问题尽快处理，以免在赛事进行时出现问题。

3. 统计各类参赛者人数，填制竞赛表格与卡片

此项工作是为了掌握具体情况、编排工作做准备。工作主要是按照常用的顺序编排方式或组委会规定的顺序对报名的队伍和参赛运动员进行先后顺序排定，然后进行各项统计、归类、核对工作。

4. 编排竞赛秩序和制定竞赛日程

编排竞赛秩序首先根据竞赛规程的规定和不同竞赛项目及场地器材的情况，计算出比赛需用的时间。如田径、游泳等竞赛项目要计算出比赛单元、比赛场次，而球类竞赛则要计算场次和轮数。然后遵循各个竞赛项目的编排要求和编排方法将竞赛项目和参赛者安排到比赛具体的位置上，编排时通常采用抽签的方式确定参赛者的位置。确定赛事的秩序编排，统计好比赛的时间与场馆等，就可在这基础上制定竞赛日程。

5. 制定竞赛日程时要注意合理性

不但根据运动员情况考虑比赛密度、强度，还要把项目交叉、错开安排，增加赛事的可观性，吸引更多的观众。

（二）竞赛秩序册内容

1. 赛事基本情况

竞赛秩序册一般都会注明赛事的基本情况，如比赛名称、时间、地点、主办单位、协办单位、赞助单位等内容。

2. 竞赛组织结构图

提供竞赛组织的整体结构图。

3. 竞赛规程和补充规定

明确竞赛日期与地点、竞赛办法、名次和计分办法以及其他补充说明等内容。

4. 组委会、各部、室人员名单

明确竞赛组委会人员以及各相关部门人员的名单。

5. 各场馆、项目竞赛委员会和仲裁委员会主任及裁判长名单

明确竞赛项目安排的场馆，明确各项目的竞赛委员会、仲裁委员会主任和裁判长人员。

6. 参赛单位名单

明确竞赛的参加单位名单。

7. 竞赛总日程表和各单项的竞赛日程

明确竞赛的总体日程安排表和各单项竞赛项目的竞赛日程表。

8. 竞赛相关活动日程表

明确竞赛过程中开展的相关活动日程安排表。

9. 竞赛分组情况

明确竞赛项目分组安排情况。

10. 竞赛场馆分布示意图

提供竞赛场馆整体分布示意图，注明竞赛项目所在位置。

11. 世界、地区、全国最高纪录或最好成绩等内容

根据竞赛项目内容，提供世界、地区、全国最高纪录或最好成绩。

【项目训练】

学生以小组为单位，策划一场体育赛事（编写赛事策划方案、制定竞赛规程）。

【模块小结】

本模块主要阐述了体育赛事的基本内涵与类型、特征及价值；强调了体育赛事项目策划工作的流程内容；分析了体育赛事策划管理过程中应注意的问题。从项目可实施的角度出发，针对体育赛事策划与管理阐述了具体要求，并给予了项目指导训练。

学生在学习本模块后应进行体育赛事策划与管理的实践训练，并进行自我总结，由教师与企业共同完成评价。

参考文献

[1] 樊智军. 体育赛事的组织与管理[M]. 北京：人民体育出版社，2007.

[2] 吴建华，肖璇. 现代会展英语实务教程[M]. 广州：广东世界图书出版公司，2020.

[3] 张孝平. 体育竞赛组织编排[M]. 北京：北京体育大学出版社，2020.

[4] 许传宏. 会展策划与管理[M]. 武汉：华中科技大学出版社，2019.

[5] 卢晓. 节庆策划与管理[M]. 重庆：重庆大学出版社，2018.

[6] 刘嘉龙. 休闲活动策划与管理[M]. 上海：上海人民出版社，2011.

[7] 许欣，万红珍. 会展旅游[M]. 重庆：重庆大学出版社，2015.

[8] 王云玺. 会展管理[M]. 上海：上海交通大学出版社，2011.

[9] 迪米特雷·塔什普洛斯（南非）. 大型活动的组织管理与营销[M]. 沈阳：辽宁科学技术出版社，2010.

[10] 刘松萍，李晓莉. 会展营销与策划[M]. 北京：首都经济贸易大学出版社，2010.

[11] 刘清早. 体育赛事运作管理手册[M]. 北京：人民体育出版社，2009.

[12] 黄翔. 旅游节庆策划与营销研究[M]. 天津：南开大学出版社，2008.

[13] 吴信菊. 会展概论[M]. 上海：上海交通大学出版社，2008.

[14] 杨劲祥. 会展实务[M]. 大连：东北财经大学出版社，2008.

[15] 马勇. 大型活动策划与管理[M]. 重庆：重庆大学出版社，2007.

[16] 郑建瑜. 大型活动策划与管理[M]. 重庆：重庆大学出版社，2007.

[17] 丁霞. 会展策划与管理[M]. 北京：高等教育出版社，2006.

[18] 杨志新，杨永建. 民族传统节庆[M]. 昆明：云南科技出版社，2006.

[19] 朱迪·艾伦. 活动策划完全手册[M]. 北京：旅游教育出版社，2006.

[20] 伊恩·约曼. 节庆活动的组织管理与营销[M]. 沈阳：辽宁科学技术出版社，2005.

[21] 肖林鹏，叶庆辉. 体育赛事项目管理[M]. 北京：北京体育大学出版社，2005.

[22] 镇剑虹，吴信菊. 会展策划与实务[M]. 上海：上海交通大学出版社，2005.

[23] 王首程. 会议管理[M]. 北京：高等教育出版社，2003.

[24] 魏中龙，段炳德. 我为会展狂[M]. 北京：机械工业出版社，2003.

[25] 李玉臻. 从边缘到中心：旅游背景下民族传统节日转型研究——以四川凉山彝族火把节为例[J]. 学术论坛，2009（02）：90-93，135.

[26] 王尚君，张欣建. 我国城市大型活动产业空间梯度发展模式探析[J]. 桂林旅游高等专科学校学报，2008（6）：421-426.

[27] 丁霞. 会展策划与管理[M]. 北京：高等教育出版社，2006.